本项目成果由广西师范学院资助出版

网络环境下
地方政府危机公关能力提升研究

杨 军◎著

中国经济出版社
CHINA ECONOMIC PUBLISHING HOUSE
·北京·

图书在版编目（CIP）数据

网络环境下地方政府危机公关能力提升研究 / 杨军著

北京：中国经济出版社，2017.12（2024.1 重印）

ISBN 978 - 7 - 5136 - 4462 - 4

Ⅰ.①网… Ⅱ.①杨… Ⅲ.①互联网络—应用—地方政府—突发事件—公共管理—研究—中国

Ⅳ.①D625 - 39

中国版本图书馆 CIP 数据核字（2016）第 269322 号

责任编辑　夏军城
责任印制　马小宾
封面设计　任燕飞

出版发行　中国经济出版社
印 刷 者　三河市同力彩印有限公司
经 销 者　各地新华书店
开　　本　710mm × 1000mm　1/16
印　　张　14.5
字　　数　284 千字
版　　次　2017 年 12 月第 1 版
印　　次　2024 年 1 月第 2 次
定　　价　58.00 元
广告经营许可证　京西工商广字第 8179 号

中国经济出版社 **网址** www.economyph.com **社址** 北京市东城区安定门外大街 58 号 **邮编** 100011

本版图书如存在印装质量问题，请与本社销售中心联系调换（联系电话：010 - 57512564）

前言

通过坚持改革政治体制、发展社会主义市场经济和鼓励文化百花齐放等方针政策，中国走上了经济强盛、文化发展与社会民主自由的现代化之路。

目前，我国正处于社会转型的关键阶段，社会、经济、文化和政治等方面呈现出多元化、多样化和复杂化态势，虽然并不会对我国整体向上的发展形势构成威胁，但危害与负面影响仍客观存在。

与此同时，随着信息技术的飞速发展，互联网逐渐渗透到社会生产和生活的方方面面。当前，我国互联网硬件设施建设基本完成，各地基本实现了光纤覆盖；部分发达地区开始试水“三网融合”，加上移动互联网与智能手机的广泛普及，我国已经步入互联网时代。在网络环境下，地方政府树立危机意识及提升危机公关能力至关重要。

地方政府作为基层一线公共部门，是网络环境下应对危机的第一主体，肩负着维护社会和谐稳定、树立政府良好形象的重大责任。

本书选取地方政府作为探索网络环境下危机公关的主视角，是对网络环境下种种危机的思考，透视网络环境地方政府的危机公关能力。目前，对地方政府危机公关能力的研究尚处初级阶段，成果较少，研究较浅，对网络环境下相关的理论研究和实证调研较欠缺。本书作为地方政府危机公关能力提升研究的理论成果，能为地方政府进行网络环境下危机公关提供经验参考。

本课题主要有三个目标：一是丰富地方政府危机公关的相关理论研究，提升研究水平，完善丰富理论内容；二是推动建立现代化服务型政府，为政府相关部门制定方针政策提供决策参考和理论依据；三是推进政府法治化建设进程，提升政府形象。具体来说：

第一，丰富完善理论内容。从全球化社会风险角度，立足中国社会转型调整的现实背景，指出地方政府危机公关的必要性以及面临的种种问题；探讨地方政府危机公关中涉及的传播学、管理学、公共关系和政治学等学科的发展情况，以及这些学科与地方政府危机公关理论的关系。针对网络环境下地方政府危机公关面临的机遇和挑战，结合形势总结规律，及时总结地方政府危机公关实践中的经验与对策，完善丰富相关理论内容。

第二，为政府相关部门制定方针政策提供决策参考和理论依据。阐述地方政府危机公关基本原则与评估原则；分析网络环境下地方政府危机公关中运用大众媒介的具体情况及大众媒介在危机各个阶段所扮演的不同角色；建议通过加强法律法规预警建设、在网络环境下加强网络预警、加强预警意识教育及扶持民间预警机构，提升我国地方政府在网络环境下的公共危机预警能力等。分析总结地方政府在危机公关中存在的各种问题，进而找到相应的对策及处理方法，为政府灵活应对潜在危机、制定并出台切实可行的政策提供决策参考，进一步推动现代化服务型政府建设。

第三，推进政策法治化建设进程，提升政府形象。就当前网络环境下地方政府在公共危机媒体公关与舆情引导中存在的问题提出针对性建议，指出舆情管理专门机构建设、专业人才培养的重要性；同时就当前新媒体等网络载体在危机公关中的关键性作用、当前我国地方政府的网络载体运用现状及存在的问题进行深入研究，并提出相应的对策。

由于经验不足，书中难免出现表述不恰当，理论运用欠妥，对策操作性不强等问题，希望读者朋友提出宝贵意见，以便日后加以改正。最后，感谢广西师范学院对本书出版予以经费上的支持。

目 录

绪 论

危机公关是一种非常态下的公共关系处理活动，政府危机公关是政府运用技巧性方式方法化解负面影响的危机处理途径；而减少危机带来的负面影响，恰恰是地方政府开展危机公关活动的初衷。网络环境下，借助传统媒体与新媒体的信息传播优势，满足公众的信息需求，是地方政府树立良好形象的有效方式。相较于管制手段开展危机治理，以公关手段应对危机，能够有效减少公众的非理智情绪，赢得公众支持与认可，从而有效地开展危机处置工作。

一、政府危机公关研究的缘起

20 世纪 90 年代以来，各国公共危机高发，这促使各国政府在重视危机管理的同时，为了争取公众的支持而选择有技巧性的方式。政府部门高度重视危机公关，学术界也开始对危机公关给予高度关注，让危机公关逐渐成为一门独立学科。现代意义上的危机公关理论研究，主要围绕下列三个方面：

在国际关系上，学者 R. Yong（1990）指出“国家之间的关系与整个国际社会的变化存在直接联系，在此基础上开展的关系研究便是公共关系研究”。在互联网高度普及的今天，国际交流与合作更为频繁，以世界视角理解危机公关，更具有实践指导意义。

在社会系统上，学者们将注意力集中在危机现象与社会稳定之间的关系，从而研究危机可能对社会产生的负面影响，这一类研究的成果远多于前者。学者 Dynes（1990）的研究发现：政府有技巧地运用公关手段，可以更好地处置公共危机，避免各个社会主体之间可能出现的关系失衡。

在公共管理上，Allison（1991）指出三种常见的沟通模式：理性沟通模式、组织机构沟通模式和官僚政治沟通模式，同时他认为公共关系学科与公共管理学科将在未来成为危机处置的重要理论来源。

而在这一时期，危机公关尚未成为一门独立学科，仅仅是作为危机管理学科下的一个子类出现。真正意义上的现代危机公关学科，是从 21 世纪初美国世贸大厦遭恐怖袭击事件后才逐渐形成。而随后出现的关塔那摩虐囚（2004）与美军亵渎《古兰经》（2005）事件，更让海外学术界首次将政府危机公关能力提升到现代政府公共管理必需能力。西方发达国家开始就公共部门危机公关课题开展了一系列富有针对性的研究活动，取得了大量优秀成果，为政府危机公关的研究提供了较为全面的理论参考。

二、我国地方政府危机公关的研究溯源

国内最早涉及政府危机公关的研究可以追溯到 20 世纪 80 年代。主要是军警系统对公共安全类的危机公关进行研究，研究重点放在实践性较强的危机化解与现场维护上。随着时间的推移，一些专家学者开始将危机进行分门别类。

随着我国改革开放不断深入，公共关系的重要性越发凸显，公共关系学逐渐发展成为一门独立学科，取得了不少研究成果。如胡宁生编写的《政府公共关系教程》，陈耀春主编的《中国政府公共关系》等。这一时期，政府在危机背景下的公关工作还不是学术界关注的重点，作为信息传播主要媒介的媒体基本从属于官方，故针对信息媒介的危机公关研究鲜见。

20 世纪 90 年代中后期，国内引进翻译了英国迈克尔·里杰斯特的专著《危机公关》，表明开始有学者将学术重心转移到危机环境下的公共关系研究，如唐钧的《公共部门的危机公关与管理》，就是我国第一部在理论层面总结危机公关基本原则与规律的著作。既让危机管理学科有了更扎实的理论基础，也为政府与其他社会组织在面对危机时提供了更多的选择。同时，吴友富所著的《中国公共关系 20 年发展报告》分析深入浅出，对尚不了解政府危机公关的读者大有裨益。

进入 21 世纪后，危机背景下的公关逐渐成为研究主流。非典型肺炎（SARS）事件后，各级政府部门开始危机公关；而随着突发公共危机增多，一般的管制手段效果并不如人意，让更多学者开始将危机公关理论引入公共危机处置途径研究当中，并指出信息传播对政府危机公关的重要性，如徐刚（2004）等人编写的《政府危机管理中的公共关系问题研究》。宋鲁禹（2010）提出企业利益与危机公关正相关。赵麟斌（2010）结合危机事件案例剖析如何危机公关。梅文慧（2013）提出危机公关要注重信息发布。罗子明（2013）提出品牌风险管理要注重新媒体时代的危机公关。丁晶（2014）针对危机公关的理念、制度与运作路径进行了专门研究。孙玲（2014）结合案例总结了突发事件危机公关的启示。另外，中国国际公共关系协会、中国人民大学危机管理研究中心、武汉大学深圳研究院危机管理研究所、哈尔滨工程大学灾难与危机管理研究所、天津工业大学公共危机管理研究所等为地方政府危机公关工作研究提供了较好平台，各地方成立的应急管理办公室更是在多次危机公关中有着突出表现。我国对危机公关研究历史虽然并不长，但角度各不相同，重点集中在企业、政府的危机公关等方面，成果渐丰。

三、网络环境下地方政府危机公关文献统计分析

为了更直观地探讨我国网络环境下地方政府危机公关研究的现状，笔者将

“网络环境下地方政府危机公关”作为关键词，在中国知网全文献库中进行了检索，并将非学术性文献排除在外，选出 200 篇文献作为研究对象；根据研究时间、研究类型、研究内容与研究方法分类进行统计研究。

1. 研究时间

通过统计分析我国网络环境下地方政府危机公关研究的时间节点，可以梳理这一课题的研究历史。从图 1 可以看出，我国最早以网络环境下地方政府危机公关为主题的研究出现在 2002 年，之后的七年时间里，相关主题文献数量没有太大增长。从 2009 年开始，相关主题的文献逐渐增多。一定程度上体现互联网在普及，地方政府对日益突出的公共危机开始重视，尤其是 2008 年连续出现雪灾、汶川大地震等严重自然灾害后。这一时期我国关于网络环境下地方政府危机公关的研究得到了较快发展。

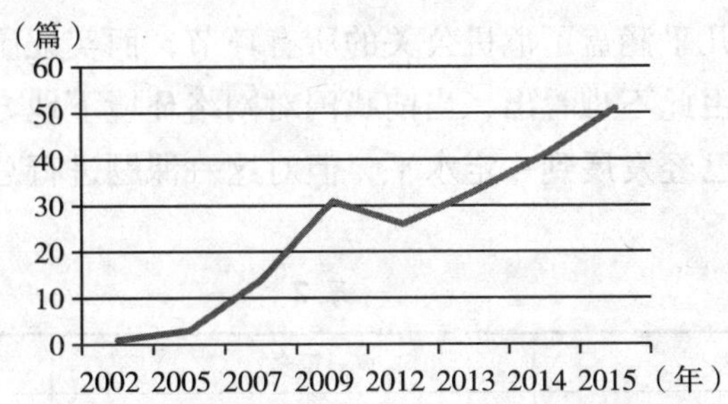

图 1 CNKI 涉及网络环境下、地方政府危机公关文献数

2. 研究类型

根据研究类型，将所选取的文献划分为描述性分析、理论检验、理论建构与一般性分析四种类型。从表 1 中不难看出，一般性研究文献占比最大，这一类研究主要就我国网络环境下地方政府危机公关的现状、问题与原因进行研究，同时提出了一些有指导性意义的对策与建议。这一类研究雷同性比较高，虽有一定的实证素材，但缺乏理论的深入解析，最终得到的研究结果共性较大，对学科理论发展的推动作用较小。描述性分析文献占比较高，这一类研究主要将重点放在对某具体地方政府在网络环境下的危机公关研究上，并就该地方政府在网络环境下的危机公关存在的问题提出针对性建议。这一类研究成果有较强的实践指导意义，但由于指向性比较强，所以普适性不强，对其他地方政府借鉴意义不大。理论检验与理论建构类文献总量比较少，并非当前我国学术界对该课题的主要研究方向。

表1　各类文献数量及比重

研究类型	篇数	占比（%）
描述性分析	36	18
理论检验	9	4.5
理论建构	14	7
一般性分析	151	75.5

3. 研究方法

从表2中可以看出，当前我国对网络环境下地方政府危机公关的研究还是以规范研究为主，但实证研究的比例也不低，研究最少的当数综述研究，而难以分辨其研究方法的文献则归为“其他”类当中。我国对网络环境下地方政府危机公关的规范研究几乎涵盖了危机公关的所有环节，而实证研究主要对研究对象的危机公关评价。由此不难看出，当前我国对网络环境下地方政府危机公关的规范研究与实证研究已经发展到一定水平，但对这一课题进行总结和升华的综述类研究不多。

表2

研究方法	篇数	占比（%）
规范研究	116	58
实证研究	71	35.5
综述研究	2	1
其他	11	5.5

4. 研究内容

就研究内容而言，当前我国对网络环境下地方政府危机公关研究主要集中在对策分析上，占比非常高。这一类研究的主要思路是描述现状、查找问题和提出对策三个步骤。以理论为主的研究次之，这类研究偏重于从宏观的视角来看待地方政府在网络环境下危机公关的共性。

四、网络环境下地方政府危机公关研究的主要内容

1. 网络环境下地方政府危机公关的内涵研究

关于网络环境下地方政府危机公关的内涵，不同学者在不同的理论基础上持不同的观点。贾宝林（2009）认为，地方政府网络公关指的是地方政府以争取社会各界配合与认可为初衷，并利用互联网作为政民联系纽带实现舆论正面导向、维护公共形象的目标，是实现政府与社会关系和谐的新探索。地方政府网络公关受网络舆论环境、政治体制以及地方政府利益三个因素制约。其中，外部舆论环

境只有通过政治体系内自上而下的政治机制才能发挥作用，在此情况下地方政府利益因素是可以改变的。[①] 张飞（2013）提出，网络中的意见表达与政府的危机处置并不是两项对立的活动，通过合作的方式来应对公共危机，将有效维护社会和谐稳定，将加快我国公共领域的形成，是地方政府走向善治的一个重要契机。[②] 盛兴等（2012）认为，新媒体作为现代互联网社会环境下的新兴信息载体，已开始解构、重建以往的信息传播格局。在新媒体环境下，提高危机公关能力，已成为地方政府执政能力建设的重要内容。[③] 唐钧（2012）认为，在政府危机公关中，对形象危机的应对是前提，“媒体牌”的应用是基础，“舆论战”是关键。公关主体既要运用好新闻宣传的技巧，又要直面社会心态，才能有效应对危机。[④] 郑万军指出，在危机事件出现时，政府不但需要对现实中的危机进行处置，还需要通过公关技巧对网络中的舆论进行疏导，指出地方政府的舆情疏导工作是否到位，将直接影响整个危机处置、危机应对的效果，所以针对危机事态下地方政府的网络公关研究，是提高地方政府执政管理能力的重要途径。[⑤]

2. 网络环境下地方政府危机公关的载体研究

何丽平（2013）认为，新媒体是网络环境下地方政府危机公关的重要载体。地方政府要在网络环境下做好危机公关工作，就必须具备相应的新媒体素养；要重视通过新媒体开展舆论引导工作；要构建新媒体对地方政府有效监督的机制与渠道；要利用新媒体的信息传播优势构建危机预警系统；要通过新媒体实现地方政府与民意之间的顺畅沟通；要通过专业团队运营官方新媒体。这些都是提高地方政府网络环境下危机公关能力的关键途径。[⑥] 郭卫林（2011）则提出，目前，作为地方政府形象代言人的地方政府门户网站在危机公关中的作用仍有待进一步开发，特别是在地方政府门户网站已基本成熟，却并未充分发挥其在危机公关中的信息疏导作用的情况下。[⑦] 陈志环（2016）提出，微信的信息传播有交互性强、随意性高的特点，如果能够对其信息传播优势善加运用，将有效提高地方政府的危机公关水平，化原本被动的危机公关为主动。[⑧]胡百精（2015）则提出，新媒体虽然给地方政府的传统危机应对造成了较大冲击，但也为政府的危机公关

---

① 贾宝林．网络公关：地方政府与社会关系和谐的新探索［J］．理论导刊，2009（12）：51－53.

② 张飞．地方政府应对突发公共事件中的网络舆情监控与引导［D］．苏州大学，2013.

③ 盛兴，江鸿．新媒体环境下地方政府的危机公关研究［J］．新闻论坛，2012（4）：34－36.

④ 唐钧．应急管理与危机公关［M］．北京：中国人民大学出版社，2012.

⑤ 郑万军．突发危机事件与网络舆情疏导——“6·1”长江沉船事件和“8·12”天津爆炸案的比较［J］．情报杂志，2016（06）：91－97.

⑥ 何丽平，公共危机中地方政府运用新媒体策略研究［D］．西北农林科技大学，2013.

⑦ 郭卫林．地方政府门户网站在危机公关中的应用研究［D］．南昌大学，2011.

⑧ 陈志环．网络时代微信传播的危机与治理［J］．新疆社科论坛，2016（1）：52－56.

带来了新的可能。①

3. 影响网络环境下地方政府危机公关能力的主要因素

一是信息公开不充分。赵瑞昕（2014）提出，政府危机公关是一项围绕信息沟通的工作，而决定沟通成效的是政府的信息公开水平。信息公开不仅是现代善治政府的建设要求，更是决定网络环境下地方政府危机公关能力的重要因素。②林汉鹏（2014）认为，在全新媒体形态不断涌现、互联网普及度越来越高的背景下，网络舆论从原本的“孤寂之声”逐渐成为影响力较强的舆论力量，在获取知情权的驱使下，易将矛头对准公共部门，甚至会导致危机事态。③ 莫于川等认为，政府信息公开法制的建立和完善，事关政府部门运作模式的转变，经由各方博弈、达成共识、逐渐平衡，过程极为艰巨。要在区域发展不均衡、政府层级多的实际情况下实现这一进程，更为不易。④

二是公关理念落后。孙永林（2014）提出，目前，一些地方政府部门及干部在媒体面前常常以官话、套话应付了事，甚至通过强制性手段限制网络舆论传播与媒体报道，激化矛盾、加重危机事态，在某种程度上反映了当前一些地方政府部门及干部落后的公关理念。⑤ 苏菲（2015）认为，网络环境下落后的危机意识是地方政府危机公关水平不高的根本所在。一些地方政府部门及干部并没有随着时代发展而加强自身媒体素养，所以危机公关意识较为落后。⑥

三是预警能力较差。庄兴忠等（2016）认为，虽然近年来各级地方政府响应中央号召成立了应急办公室，提高了对危机预警的重视程度；但由于管理机制上存在的缺陷，越是一线基层的公共部门，越难以实现危机应对专职化。由其他岗位兼任的预警员无论是专业技能还是预警意识都不能满足危机预警的需求，危机预警实效性较差。⑦ 而对于网络环境下的舆情预警，徐延吉（2012）则提出，不少地方政府缺乏有效的舆情监测手段，缺乏危机预警机制，对舆情事态发展把握不准，从而导致舆情处置不当。⑧

四是应对方式不当。易臣河（2014）提出，拖延、消极应对、越权越位是目

---

① 胡百精. 新媒体与危机传播管理［J］. 中国广播，2015（12）：24－24.

② 赵瑞昕. 新媒体环境下我国地方政府危机公关研究［D］. 陕西师范大学，2014.

③ 林汉鹏. 新媒体环境下地方政府公共危机公关研究［D］. 华侨大学，2014.

④ 莫于川，林鸿潮. 信息公开，地方准备不足——从苏闽川滇数省考察看《政府信息公开条例》［J］. 中国改革，2008（6）：70－72.

⑤ 孙永林. 网络时代政府公关危机研究［D］. 燕山大学，2014.

⑥ 苏菲. 网络环境下政府危机公关研究［D］. 西北大学，2015.

⑦ 庄兴忠，陈先建. 地方政府网络舆情危机及其应对策略研究［J］. 今传媒，2016（5）：44－51.

⑧ 徐延吉. 地方政府网络舆情危机成因与处置［EB/OL］. 新华舆情 http：//news. xinhuanet. com/yuqing/2012－02/22/c_ 122738059. htm.

前我国地方政府网络环境下危机公关最常犯的三个错误，这些应对方式不仅无助于危机公关，反而会导致事态恶化。[①] 李欣（2009）认为，就目前信息传播途径众多的背景而言，地方政府的危机公关必然会遭遇谣言与流言的挑战，寄希望通过封闭信息渠道来应对显然是不可能的，主动对信息进行有效疏导就成了关键；但从近年来地方政府的危机公关案例来看，能够采用积极、正确的方式应对危机者寥寥无几。[②]

4. 提升地方政府网络环境下危机公关能力的对策研究

一是优化公关制度的对策。陶建钟（2011）认为，提高政府危机公关绩效，根本途径在于建立一个具有预见性、回应性和灵敏性的危机公关机制，包括良好的信息沟通机制、灵敏的信息应急机制以及有效的媒体整合传播机制。[③] 寇庆男等（2015）则认为，地方政府要同时建设好对内对外两方面的信息沟通机制，才能够在网络环境下实现准确、及时的危机回应，从而更有效地开展网络环境下的危机公关工作。[④]

二是优化公关主体的对策。林恬伊（2013）认为，地方政府应设立专门统一的网络公关部门，让网络公关成为一项独立的工作，能够从凌乱的职能中抽身，构建针对性更强的公关主体。网络环境下的危机公关部门需要有明确的职能、完善的工作程序与制度，实现网络环境下地方政府危机公关的常态化。[⑤]

三是优化公关载体的对策。喻国明（2015）提出，在整合媒介、运作媒介和管理媒介方面，要想取得主动权，获得把握力，必须站在时代发展的高点上，适应互联网时代的新发展去研究新情况，创新发展模式，主动进行相应的社会沟通和舆情引导。[⑥] 廖莎莎（2015）认为，在移动互联网技术高速发展的今天，仅靠单个政务微信发挥作用是远远不够的。政务微信要想发展，需对“集群力”下真功夫。“集群力”体现在两个方面：第一，加强政务微信与传统政府网站、政务微博和政务 APP 的集群联动。只有充分利用不同平台的优势，才能实现资源的合理配置，实现信息共享与整合，实现多媒体多平台间信息的同步推广、多维度互动，增加关注度，扩大政务微信的影响力和公信力。[⑦]

四是优化信息工作质量。王瑛（2012）提出，将网络引入公共危机预警评估

---

① 易臣河．突发事件网络舆情的演变规律与政府应对［D］．湘潭大学，2014.

② 李欣．网络环境下的政府危机公关研究［D］．苏州大学，2009.

③ 陶建钟．地方政府危机公关的局限、困境及其化解［J］．岭南学刊，2011（4）：56－60.

④ 寇庆男，武忠远．我国地方政府危机公关的问题与对策研究——以“4·11”兰州水污染事件为例［J］．辽宁行政学院学报，2015（8）：57－61.

⑤ 林恬伊．增强政府网络公关能力研究［D］．福建师范大学．2013.

⑥ 喻国明．大数据时代的危机公关［J］．公关世界，2015（8）：95－99.

⑦ 廖莎莎．我国政务微信发展现状、问题及对策研究［D］．重庆大学，2015.

领域，在技术领域实现耦合，使以往地方政府危机公关工作中存在的信息交流不畅、主体信息闭塞、信息资源利用率较差等问题得以解决；通过一个公用的、具有高度分享性的危机信息数据库，各主体可以顺利实现信息的交流及资源共享。[①] 朱虹（2013）则认为，互联网高度普及的背景下，政府的各项行政工作都会被推送到公众眼前，政府可以通过互联网更好地收集危机相关信息，整体上引导好网络舆论方向与发展趋势，从而对危机公关提供更具前瞻性的指导意见与建议。[②]

五是构建多元协作体系。郑保卫（2014）提出，互联网作为一个多舆论主体共同组成的公共领域，自律性非常关键。只有在网络用户都高度自律的情况下，公共部门的危机公关技巧才能够充分发挥作用，政府部门应引导网络用户提高信息分辨、判断、选择、发布和使用能力，对信息和言论意见要学会理性对待并保有合理的质疑。[③] 刘洁（2012）认为，近年来的公共危机案例表明，各领域的危机有逐渐融合的趋势，涉及的社会阶层也越发多元。所以，针对网络环境下地方政府危机公关的研究，应该尝试构建多元协作体系，以弥补地方政府在专业性及信息盲点方面的不足。[④] 龚玮（2014）则在社群共同体理论基础上，认为社会个体在危机中的情绪波动较大，只有参与到危机的治理当中，使自身有一个“应对”的姿态，才会摆脱惶恐。社群的作用在于合作性与群体性，当各社会主体能够为了同一个目标协作，那么地方政府在网络环境下的危机公关实效自然更好。[⑤]

五、网络环境下地方政府危机公关研究评价与展望

近年来国内学术界关于网络环境下地方政府危机公关研究成果颇丰，但仍然存在一些问题：

第一，过于重视实践研究，理论深度不够。根据 cnki 知网“网络环境下地方政府危机公关”主题下的搜索结果可以看到，2010 年前相关的学术成果较少；2010 年后，相关学术成果主要涉及两个方面：一方面是就某一具体案例谈论地方政府网络环境下危机公关的得失，并就案例中地方政府危机公关存在的不足提出意见或建议，如张昊冰（2012）就浙江乐清的“钱云会”事件进行了地方政府网络环境下信息公开的研究。研究主要围绕案例展开，并没有对传播学理论进行更深入的挖掘和探讨；另一方面是就某个网络平台的应用研究，对地方政府在网络环境下的危机公关实践有一定的指导意义，但由于没有或较少就新媒体相关

---

① 王瑛．公共危机预警的网络化评估模式研究［D］．电子科技大学，2012.

② 朱虹．网络媒体环境下的政府危机公关策略研究［D］．中国地质大学，2013.

③ 郑保卫．信息化社会与公共传播［M］．成都：电子科技大学出版社，2014.

④ 刘洁．我国公共危机治理中多元参与主体的协作机制研究［D］．新疆大学，2012.

⑤ 龚玮．突发事件应对的多元协作机制研究［D］．华东政法大学，2014.

理论进行研究。

第二，危机类型研究不够全面。从目前情况来看，有关网络环境下地方政府危机公关的学术成果数量并不少，但较集中于下列几类研究：群体性事件、医疗卫生事故危机和自然灾害危情危机等；而对于网络环境下少数民族地区地方政府危机公关、网络环境下地方政府危机公关与军民结合、网络环境下地方政府危机响应等研究比较少。

鉴于此，本书在做好实践领域研究的同时，更重视对理论的深度挖掘及危机公关研究类型的整理和融合，以期满足读者对网络环境下地方公共部门危机公关的多方面和多层次需求。

第一章　风险社会下的政府危机公关

科学技术日新月异，全球化进程不断加快，突发事件与自然灾害频发，严重威胁人们的生命财产安全。不管是在制度方面，还是在文化与心理方面，人们对风险的认知已经进入一个新阶段；风险事件概率在提高，人类社会进入高风险社会状态。在风险环境下，政府作为公共危机处理的主体，有责任降低风险，为人们创造一个和谐安定的生活环境，危机公关由此进入公众的视线。

改革开放之后，中国经济快速发展，与此同时也产生了一些公共问题，这对政府的危机应对能力提出了更高的要求。

形成以政府为主、学界为辅、社会积极参与的研究体系，将危机公关发展成为政府应对危机事件、增强行政能力的有效方式。危机公关也成了传播学、政治学和社会学等学科探讨的重要内容，公众对危机公关的关注度不断提高。

本章主要从高风险社会的角度来进行分析研究，在社会转型调整的现实背景下，政府危机公关的必要性及面临的问题。

第一节　世界：风险社会环境下的政府危机公关

风险社会与政府危机公关之间存在什么样的联系？考乌尔里希·贝克指出：风险社会与管理、决策之间存在必要的联系，决策是风险的先决条件。在面对公共危机事件时，政府是唯一的决策者，管理与决策应该由政府来进行。风险社会由此成为政府危机公关探讨的必要理论路径。

一、风险社会的产生及特征

1. 风险社会的产生

考乌尔里希·贝克是提出“风险社会”的第一人，其在《世界风险社会》一书中提出了“世界风险社会”，并指出风险社会源于世界范围内发生的实质性变化，贝克将这种变化称之为“第二现代性”。“第二现代性”主要包括全球化、个体性、性别革命、不充分就业和全球风险五个过程。

考乌尔里希·贝克侧重研究“现代化”基于风险社会的作用，而没有探讨传统、自然对风险的影响。在考乌尔里希·贝克观点的基础上，安东尼·吉登斯分析了风险形成的原因，并指出风险主要包括两个类型：一是受传统或自然影响而形成的外部风险；二是发展过程中形成的人为风险。

对考乌尔里希·贝克与安东尼吉登斯的风险社会理论的基础上，我们可以得知，风险社会形成包括两个方面的原因：一是传统或自然因素，如自然灾难等；二是人为原因，如科学技术与全球化不断发展变化的结果。关于这一点，考乌尔里希·贝克认为风险社会是传统、自然因素与人为因素相互作用形成的，提出“第二现代性”会受到生态与技术的威胁。总体来说，风险社会形成的原因既有传统因素也有人为因素，或是传统因素与人为因素共同导致。

（1）传统因素：自然灾害

最初，传统或自然因素是导致风险社会产生的主要原因，这也是早期人类社会面对的主要危机，表现为地震、旱灾、洪涝、泥石流和台风等灾难形式，这些危机不受人们的主观意志影响。在这里，我们将传统或自然因素形成的风险称为传统风险；工业文明产生之前，传统风险是人们需要应对的主要危机。

（2）人为因素：科学技术和全球化

随着社会经济、政治和宗教等不断发展，尤其是科学技术与全球化水平的不断提高，人类社会面对的风险日趋多元化。既有传统风险，又不断有人为风险生成，以及传统风险与人为风险相互作用形成的社会风险。

科学技术是推动社会发展的重要力量，同时为风险的形成提供了肥沃的土壤，导致风险产生的因素主要有两个。

一是风险性。科学技术的发展，催生了工业革命，而工业革命催生了商业社会的出现。高度工业化，让生活变得更为舒适、方便的同时，也带来了许多风险。譬如，工业生产造成的污染，会对人类生命健康构成威胁。以核能发电为例，核电可以说是人类社会工业化重要的推动力，无论是工业生产还是生活用电，都可通过高效率的核电得到了满足，但核电技术却有着“风险率低、但破坏性极其惊人”的特点。1986 年苏联时期的切尔诺贝利核事故至今令人胆战心惊。事故导致百倍于日本广岛核弹的核污染，直接受影响人数高达数百万人。在切尔诺贝利核事故过去近 30 年后，2011 年日本福岛再次发生了核泄漏事故。

同时，很多新兴科学技术亦具有不安全性，增加潜在的社会风险。这种不安全性会影响个人、集体甚至是整个国家与社会。科学技术发展迅猛，公众对于科学的依赖程度不断提高，由此产生的潜在风险会更多。

二是未知性。随着科技的进步，人力需求大幅下降，大量低层次劳动者失去就业机会，导致失业与贫困人口增加，影响了社会的和谐稳定，也为社会埋下了风险隐患。与此同时，科技的发展彻底颠覆了传统社会“自给自足”的经济循环方式，转变为以契约的方式，将劳动力转换为生产资料，劳动在这一环境下的前景开始变得未知。随着科技的日新月异，劳动者的个人技能与综合素养必须不断提升才能满足岗位需求，否则很可能因无法适应岗位需求而被淘汰。在这一背景下，个体的工作范围与发展方向被固定，而商业社会中的就业与劳动开始成为一项“阶段性”“可变性”很强的活动。在知识经济与商业经济共同把持劳动者命运的时代，风险的未知性逐渐增大。以往以家庭为社会基本单位、维系社会和谐稳定的结构，渐渐转变为以经济主体为基本单位、以经济关系来维护社会和谐稳定的局面。

全球化的发展，也是风险社会形成的主要因素之一。全球化扩张不仅是经济、文化和政治等方面的拓展，实际是社会各个方面都在不断发展扩大，由政治、经济和文化这些内容辐射到其他方面。全球化的意义在于，全世界实现了物质与精神上的共享，但共享不代表平均分配。利益分配不均，极易产生矛盾，风险伴随而来。就风险社会的探讨，本章主要从政治、经济、文化三个方面着手：

第一，政治全球化。多元化、多极化成了世界政治的主旋律。随着国际政治纠纷增多，国与国之间的发展水平、发达国家与发展中国家之间的财富与资源差距拉大，给国际关系、国际政治增加了未知性。

同时，政治全球化使国与国之间的沟通、合作和竞争日渐提升，国家与国家之间意识形态、文化、习俗和宗教信仰上的差异，以及不同法律法规之间的冲突，使国际政治逐渐延伸到社会其他领域。鉴于政治全球化趋势，国际政治中存在的未知与风险可能将危机波及各个国家，尤其是边境地区。

第二，经济全球化。经济全球化给世界各国带来的影响极其深刻。经济是人们赖以生存与发展的前提条件，并对政治、文化等方面的发展有决定性影响。经济全球化加强了世界各国联系，并在融合发展过程中形成了自由市场经济。各国经济上的紧密性，使得一国经济问题很容易牵连别国。发达国家利用其经济优势对欠发达国家进行物质、人力资源的转移，并将工业与生活产生的污染物转移到欠发达地区，增加了欠发达地区的发展压力，是对欠发达国家的剥削。

不仅如此，经济实力较强的国家通过经济上的压倒性优势，潜移默化地侵蚀发展中国家的意识形态和传统文化。在经济全球化过程中，具有较强优势的发达国家企图成为国际经济交流合作规则的制定者与“法官”。发展中国家与欠发达国家唯有按照它们的规则才能参与到国际经济交流合作中来，但这些规则的最大得利者却是发达国家。经济上的劣势与看不到希望的“规则”，也为社会风险埋下了隐患，许多国家之间的冲突都是源自于经济活动过程中倾向性过于严重的规则。贝克曾经在其著作《世界风险社会》中提出，“事实上，自由市场经济意识形态已经增加了人类的不幸。如今在重要的自由贸易条约，如 WTO 和北美自由贸易协定（NAFTA）的背后，在最富的国家中，消费几乎失去控制。”21 世纪初，我国以发展中国家的身份加入了 WTO，这一选择虽承担了较大风险，但迎来了更多机遇。加入 WTO 后，我国对外贸易的数量、频率不断提高，但同时需要面对发达国家的反倾销与技术抵制，还会被要求提升人民币货币值，这些虽然都不是 WTO 的明文义务。

商业化经济的确有效促进了各个国家的经济发展，但同时也埋下了严重的隐患——经济危机隐患。在经济全球化背景下，原本局限于一个国家或一个区域的经济危机，很可能会席卷全球。凯恩斯主义带来了疯狂的经济增速，也带来了 1929—1933 年的全球经济大萧条。20 世纪末影响整个亚洲的金融危机，更是让亚洲国家陷入企业破产和工人失业潮，这种巨大的风险让各国政府开始更为审慎地看待经济发展。2008 年，美国次贷危机导致的全球性金融危机再次重创全球经济。这种风险虽然可以事后研究其特点与发展趋势，但相关预警与控制几乎是人力所不能及的。所以，经济全球化的优劣暂且不论，其风险性是客观存在的。

第三，文化全球化。文化全球化集中表现在各国之间文化交流与传播的加强。文化交流有利有弊，它既有利于促进不同文化间的融合创新，同时也给本国文化带来冲击和挑战，使人们思想价值观受到影响。文化交流过程中，不可避免混杂有非理性因素，从而衍生出一些问题；而某些问题经过不断发酵与恶化，极易上升为国家之间的矛盾，文化殖民主义与文化霸权便是其中一个表现形式。文化全球化过程中，外来文化的渗透会冲击本国的文化价值观，社会结构、社会信仰也会受到一定程度的影响。

在信息技术不断进步的今天，文化信息的传播更为迅速，影响范围更广。这的确有效提升了文化的传播效率与影响力，但同时也存在相当大的风险。传播速度加快，一方面使文化快餐化、符号化，难以真正传播文化的核心内涵；另一方面，一旦出现负面消息，迅速而广泛的信息传播很可能产生恶劣影响。

（3）传统因素和人为因素共同作用

进入商业社会后，人类社会的风险随之增加。因为许多原本存在于自然的风险在人力因素作用下，变成了更为复杂的社会风险；而自然环境社会化成为风险产生的温床，加大了风险预警与处置的难度。事实上，近年来出现的种种异常气候现象，往往是人力破坏自然的副作用，导致巨型洪灾、超高温天气等蕴含巨大风险的异常气候。

比起以往的风险社会，目前我们所面对的风险社会已有较大差异，不能再用老眼光、老办法对其进行预测，这些新的风险带来的危机远比传统风险社会下的危机严重。

2. 风险社会的特征

科技与全球化发展之下形成的风险社会，与传统风险社会相比增加了新的特点。新型风险社会特征简单概括如下：

（1）风险的全球性

全球化是导致风险社会的主要原因之一，全球化背景下形成的风险社会，必定会带有全球化特点，根本原因在于当今世界各国在经济、文化等方面建立的亲密合作关系。受传播、地区等条件的影响，传统风险的影响范围大多局限于发生事件的区域，不会蔓延到其他地方，影响是地区性的。随着科学技术的迅猛发展，信息传播速度的加快，加之世界各国之间联系的紧密性，一旦一个地方爆发危机事件，便会在短时间内蔓延到其他地方，由地区性事件发展成为国际性事件，影响通常是全球性的。风险一旦出现，影响范围将会冲破地理区域的限制，从爆发区域迅速扩散到世界其他地方。当今社会风险所具有的全球化特征，从根本上改变了传统社会风险的运行轨迹，发展成为“世界风险社会”。

（2）风险的复杂性

与以往定义中的风险社会不一样的是，现代风险社会中的“风险”更为繁杂，以至于在风险造成实际损失之前，可能都无法判断其性质。在全球化不断深化的时代背景下，风险的酝酿与危机的爆发之间甚至没有直接的联系；一些原本并不存在风险的领域，却有可能因为受其他领域的牵连而遭受损失。因其范围广、负面影响大且往往不可逆转，加上其导致的危机可能毫无具体征兆，所以针对这些风险的预警工作，难度远高于从前。同时，风险的因果关系不再是直接关联，风险本身也很难直接描述。风险形成的危机可能在时间点上存在延迟，甚至会存在多重危机源自于同一风险的情况。

现代社会风险的高度复杂性挑战人类社会通过科学技术规避风险的能力。事实上，很多风险本身就是在规避风险的活动中出现的，指向性很难判断，对风险后果的预估非常困难，很难有效遏制。

风险的遏制之所以如此困难，还因为风险的表现形式复杂繁多，在不同的社会领域与社会环境下会“改头换面”，需要采用的控制方式各有差异，一些风险的变化速度甚至已经超过人类社会的反应能力；所以尽管人类社会时刻在与最新的风险作斗争，但仍然不能够一劳永逸。譬如，尽管现代医学发展日新月异，许多困扰人类的疾病得到了控制，但更多新类型的细菌、病毒对人类生命健康构成威胁。

（3）风险的关联性

风险社会的风险之间具有一定的联系性。风险具有的“风险共担”或“风险社会化”特征，使任何一个个体都难以逃避风险。风险的发生不仅会破坏人类正常的生产生活，还会伤害到经济、政治等各个方面。

（4）风险的多因并发性

传统的社会风险一般为物质上的短缺造成的饥荒、贫穷以及瘟疫，即吉登斯所说的“外部风险”。随着科学技术不断发展，人类社会抵御外部风险的能力得到了提高，现代社会爆发大规模外部风险的概率已经微乎其微。但人类社会在基本克服外部风险所带来的困扰之后，却不得不面对物质的富裕由存在一定风险的社会生产活动提供的事实。同时，由于社会资源与发展成果分配不均，人类社会在生产成果的分配、认定及平衡上存在冲突，人类在成功抵御了传统社会“外部风险”的同时，却不知不觉地成为内部风险的根源。

对于现代社会风险而言，外部风险依然存在，同时陷入新的内部风险当中。人为因素是导致现代社会风险的主要原因，机制体制上的风险与技术风险是现代社会风险两种基本形态。在今天的社会风险中，不少传统社会中的外部风险逐渐有了人为因素的影响，且在全球化的今天变得突出，如自然灾害属于外部风险，但厄尔尼诺等自然灾害却受温室效应等人为因素的影响。

二、风险社会语境下的政府危机公关

风险社会状态下，危机事件不断发生，影响社会各方面的有序运行。对此，政府要做好危机管理主体的角色，积极开展危机公关工作，将危机公关作为政府化解危机事件、提高政府行政管理能力的有效手段。在风险环境中，人们难以及时控制危机，只能通过实施相关措施来降低危机产生的损失。政府作为危机管理主体，政府危机公关在风险社会中显得至关重要。

1. 政府危机公关的必要性

风险全球化的社会背景，意味着包括政府在内的社会组织更需要注重公共形象的管理。作为政府，能否在风险面前随机应变、与公众建立良好的沟通关系，直接决定公众对其认可度与支持率。如果政府部门能够经受住危机的考验，其公共形象必将得到提升；相反，如果处置不当，其公共形象必然大打折扣，甚至会影响其执政根基。政府的职能与职责注定了其必然要成为应对危机事态下的主导，危机公关工作是其必要工作之一。

在危机频发的时代，政府只有通过迅速、正确的危机公关，才能避免或降低危机对其公共形象的损害、维护其权威性与执政合法性，从而维护国家统一与社会稳定。

政府危机公关是一种以行政资源为基础、以行政力量为推动力的行政工作，与其他行政工作不同之处仅仅在于借助了企业危机公关的理论及方式方法，减少危机带来的负面影响。在公共危机事态下，政府难以采用管理、管制等手段，唯有开展较为人性化的公关工作，才是稳定社会情绪、妥善处置危机。

2. 政府危机公关面临的挑战

现代风险社会的特征对政府危机公关提出了一系列挑战。

(1) 危机的频繁发生和不断升级对政府执政能力提出挑战

必须指出的是，政府在面对传统社会中的自然风险时，已经有了远比以往更出色的表现，总结了许多经验教训，形成了一套风险应对体系。然而，随着人类社会的不断发展，专门应对自然风险的方式方法开始落伍，已无法应对人为因素与自然因素双重作用下产生的风险。现代社会的风险爆发频率更高、影响更深远、范围也更广泛。特别是20世纪90年代后，危机类型越来越多，过去积累的经验对现代风险防治帮助甚微，人们在危机环境中的选择面更狭窄、选择难度加大。应该说，现代风险无论本质还是形式上都已经完全不同于以往。政府部门应采取什么方式来应对这一变化，在全新的风险社会背景下做好危机处置工作，是风险社会对现代政府提出的一个严峻课题。

在现代社会风险的组成要素中，人力的作用越来越明显，这使人们对“危机”的认识与定义发生颠覆。现代社会风险的客观规律指出，人类不但是遏制风险的主要主体，本身也是现代社会风险的源头；政府在通过行政手段强化风控、减少损失的同时，某种程度上也提高了公共危机出现的概率。在现代风险社会背景下，政府的风险管控不再具有绝对的、单一的合法性，使危机应对与处置成为一种动态的、全球化的风险再造活动。换言之，在现代风险社会语境下，人类并不具备对风险的绝对控制权，而政府也不再是绝对合法权威的风控主导主体；只有人类与自然和谐发展、政府与公众建立起良性互动关系，方能实现对现代社会风险的规避与消解。

在这一背景下，政府危机公关工作的重点应该体现在：首先，在充分体现政府作为危机公关主导主体的前提下，不断强化政府对现代公共危机的理解，从而提高危机公关的针对性。其次，危机公关的方式方法需要和专业公关团队沟通研究后决定，而非传统的由公共部门拍板、专业人士提供建议的方式。尽量从专业角度进行政府危机公关活动，确保避免危机负面影响的同时，不产生次生危机。最后，政府的危机公关应该有长远的眼光，而不仅仅为了当前的利益。作为公共部门，政府应该加强对次生危机的预警。

(2) 危机公关模式和现状对政府危机公关制度化提出挑战

目前，国内的危机管理政府仍是最重要的主体，以政府的危机管理为主，相关组织只能根据自身情况参与。政府部门没有针对危机参与的相关各方形成一个科学的责任分配制度。

政府作为危机公关的主导主体，应在危机中及时做好各方面的协调与规划工作。但是，由于权责分配不明确，一些政府部门一旦涉及具体事务时，相互推诿责任，或是仅仅提供象征性建议而不参与具体实践，错过化解危机的最佳时间窗口。鉴于此，政府应明确权责分配，构建完善的危机应对机制；一旦危机事件爆发，确保各职能部门按照自身权责迅速投入其中。

政府作为危机管理的主导主体，需要承担更多的社会风险，但独立承担所有社会风险，是任何政府都无法做到的。政府需要扶植相关社会机构，为其做出合理规划，明确其在危机事件中的职能，发挥其应有的作用。同时，引导好国际友好力量，构建全球化危机互助处置机制，如此才能够有效应对跨国危机的处置、公关与善后工作。尤其是在官方不方便出面的情况下，更应该利用好民间机构的桥梁作用，避免民族、文化和信仰等差异成为危机管理中国际合作的隔阂。

(3) 社会风险意识的缺乏对政府危机公关提出挑战

就目前情况来看，我国经济、文化和科技的发展速度较快，社会各界对风险的准备与关注并不够，对客观存在的风险缺乏判断与应对准备。正因如此，无论是普通民众还是各级政府，都应建立起风险意识。

风险意识的高低，决定一个政府的危机公关水平。在风险社会环境下，社会的风险意识主要通过两方面建立：一方面，政府作为公共管理部门与权威的文化推广者，需要先行建立危机意识；另一方面，公民作为社会的基本单位，同样需要建立起危机意识。两方面的危机意识建设虽然实践上各有差异，但理念上都是对风险社会的心理准备与警惕，可谓殊途同归。其中，政府的危机意识主导了整个社会危机风险意识的发展方向，而政府的危机公关意识，则是政府对整个社会风险文化的构筑。鉴于政府危机公关意识的重要性，需要抓住以下三个重点：

第一，政府是风险社会环境下的危机公关主导主体，更应该对现代风险社会有深刻的理解。要将政府的危机公关工作提升到一个新高度，需意识到作为公共部门，危机公关不仅是政府维护自身权威、巩固执政合法性的重要方面，更是其职责。应通过转变政府职能、树立公关意识、构建危机公关制度与实践方案来提升其危机公关意识。

第二，政府作为公共部门，有义务教育公众培养危机意识和风险意识，从而让公众对危机及社会风险的危害性有基本的理解，并具备自救及应对常识。鼓励公民在政府引导下积极参与危机公关，发挥公众的力量。

第三，在风险社会全球化趋势之下，完善的危机治理不是某个国家或区域能够实现。这需要公众充分认识到“风险全球性”，对可能出现的社会风险给予关注、做好心理准备。同时，公众亦积极参与危机管理，扮演公共部门监督者角色，以公共舆论威慑危机公关中出现的违法行为。

第二节 中国社会的转型

改革开放之后，计划经济逐渐转变为市场经济，社会结构得到了改革与调整，这个过程我们可以称为中国式的现代化过程。社会转型期间，利益调整、思想价值观冲突、社会变动等，导致转型过程中公共危机事件多发，政府要重视并积极开展相关工作。

一、转型时期中国的社会变迁

1. 转型时期的界定

有别于发达国家与其他发展中国家，我国以社会主义民主政治作为基本制度，突破性地运用市场经济推动自身发展。这意味着，我国的改革开放与政治体制改革的深化等社会系统的变化不能单纯套入吉登斯、利奥塔、哈贝马斯等资本主义社会学家的学术理论。中国的社会转型与西方社会中“现代”“后现代”定义截然不同。

我国社会的转型，始于20世纪70年代末开始的改革开放。改革开放包括有对内的改革与对外的开放，对内的改革主要包括经济领域的改革，即将计划经济制度转变为社会主义市场经济制度；政治改革包括强化社会主义民主政治建设、落实政企分离、加强法治政府建设、革除臃肿和构建民主监督制度等。对于经济领域而言，这一时期的改革可以说是“颠覆性”的，涉及从生产结构到生产资料分配及劳动所得分配等方方面面。从纯粹的公有制转化为以公有制为主、多元所有并存；以按劳分配为主多种分配方式并存的格局。发展社会主义民主政治及建设法治政府，是推行社会主义市场经济后的相应调整，对外开放是给我国经济发展提供良好的外部环境。

2. 转型时期中国的社会制度改革

中国社会转型的关键是经济体制改革，并通过国家主导的形式开展政治体制与法制改革，全面实行对外开放，加强与世界各国的合作交流。中国社会制度改革的范畴包括经济、政治、法制、文化等各方面。

（1）经济体制改革

社会转型期间，经济体制改革是中国社会发展的重中之重。为满足对外开放与市场经济发展的需求，实施了多项举措。比如，调整所有制结构和产业结构，加大国内市场与投资环境的开放力度，建立经济特区，吸纳外资，重视科技发展，大力实施科技兴国战略，以适应不断发展的市场经济与全球化的时代要求。

（2）政治体制改革

政治体制改革，是对政权组织、政治组织之间的关系与运行体系进行改革与优化。当前，民主制度建设是中国政治体制改革的重点，改革内容主要包括：党政分开运行；加大权力下放力度；完善政府工作机构；调整人事机制；构建社会协商对话机制；健全社会主义民主政治等机制体系；加大社会主义法制建设力度。

（3）法治建设

在经济全球化与对外开放的时代背景下，只有良好的法治环境才能确保经济与社会的平稳发展。

处于转型期的中国，对法律层面进行了深入研究，同时在实践上做了许多尝试。对于我国的法治建设而言，最终的追求就是满足经济发展、政治建设、文化进步与社会民生需求，坚持将党的领导、社会主义民主政治及依法治国作为法治建设的目标；坚持人本精神与法治精神，树立民主、自由和公正的法律思想，构建中国特色社会主义法律体系，构建并健全民主监督的机制体制，维护公众的正当合法权利。

（4）文化建设

社会经济发展、政治制度趋于完善，为文化发展创造了良好的环境。某种程度上，文化是经济与政治在意识形态上的体现，文化转型必定会给社会带来深远的影响。全球化发展，信息时代的到来，党和政府充分认识到文化建设的必要性与重要性。科教兴国是国家重视文化发展的具体表现，强调文化为国家竞争的软实力，在凝聚民心、团结各民族群众方面的积极作用，指出要大力推进主体文化、文化主体性与文化价值体系的建设，重视加强对外文化交流，加大传统文化保护力度，并对传统文化进行继承与创新。

改革开放之后，中国经济和文化得到了迅猛发展，但在中国社会转型的关键时期，社会各方面日新月异，不确定性增强，社会风险系数增大。

二、转型时期的社会问题

1. 社会转型：机遇与风险并存

“文化大革命”对社会各领域的运作产生了破坏性影响，经济近乎崩溃，人民生活水平下降；加上长期缺乏国际交流，使我国经济发展水平与发达国家进一步拉大。改革开放后，我国社会经济文化等方面发生巨大变化，社会进入转型期，机遇与风险并存。

机遇主要为改革后的经济体制更符合世界经济发展潮流，更合乎经济发展需要。通过改革，机制体制建设与文化建设得到新的动力，带动整个社会的进步与发展。

风险则主要指在社会转型阶段，体制、制度、机制乃至社会结构都发生巨大转变，对社会各个层面产生深远影响，这种影响可能会导致不稳定、风险、危机。同时，随着改革的深化，社会各主体的利益分配格局必然改变，也将带来新的社会矛盾；各阶层之间的差异、冲突亦将带来潜在社会风险。

2. 转型期社会矛盾多发的原因

任何一个国家在转型期间都会遇到一些问题，这些问题可能会演变成危机。

当前中国社会矛盾主要有两个特征：一是公共危机发生的概率提高；二是危机破坏范围扩大。原因主要有以下六个方面：

（1）社会变革下的矛盾

我国社会转型过程中表现出来的特征主要有：第一，市场化、工业化和现代化同步进行、集中出现，明显区别于发达国家的社会发展路径。西方国家工业化、市场化、现代化之间具有顺序性与间隔性。工业化完成后才到市场化，并在两者基础上逐步实现现代化，工业化与市场化为现代化奠定了坚实的基础。这种社会发展模式经历的时间较长，成熟度较高。我国社会条件尚未成熟，同时开展工业化、市场化和现代化难度较大，容易激发各种社会矛盾。社会转型过程中，新旧体制相互碰撞与影响，加剧了社会的复杂性，使危机发生的概率增加，且增加复杂程度。

第二，政府是社会转型的主导者，政府虽拥有主导社会转型内容与方向的权力，但难以预测与掌握社会转型过程中可能出现的问题与危机。

第三，社会转型过程中，前工业时代、工业时代与后工业时代各种矛盾、危机集中呈现，具有不可控性、复杂性。

（2）社会结构的脆弱性遭遇转型时期的不稳定

自改革开放以来，地区、行业、部门、个体之间的差异仍然存在，不同地区间在经济发展水平、人们生活水平上的差距拉大，贫富差距与行业垄断依然存在，行业竞争力薄弱，这些都是潜在的风险。

政治改革方面，民主建设取得了较大进展，然而等级观念依然有较大影响，不平等观念与市场化经济倡导的公平正义相违背。社会转型阶段，中国社会文化从全盘接受西方文化到批判借鉴西方文化再到探索中国传统文化价值与批判接受西方文化融为一体，公众心理伴随文化价值观的改变而发生变化。在这种环境中，因为文化价值观冲突而引发的社会问题相对较多。

（3）国内外环境的差异导致危机多发

转型期间，中国社会已处于全面开放的国际化环境之下，与世界其他国家之间交流合作频繁，但我国国情与外部世界存在较大差异，这种差异也是导致危机多发的主要原因之一。

（4）发展带来负面影响

改革开放之后，“发展必有益”“发展就是经济增长”的思想成为社会主流价值观，提高产值、增加利润、促进 GDP 增长成为社会发展的主要目标，在推动社会经济快速发展的过程中，产生一系列问题。

高科技在为生产生活提供便利的同时，也对生态环境造成了严重破坏。我国仍是发展中国家，面临着人口、资源、生态环境等方面的多重压力。生态环境破坏成为制约经济增长、增加社会不稳定的重要原因，诱导危机事件发生。

（5）信息时代给予危机新的形式和传播渠道

随着信息技术的快速发展，信息传播更加便捷高效，危机事件传播的范围更加广泛，传播内容、传播方式与传播路径也发生改变。互联网的产生使人类进入信息时代，推动社会迅猛发展，但也产生了新的危机。

多媒体技术的全面应用丰富了信息的传播途径与传播方式，微博、微信等新兴媒介的运用也为危机的产生提供了平台。比如，新媒介的产生催发了网络群体性事件，一些社会事件经过网络用户的转发评论，引发公众的广泛关注，小事件被放大，最终演变成严重的危机事件。

（6）法治建设赶不上社会发展的速度

在社会结构转型的关键时期，新问题、新冲突层出不穷，需要构建相关法律条例进行管理与约束；但法治建设跟不上社会发展的需要，导致一系列社会矛盾无法第一时间得到有效控制与处理。一些不法分子甚至利用法律法规的漏洞从事非法活动，从而导致危机事件的发生。近年来，政府不断加大法治建设力度，取得了显著成效。

三、未受重视的危机预防和危机公关

1. 危机公关未受重视

中国社会转型的过程是社会经济快速发展、社会结构趋于完善的过程，而危机事件是社会经济、文化等方面稳定运行的绊脚石。危机对社会、个人、集体造成的伤害是难以估计的，一些政府部门在危机认识、预防与处理上仍存在很多不足。没有正确理解危机预防概念，对危机预防不够重视，在危机预防机制建设、危机应对计划制订及管理方案完善等方面尚存欠缺。

诚然，危机公关是一门非常年轻的学科，现代意义上的危机公关理论发展迄今不过 30 年（自 20 世纪 80 年代开始），我国对危机公关尤其是政府危机公关的研究远远落后于发达国家。对我国地方政府而言，真正开始关注危机公关，是从 2003 年非典型性肺炎（SARS）爆发。

SARS 疫情过后，我国各级政府开始对危机公关重视起来，相关工作取得了显著进步，但仍存在不足。

2. 危机公关被忽视的原因

政府部门普遍忽视危机事件预警机制建设，忽视危机公关的原因主要有：

第一，侥幸心理。大部分部门认为危机不会发生在自己身上，普遍存在得过且过的心理，这是危机公关不受重视的根本原因。

第二，缺乏危机管理与危机应对的专业人才，独立开展危机管理的能力较低；危机应对能力需进一步提升，相关危机管理应急体系需强化优化。

第三，组织领导没能正确意识到危机管理的重要性与必要性，对危机应对管理投入少。

第四，危机预防难度大，这使部分政府部门对危机应对的积极性不高。

处于风险之中，却选择忽略与不理会，危机意识薄弱，危机预防能力较低，这是当前需要正视与解决的问题。

政府是开展社会管理的主体，危机公关属于社会管理的内容。政府为实现管理目标，就要加大对危机的重视和管理，积极预防与应对。

在社会转型过程中，政府扮演着双重角色，不仅是变革的主体，还是变革的对象。受传统体制与思想的影响，政府变革的难度相对较大。公共危机对政府而言既是挑战也是机遇，危机把体制中潜在问题激发出来，政府应借此机会采取相应措施对职能定位、组织结构和决策体系等方面进行优化改革，使政府运行机制能够满足社会转型的需求。从这个角度上来看，公共危机在推进政府体制改革的同时，提高了政府应急处置能力。

第二章　政府危机公关的理论来源与基本概念

政府危机公关囊括多个学科内容，涉及范围较广。政府危机公关是近年来产生的新型研究课题。本章主要探讨政府危机公关涉及的传播学、管理学、公共关系学、政治学等学科的发展情况，以及这些学科与政府危机公关的关系。之所以要对政府危机公关的相关理论进行梳理，是为了厘清政府危机公关的理论及其基本概念，为网络环境下地方政府的危机公关研究奠定理论基础。

第一节　政府危机公关的理论来源

一、传播学与政府危机公关

公共危机与大众传播紧密相连，大众传播的传播方式、传播内容、传播过程和传播理念等均对公共危机产生重要影响。

1. 议题管理与传播学路径下的“议程设置”

早在20世纪70年代，美国公关学者查斯就提出“议题管理”，指出社会议题虽然不可能完全由某个社会主体所决定，但通过一定的专业手段，是可以对其产生较大影响的。1978年，美国公共事务委员会从企业运营推广的视角，认为议题管理属于企业管理计划的一个类型，企业通过议题管理来收集公共政策拟实过程中有利于自己的信息，同时提高过程中需要的专业水平与效率。1982年，查斯对自己在20世纪70年代提出的议题管理概念进行了一定调整，认为议题管理是了解、鼓励、协调以及引导企业的策略、政策规划以及公众事务的方法，从而帮助组织真正参与到公共政策的拟定当中。

在公共关系学领域，与议题管理概念最接近的是公共传播学科中的议程设置概念。20世纪70年代初，美国传播学奠基人之一麦库姆斯在《舆论季刊》上发表题为《大众传播的议程设置功能》一文，将议程设置首次运用到传播学中。[①]换言之，信息媒介能够通过设置议事日程的方式影响公共舆论，即通过调整信息次序来突出重点议题，从而改变公众对“社会重大事件”的理解与判断。

---

① 郭镇之. 关于大众传播的议程设置功能［J］. 国际新闻界，1997（3）：18－25.

从议程设置的概念与内涵上看，议程设置事实上属于议题管理在社会信息传播活动中的一个表现形式。议程设置的提出，表明学者开始意识到信息媒介可以改变社会公共政策与公众看法。在信息传播不发达的年代，公众需要依靠自己去感知信息再进行判断，而在媒体出现后，公众的感知范围与感知水平都得到了极大提高，这一点在网络时代尤为明显。公众对客观世界的认知大多超越了日常生活实际接触的范围，而这种认知将对公众的思维和行动产生影响。

不少学者将议程设置理论作为一种分析工具，阐述信息媒介是如何对危机信息产生影响，而媒体与互联网又是如何设置议程来影响公众对危机的判断、对政府的形象认知等。

2. 危机语言艺术理论的短暂发展

危机语言艺术理论崛起于20世纪90年代中期，班尼特等人是其代表性人物，提出了“形象修复策略”。该理论的精髓是“否认事实、逃避责任、冷处理事件、对公众道歉”；[①] 而与班尼特齐名的库姆斯则设计了危机沟通策略，他认为：只要是人力不可逆转的因素或谣言导致的危机，组织可以抨击批评者的立场或其行为，或直接否认自己在事件中的任何责任；而对于因其他主体在有意识下造成的危机，组织则可以坦承通过正当理由将自己从危机责任中摘出。[②] 而对于因自身或失误导致的危机，组织则应该在改正错误的基础上，无底线地取悦社会舆论，并迎合主流道德舆论方向。

整体上而言，危机语言艺术，是一个以在危机事态中组织有效的语言回应方式为核心的研究课题；而在理论层面，危机语言艺术的理论依据主要是符号互动论与社会责任论。之所以要利用危机语言艺术，是为了通过和受害者、公众的沟通，在危机中重塑公共形象、得到相关群体及公众的理解和原谅。

3. 传播效果研究——“说服性传播”

耶鲁大学心理学教授C. I. 霍夫兰提出了“说服性传播”理论，具体指传播的说服效果，即为接受信息的人朝着信息传播者说服理念的方向发展。第二次世界大战时期间，霍夫兰等人就此对美国陆军军队开展了多项心理测验，取得了可喜的研究成果。研究结果表明效果的取得不仅是由传播者的主观意志决定的，同时会受到传播主体、说服内容、说服方法和受众特点等因素的影响。证明了传播过程与传播技巧可以使受众的态度产生改变。危机传播过程中，政府通常会借助大众传播媒体来报道正面信息，利用“说服性传播”来改变公众对政府的印象。

---

① 田卫东. 对班尼特形象修复策略的商榷［J］. 新闻知识，2015（12）：21－22.

② 吴小冰. 政府公共危机沟通策略探讨——归因理论与形象修复理论的视角［J］. 东南传播，2010，2010（6）：28－31.

4. 培养理论：媒介影响人们的世界观

关于传播媒介基于公众现实的影响，以及传播媒介所体现的倾向性，以美国学者 G. 格伯纳为首的专家学者提出了培养理论。1976 年，格伯纳等通过调查分析推出，在媒体时代下，大众传媒指出的“象征性现实”能够对公众认识与了解现实世界产生重大影响 。因为大众传媒所具有的倾向性，使公众心中的蓝图与现实世界存在较大的偏差，且这种影响是通过持续、潜移默化的形式发生的，它在公众无意识的情况下使之接受这种理念，格伯纳将这一现象称为“培养分析”。

培养理论的中心思想在于：大众传播媒介在无意识的情况下影响人们的思想价值观，逐渐培养他们的思想信仰。比如，经常观看暴力节目的观众，被迫害心理相对其他人较为严重，且认为现实生活中多以暴力解决问题。由此可看出媒介对公众思维的影响。在培养人们世界观、价值观方面，大众传播媒介既有积极作用，又具有一定的消极影响。一方面，大众传播媒介所传播的信息大多反映客观世界的真实情况，向受众反映正面的信息，对培养人们积极向上的思想价值观具有促进作用；另一方面，若大众传播媒介对现实世界进行歪曲报道，就会影响受众对客观世界的认识，长此以往会导致其形成消极懈怠的价值观。

5. 沉默的螺旋理论：其他现有社会控制功能

传播学与公共舆论之间的关系，很长一段时间都是社会人类学、传播学以及政治学等学科的重点研究对象。如果以社会心理学为基础，舆论就是一种控制人类社会行为的机制，而推动这种机制发生作用的恰恰是人类本身。所以在研究过程中，应该将之视为一种约束人类社会行为的力量来研究其源头、对人类社会的影响以及一般规律。最知名的传播学与公共舆论之间的关系理论，当属伊丽莎白 · 诺尔 · 诺依曼的“沉默的螺旋”理论。根据诺依曼对政党政治的数据研究，公众在对外表达自身观点的时候，若是看到他人与自身观点相似且这种观点的受众面较广时，就会对该观点下的讨论更感兴趣，也愿意和志同道合者一同讨论；当人们发现他人表达的观点得不到公众认可，即便自己内心是认可这种观点的，也不愿参与到该观点的讨论当中。对某一议题观点过分强势、讨论过多，就会导致这种观点越来越受欢迎，而不受欢迎的观点则会越来越沉默。

从功能上来看，“沉默的螺旋”突出的是公共舆论对公众感知与公众行为的影响，而公共舆论则反映了社会个体对社会意愿大方向的判断，进而对自身的意愿表达进行调整。同时，“沉默的螺旋”还突出了信息传播媒介对社会的高度影响力，这种影响力全面覆盖了社会个体对客观事物的认知及行为。而在网络环境下，鉴于新媒体平台话语权分配的扁平化、个体身份的隐蔽性及不受时空限制的高自由度，信息媒介已经不能如从前般通过自主意愿直接影响公众舆论。但这并不意味着“沉默的螺旋”不适用于这一环境；相反，在这一环境下，“沉默的螺旋”作用更为明显，网民在线上比线下更害怕被孤立，特别是在危机爆发之后，这种被孤立的感受更容易让人感到惶恐和无助。从某个角度上看，网络环境下公众意见的凝聚速度远超传统媒体，传播也更为迅捷、影响范围也更大。

6. 首因效应：第一印象影响公众认知

在社会心理学科中，人们对事物的第一印象，又叫做“首因效应”或“第一感觉”。人们之所以会对事物产生第一印象，是因为事物的客观存在，是人类对其产生感知过程中产生。但第一印象并不是社会个体出现首因效应的原因，是因为首因效应才会出现第一印象，并最终真正对社会个体的思想意识产生影响。因为第一印象先获得社会个体的关注，才出现了后续一系列的心理活动。第一印象是首因效应所导致的诸多心理活动中影响最为深远的结果，以至于社会个体可能会在获得新的认知后仍然会结合第一印象对事物做出判断。根据传播学学科的相互矛盾信息理论来看，若是对一件事物出现两相矛盾的信息，那么先被察觉的信息往往对个体的影响力更大，这就是首因效应。首因效应的存在，提醒地方政府在网络环境下的危机公关中，必须利用好新媒体等网络平台。争取获得社会各界的关注，通过迅速而准确的危机信息赢得公众良好的第一印象，为开展后续的公关工作奠定基础。

7. “拟态环境”理念：媒介影响个人对世界的感知

“拟态环境”理论由美国学者李普曼提出。李普曼指出，人类社会日趋复杂，在瞬息万变的信息社会，社会分工不断细化，人们的时间与生活压力越来越紧迫；社会发展是无限的，人的生命是有限的，在有限的时间里不可能体验完世间万物。在这点上，媒体的作用不断凸现，人们通过媒体来了解与认识世界。媒体逐渐发展成影响社会价值观的重要力量，报纸、杂志等传统媒体宣扬的价值观在培养人们思想信仰方面具有主导作用。①

表面上看，“拟态环境”与政府危机公关之间不存在直接联系；但在实际工作中，媒体则是公众获得信息、认知社会的主要方式，媒体报道的内容会对公众看待危机事件的态度与观点产生重大影响。

8. 公共危机与大众传播

地方政府在危机公关过程中，需要参考大众传播学知识，除上文中提到的议程设置与危机语言艺术之外，还有不少传播学知识与危机公关及危机管理息息相关，如拉扎斯·菲尔德的“框架议题”概念，怀特的“把关人”理论，英爱戈的“底色作用”或者称“铺垫效果”（Priming）概念，戈夫曼提出经吉特林

① 刘海辉，张林. 论拟态环境的内涵延伸及其最新特点［J］. 学理论，2014（25）：174－176.

(Todd Gitlin)、明斯基（Marvin Minsky)、加姆桑（W. A. Gamson)、表库姆斯和英爱戈等人发展的“框架”概念，学者纽曼和马塞斯共同发现的“共鸣效果”(Resonance Effect）等。这些传播学知识可以运用到危机公关课题的研究当中，能够在网络环境下的危机公关实践中发挥作用。

公共危机与实现信息传播的大众传媒之间关系复杂，而且随时可能出现变化。从目前情况来看，危机与信息媒介之间的关系主要有三种：一是危机过程中的信息媒介，既属于危机的诱因之一，是妥善处置危机的重要手段；二是被信息传媒扩大影响的危机，即原本影响力有限的公共事件，在媒体的推波助澜下发展成为公共危机；三是鉴于信息媒介本身的大众传播性，必然成为危机公关与传播当中的关键力量。从上述三种关系中不难看出，信息媒介由于具备大众传播能力，无论是对危机的出现、发展还是处置都有一定影响，但对于各类不同的危机而言，信息媒介能够发挥的作用与影响力存在一定差异。

二、公共管理学与政府危机公关

公共危机管理研究是公共管理学的重要内容，在最早危机研究理论中，公关意识从属于管理意识范畴，这也是很多专家学者从“危机管理”层面开展危机理论研究的原因。随着社会的不断发展，公共关系管理的作用越来越突出，专家学者开始从“公共关系”的角度深入探讨。之后，政界、商界逐渐引用危机管理学，学界也因此掀起了危机管理研究的潮流。20 世纪 90 年代，学术界开始从理论与实践的双视角对危机管理进行进一步研究，产生多种理论流派，其中五种流派最具代表性，分别为：

1. 企业辩护理论（Corporate Apologia）

该理论突出语言艺术以及语言技巧的重要性，如选择、语言等方式来维护组织的声誉。危机出现之后，组织处于自利性，必须发声辩护，使相关信息可以通过辩护的方式呈现在公众面前。

2. 形象修复理论（Image Recovery Theory）

该理论由美国传播学家班尼特提出，主旨为维护个体或组织最关键的资产——名誉。名誉与公共形象值得从战略层面进行维护。班尼特则认为，形象恢复需要通过五种方式完成：拒绝承认事实、避免直接承担责任、修正存在失误的行为、减小失误造成的负面影响范围和在经济上给予受害者补偿等。这一理论曾经在阿尔卡特电信与伊丽莎白形象危机中运用，均收到了较为理想的效果。

3. 危机管理的阶段分析理论

对于危机的各个发展阶段，美国公共管理学家史蒂夫·芬克将其划分为四个阶段：危机潜伏阶段、危机爆发阶段、危机持续阶段以及危机善后阶段。各个阶段的组织应对措施及对策皆不相同，该理论较为准确地描述了危机在各个阶段的特点。

而澳大利亚公共事务学者阿索尔认为，根据史蒂夫·芬克的危机四阶段论，危机的管理可以分为四个对应阶段，即危机预警阶段、危机准备应对、危机处置阶段及危机恢复阶段。

美国联邦事务管理局（FEMA）基于PPRR模式，再一次调整了危机管理的生命周期。联邦事务管理局同样将危机分为四段式，即缓解阶段（Mitigation）、预警阶段（Preparation）、处置阶段（Response）以及重建阶段（Recovery），这种危机管理模式被称为"MPRR"。

那纳美克（Jay F. Nunamaker）、库姆斯（W. T. Coombs）等学者则认为，危机管理可分为危机未发生、危机爆发期、危机善后期三个阶段，并认为第一阶段需要做好预防与准备，并做好危机信息的收集工作；第二阶段则要求拟定好处置危机的策略，并付诸实施，要在危机爆发后将危机造成的损失降到最低；强化危机意识教育，使公众拥有自救、小范围救援他人的危机应对能力。第三阶段则需要在危机过后，制定良好的善后策略、减少损失。①

4. 焦点事件理论

该理论由托马斯·伯克兰于1977年提出，是在议程设置功能与公共政策运用的基础上提出来的，其在加强人们对公共政策重视，推进公共政策讨论上具有重要意义。托马斯·伯克兰所指焦点事件主要包括两个类型：一是自然灾害和事故灾害等"一般性"焦点事件；二是新型社会事件。

伯克兰指出，议程设置实际上是一件焦点事件要么引起公众与政府重视，要么被公众与政府忽略的过程，强调焦点事件基于公众议程形成具有促进作用。焦点事件虽然不能直接干预政策制定，但由于媒体与社会的高度关注，使政府不得不加强对焦点事件的重视，并采取相关措施解决，对现有政策进行调整与完善。焦点事件本身所具有的冲击力，能够引发社会的高度关注，由此而制定的公共政策容易被公众所肯定，有利于政策的顺利实施。

公共危机的爆发都会伴随一个"焦点事件"，是引发公共危机的导火线。在一定情况下，"焦点事件"的存在并不一定会引发公共危机；但经过媒体报道渲染之后，就会在社会上引起重大反响，从而为公共危机的爆发埋下隐患。

5. 卓越理论（Excellence Theory）

该理论是在裕鲁尼格的卓越公共关系理论的基础上发展而来，主要包括新闻代理模型、公共信息模型、双向非对称模型与双向对称模型四个方面内容。

---

① R Winter. Interview with Jay F. Nunamaker, Jr. on "Toward a Broader Vision of IS Research" [J]. Business & Information Systems Engineering, 2010, 2 (5): 321-329.

三、公共关系学、政治学与政府危机公关

政府危机公关最早并不是一个独立的学科，而是政府将商业组织运营过程中采用的公关方式创造性地运用到政治方面。政府危机公关本身与政治学、公共关系学有着十分深厚的理论联系。从动机上看，政府危机公关学科的发展和现代社会越来越高的民主程度息息相关。以往，政府的主要职能是管理与管制，而在政治民主程度越来越高的今天，若政府仍以管理与管制作为主要职能，就很难获得公众的认可与支持。商业领域内危机公关手段的良好成效，给政府的公共危机处置带来了新的启发。

历史上，公关工作最早是在政治方面开展的，主要是为政府决策层与公众建立沟通纽带。现代政府公关概念则是出现在 19 世纪末工业革命时期，与现代商业、现代政治、信息传播媒介共同发展。工业革命带来了商业上的繁荣和发展，世界格局不断革新，人类社会出现了更多更复杂的关系，加上资本主义社会开始从自由竞争的黄金时代进入巨头垄断、社会矛盾深化的时代。艰难的生活让普通大众开始对政府不满，希望有一个坦诚、负责的政府，希望政府能够遏制商业巨头的垄断行为，希望正当权益能得到政府的保障。同时，新闻媒体针对政府官员商人勾结、以权谋私进行报道。为了维护自身合法性，企业与政府必须与公众建立起彼此坦诚相待的沟通关系，现代政府公共关系学科正是诞生于这一背景。

现代公共关系理论在实践中有很多成功案例。美国经济大萧条时期，美国总统罗斯福通过广播放送激励了一代美国人的讲话“炉边讲话”。该讲话详细阐述了罗斯福关于社会改革的思想，而罗斯福有力、坚定的口吻给当时的美国民众带来了信心。低迷的商业经济伴随罗斯福新政的推行逐渐迎来了发展契机，让诸多政治党派、政治团体充分认识到公众的认可与支持在政治领域的重要性。在罗斯福任美国总统期间，美国政府的公关工作水平与积极性大大提升，成为支撑美国走出经济低迷的重要力量。而公共关系在商业领域成功开展，首推 20 世纪 80 年代强生公司的“泰诺胶囊”遭遇投毒事件。当时，强生公司第一时间进入了危机公关状态，对外发布了相关信息，并随之配合其他公关手段，短短一年内就让强生公司重新获得了公众的信任与支持。强生公司在公关领域的出众表现，使其获得了 1983 年美国公关协会银钻奖。① 这一事件后，更多研究人员开始将目光转移到危机公关中，这一事件也成为现代危机公关学科诞生的契机。公共关系是一门实践指导意义强的学科，包括危机公关在内的许多公关理论都是通过实践总结出来的，以“3T 理论”和“5S 原则”最具代表性。

① 翟来. 美国强生公司的危机公关典例 [J]. 创业天下，2016 (3)：28 -28.

1. 3T 理论

英国危机公关专家里杰斯特（M. Regester Michael）在 *Crisis Management* 中提出了 3T 理论，并将其作为公共关系危机处理的媒体原则，指出要做到“Tell your own tale（以我为主提供情况），Tell it fast（尽快提供情况），Tell it all（提供全部情况）”。总体来说，就是要在危机发生后的第一时间掌握完整、准确的信息，并对外发布。3T 理论通常是用于指导危机信息处理的重要思想。危机爆发之后，信息传递效率较慢，促进信息的顺畅流通对危机事件的解决至关重要；这种情况下，公众渴望了解更多危机信息。政府公关部门如果不能及时发布权威信息，任由谣言大肆传播，就会陷于被动，丧失原有的话语权；不仅不利于危机的有效处置，还会衍生出新的危机事件。科学传播危机信息，已经成为政府危机公关的核心内容。

2. 5S 原则

公关专家游昌乔提出的 5S 原则具体包括承包责任原则（Shouldering the Matter）、真诚沟通原则（Sincerity）、速度第一原则（Speed）、系统运行原则（System）、权威证实原则（Standard）五项内容。

第二节　政府危机公关概论

本节主要梳理目前政府危机公关最权威的理论来源，对危机的概念、特点与类型进行描述，并在逻辑上厘清危机公关与危机管理的关系，且对政府危机公关的实践范围进行定义。

一、危机定义、特征和类型

长期以来，关于危机的定义，尚没有一致的意见。甚至很多学者都会将之与自然灾害、突发性事件和风险等定义混淆。由于没有统一明确的危机概念，阻碍了危机理论研究的开展。

危机的定义是什么？危机具有哪些特点？危机有几个发展阶段？

1. 危机的定义

危机概念受到历史背景、国情、社会发展阶段和不同研究领域等方面的影响会有所差异。本部分主要是对危机的变迁进行探讨，从而为明确危机的定义提供参考依据。

（1）中西方“危机”的语义考查及借鉴

在中文语境下，组成“危机”这个词“危”字与“机”两个字本身都有独立的含义，均可以作为一个完整的词语使用。从汉语言文学的角度来理解，危字是上人下厄，表示当马车出现紧急情况的时候，人抓紧缰绳迫使车停下、防止失控的马车给他人带来更多的伤害。在《说文解字》当中，危字又被解释为“危，在高而惧也；从，自厄止之。”①

整体上来看，中文的“危”字的释义主要有两层：第一层是意味着“不安全的”，也就是“安”的反义词。第二层是某个主体对另一个对象的威胁，在这个语境下，“危”的含义是某一种活动或人对特定对象的安全造成威胁。

“机”字的第一个含义是事物发展过程中，一个关键环节；第二个含义是某个具体事物或人对整个事件的变化有着非常重要的意义，需要把握才能够真正发挥这个事物的价值。早在晋朝年间，“危机”一词就已经出现，主要用于形容某件事物到了非常迅速发展的状态。而到了隋末唐初，房玄龄、李延寿等人所编撰的《晋书》和《北史》当中开始频繁使用“危机”一词了。

在西方，“危机”（Crisis）原出自人体医学，其英文是由希腊语“krinein”一词演化得来，意思是一个人即将逝去、在生与死之间弥留的状态。自17世纪中期，“crisis”一词开始频繁地出现在一些与医学无关的语境当中。按照《口袋牛津词典》的释义，“crisis”一词的内涵为：第一，危险与遭遇艰难的时刻；第二，有重大意义的时刻。而《朗文当代高级英语辞典》则将“危机”释义为有着非常大风险、存在困难或状况难以看清的重要时刻。

（2）各研究领域的危机定义

如上文所述，危机是一门涉及多个学科的研究课题，所以有必要针对各学科视角下“危机”的内涵与概念进行对比。

德国哲学家与政治学家于尔根·哈贝马斯（Jurgen Habermas）在20世纪80年代曾经就政治学角度，针对因经济因素导致的危机进行定义：在经济决策者无法真正把握住经济发展脉搏的时候，合理性危机（Rationality Crisis）随之出现。而这种漫长的合理性危机会导致决策者的权威性、合法性遭受质疑，甚至连现代政治、社会架构都遭受极大冲击。这时公共部门的动机就会遭遇危机，个人主义与利己主义纷纷兴起，甚至连最基本的道德默契都遭遇重新洗牌。②同时，哈贝马斯提出，危机的本质，就是社会中出现了目标与价值取向都超过社会容纳极限、其能量无法被社会所消化、而社会的组织性不再起到应有功效后的具体体现。若是价值观念无法在精神层面支撑社会系统，那么社会调节系统也就难以再维护公序良俗，社会结构的无序化必然会在某些领域甚至是全社会导致危机出现。③

---

① ［汉］许慎. 说文解字［M］. 中华书局，2013.

② 刘凌旗. 哈贝马斯当代危机理论述评与反思［J］. 天水行政学院学报，2014（2）：24-28.

③ 刘凌旗. 哈贝马斯当代危机理论述评与反思［J］. 天水行政学院学报，2014（2）：24-28.

皮尔森与克莱尔则提出，危机并不仅发生于单一的社会领域，其影响范围较广泛，所以跨学科研究是有必要的。在心理学、社会政治学的视角下，不难发现无论是由外因导致的心理因素还是由内因诱发的人格问题，都有可能导致组织出现危机。而从社会政治层面来理解，危机则是属于文化符号与意识形态课题。在危机爆发时，事实上只是共同愿景崩溃后的表现，如当对某事物的合法性认知被破坏，该事物的社会关系与认知就会被破坏，从而导致该领域的部分甚至所有制度的坍塌。

企业管理学指出，危机实则为决策形势，在这种形势下，企业利益会遭到破坏，延迟处理则会导致更大范围的损失，造成不可预估的后果；组织行为学指出，危机是实际脱离组织掌控的状态；公共决策学指出，危机是在特定时间、空间下，要求组织领导者快速决策的突发性事件或是自然灾害。从现代公共管理学的角度来分析，危机包括所有的重大突发事件。一般而言，突发事件主要有自然灾害、事故、恐怖事件、群体性动乱、政治危机、经济危机和公众人物丑闻等内容。按照哈贝马斯的理论，社会科学中的危机概念经历了 18 世纪的历史哲学，到 19 世纪的社会进化学，马克思基于这个理论而提出了系统危机（System Crisis）这一社会科学定义。

透过危机研究的发展历史，我们可以知道，于 20 世纪中后期，专家学者们开始重视对危机管理的研究，并提出了很多具有代表性的危机概念。西方学者对这些概念进行了不断地拓展与延伸。

在 20 世纪 70 年代，当代国际政治学家查尔斯·赫尔曼（Charies Hermann）出版了《国际危机：从行为研究角度考察》，该著作对“危机”的定义是：会对组织的决策层所决定的目标造成影响或存在造成影响的风险；而且在面对这种风险的时候，由于事发突然，决策层往往并没有太多时间做出正确判断，而且决策层往往无法预测风险事态发展走向。

20 世纪 80 年代，荷兰学者尤里埃尔·罗森塔尔（Uriel Rosenthal）对赫尔曼的危机定义进行了驳斥，认为其过于狭隘单一：危机不但对决策层造成的威胁大（不仅是目标），危机过程中的决策也并非“非生即死”的生死困局。罗森塔尔在著作《应对危机：管理灾难、暴乱与恐怖主义》中在赫尔曼的基础上提出了新的危机定义：对整个社会系统的价值观念与行为规范造成了巨大威胁，而且在未知情况较多以及时间较为紧迫的情况下必须要对其做出判断与处置的事件。罗森塔尔将危机的概念上升到了社会高度。

到了 20 世纪 90 年代，公众对于危机的认识进一步加深了。斯蒂芬·巴顿（Stephen Barton）认为，危机是一起有可能对组织造成损害、未知因素较多的事件，可能遭遇负面的影响包括组织本身及其生产、雇员、固定资产以及名誉等。

巴顿认为，危机的主要特点有：出乎组织的意料之外、对重要目标或高价值目标有较大威胁、需要在短时间内做出决策与处置。

里宾杰（Lerbinger）则提出，危机是对企业的利润增长率、增长性甚至是存在都有可能造成损害的事件。里宾杰认为，危机至少具备下列三个特点：这个事件的威胁严重程度，达到了让决策者认为其会对企业的目标造成阻碍的地步；如果决策者决定观望而不是主动出击，事态发展就会一发而不可收；事件本身是突发的、出乎意料的。虽然里宾杰本身是基于企业视角而言的，但这些特点的描述事实上和大部分社会组织可能遭遇的危机基本一致。

斯格（Seeger）于《组织、传播和危机》一书中提出危机的概念：能够造成极度破坏性、难以预测、非计划性的事件。

芬克（Fink）则将危机概念阐述为：在确定的变化接近的情况下，事件处于不可预知的状态。

2001 年，罗森塔尔（Rosenthal）于《管理危机：威胁、困境、机会》一书中将危机论述为这样一个过程：危机实则为一个集中巨变的阶段，在这个阶段，社会体系与正常生活遭到破坏，且这种破坏性是无法估量的。

国内专家学者从不同的角度论述了危机概念，著名学者薛澜认为：危机一般是在决策者思想信仰遭到破坏，相关的信息不对称，事情发展过程中具有不可预测性，且需要快速决策的状态。

不同专家学者对危机的理解有所不同，侧重研究的方向也存在较大差异，但大体上是从以下几个方面来明确危机概念，分别为：一是突然爆发，控制难度大；二是会导致或大或小的损失，既包括物质方面的，也包括意识形态方面的；三是导致结果的难以确定性，有些危机会持续恶化，但有些危机会发展到一定程度会转为“机”；四是危机事件会对社会造成一定的影响，需要时间来慢慢恢复。

（3）本书对危机的定义

参考了国内外学者对危机的理解与诠释，结合本书以地方政府在网络环境下的危机公关为研究视角，这里我们将危机定义为一个状况或一种发展态势。就这种状况而言，社会整体的价值观念与行为规范遭遇根本性威胁，对公众利益的实现与社会整体情绪、公共领域都有较大的负面影响。同时，在危机事态下，留给地方政府的时间非常有限，而且需要在未知因素较多的情况下及时做出处置，避免造成更大的负面影响。与此同时，这种状态虽然对地方政府而言是一种挑战，但同时也蕴藏着发展机遇。

不得不明确的一点是，危机与危机事件存在一定差异。危机事件本质上仅仅是危机在客观世界的呈现。本书中，危机指一种状况，而不是单纯的事件。之所以做出这一界定，是因为地方政府与社会面对的威胁不仅仅来自直接造成损失的危机事件，而是因一个事件引起的、多领域受到牵连的巨大风险。所以，对于网络环境下的地方政府而言，危机公关不但是对某个事件的处置，更是以改善地方政府发展环境与公共形象、巩固其执政根基而做出的努力。

综上所述，本书中所研究的危机，将对一个地方的经济环境、社会秩序甚至是基层政治稳定造成巨大威胁，还会对公民生命财产安全、地方政府部门的执政稳定性和公共管理合法性等产生深远的负面影响。在这些极具破坏力、负面影响范围极为广泛的危机面前，无论是个体还是家庭甚至是企业、社会组织都无法独善其身，也无力承担其带来的风险，地方政府要在诸多未知因素的影响下对这种状况做出决策与处置。

不难理解，危机的影响范围不但包括公共管理者及地方政府的决策者，还包括公众及其他社会主体；所以虽然危机公关的主体是地方政府，但危机处置的主体绝不仅限于地方政府及其他公共部门；危机的风险程度不仅取决于其是否会对决策层的目标和社会根基造成不利影响，更取决于其是否会威胁公众的生命财产安全；而危机处置是否妥当也绝非局限于地方政府“维护社会和谐稳定”的目标，更包括公众价值是否最终得到实现。

2. 危机的特征

人们在社会实践与社会生活中难免会遭遇危机，面对危机时，一般要经历三个阶段，分别为：面对危机阶段、认知危机阶段与应对危机阶段。在不同阶段危机表现出来的特征也有所差异。

（1）面对危机阶段的危机特征

一是突发性。危机并不是日常生活工作中常见的状态，危机的出现是不合常理、出乎意料却又来势汹汹。

二是特殊性。危机本身是一种与人类社会正常活动截然不同的存在。对于危机公关的主体来说，危机的特殊性非常明显，而且这些特征的变化速度很快，需要公关主体对危机持续关注，加强自身对危机风险的掌控、加深自身对危机的理解。

三是危机具有风险性。许多日常生活中普通的细节疏漏可能会带来巨大的危机风险，这种风险性挑战着地方政府的危机公关能力。地方政府必须要对危机有充分了解，并把握好危机的发展规律，才能开展危机公关工作。

（2）认知危机阶段的危机特征

一是不可预测性。危机是在许多未知因素综合作用之下形成的，这些未知因素当中的一项或一部分因素发生变化，都有可能影响危机的类型及其后续发展。所以，现代社会很难通过情景模拟的方式对危机进行事前的判断与研究，也无法在危机发生前找到危机的成因、后续可能的发展及变化趋势，更无法预计事件可能带来的后续影响进而无法真正拟定处置危机的方式。

二是经验性。虽然危机往往出乎人们意料，但在爆发前总会有一些预兆；通过对过去危机事件的研究，可以了解不同危机类型爆发前预兆，从而一定程度上做好预防与应对准备。例如，2013 年玉树地震虽然也造成了较大的生命财产损失，但相对于 2008 年的汶川地震，这一次同等级地质灾害造成的破坏明显较小。这也是治理、研究汶川地震的经验对玉树地震的处置有益启示、防止危机伤害持续扩大的表现。

三是内在因果逻辑性。世间万物都处在因果联系中，且会继续发展成广泛的因果传递性。人们对于危机的认识一般会经历表面现象、内在规律和普遍规律三个阶段。人们认识危机规律的最终目的是掌握危机的因果逻辑性，如洪涝灾害的发生是自然与人为因素共同作用的结果，人们要认识这种类型的危机，就应从洪涝的表面现象着手，进而深入探讨自然界的发展规律。

四是公共性。危机的影响范围不仅限于个体，还会涉及整个社区、整个城市甚至整个社会和国家，集体利益、社会价值观、基本秩序都会受到影响和破坏。社会是个开放、不断发展变化的系统，虽然危机最初是在某个地区爆发，但由于危机信息的迅速集中扩散而引起大范围关注。有可能在短时间之内发展成焦点事件，使公众产生恐惧、不安心理，甚至陷入动乱之中，公共利益遭到严重破坏。在这种情况下，就要求政府通过有序的公共组织进行协调，统筹各方资源，建立公共应对体系予以有效处理。

（3）应对危机阶段的危机特征

一是时间紧迫性。危机事件的突发性，要求危机应对决策与危机传播一样要求做到快速、准确、有效。危机从危害可能性发展到危害现实性是一个很短的过程，要求决策者在极短的时间之内做出行之有效的应对决策加以控制与解决，避免危机造成更大的损失。

二是信息不对称性。信息是影响危机管理成效的重要因素。危机发生后，其发展势态很难掌控，加之危机信息的不对称性与模糊性，使危机应对的难度大大加大。信息不对称导致的直接后果是谣言大肆传播，公众很容易由此陷入恐慌、不安当中，社会秩序遭到破坏。对此，政府要及时发布权威信息，从根本上遏制谣言的传播。

三是结果的两面性，风险性与机遇性同时并存。在应对危机的各项工作中，具体的实践活动与操作将对危机的后续发展造成较大影响。危机的应对既可能导致事态恶化，也有可能转危为机。譬如 1994 年，印度古吉拉特邦苏拉特市发生了鼠疫，30 人死亡。由于鼠疫曾经在欧洲带走过 30% ~60% 的人口，所以这种“黑死病”导致印度国内的恐慌，国际社会也高度关注。遗憾的是，印度政府并没有利用好这次机会，展现医疗防疫与危机处置水平。结果使印度的经济遭受巨大打击，直接经济损失超过20亿美元，后续防疫与医疗投资更是达数百亿美元。

四是巨大的负面影响。危机究竟会对人类社会造成多大负面影响，难以量化。如印度鼠疫大流行，表面上看仅是一次卫生医疗方面的危机；但这一次危机却让许多国家中止了与印度的贸易进出口、交通运输以及旅游往来，严重损害了印度的国家形象。印度新德里地区原本较为发达的服务业一落千丈，至今未能恢复到当年的盛景。

五是持续影响力。危机影响范围非常广泛，对社会的影响会在较长一段时间内持续下去。例如，美国2001年的"9·11世贸大厦袭击事件"，对整整一代美国人都造成了难以磨灭的精神创伤，许多亲历者更是不同程度地存在一定的心理问题。

3. 危机的阶段论述

危机虽然在很长一段时间里都是无序性的，但这并不意味着危机不具有一般规律；相反，所有危机都会有一个生命周期，即从出现到发展再到结束，每个阶段的处置方式都应有所不同，各有针对性。地方政府在开展危机公关时，应该根据危机的类型与特点，判断危机处于什么阶段，将之作为应对计划的基础，从而有效提高地方政府在网络环境下危机公关的科学性。

危机是一种有生命力的状态，从沉睡期、活跃期到消亡期，特点有所不同。从20世纪80年代开始，众多学者对这一特点进行观察、研究和定义，目前学术界对危机阶段性定义较为权威的有伯奇和古斯的危机管理三阶段模式、芬克的四阶段模式及米卓夫的五阶段模式。

伯奇和古斯认为，企业的危机主要是危机爆发前、危机爆发及危机结束三个阶段，在三个阶段里还有特点鲜明的小阶段。该危机阶段的定义，虽然比较模糊，但能够从整体上比较全面地描述出危机状态中的各个阶段。

1986年，史蒂文·芬克在《危机管理：对付突发事件的计划》中提出了危机的四个发展时期，分别为潜伏期（Prodromal）、爆发期（Breakout or acute）、扩散期（Chronin）和解决期（Resolution）。

米卓夫（Mitroff）认为危机由四个发展阶段组成，主要包括：信号侦察（Signal Detection）阶段、探测和预防（Prevention and Prepration）阶段、控制损害（Containment Damage）阶段、恢复（Recovery）和学习（Learning）阶段。

与此同时，还有不少学者就危机阶段性课题进行了研究：诺曼·R. 奥古斯丁认为，危机管理分为六个阶段，可以分为危机预警、危机准备、确认危机、处置危机、危机消亡及利用危机。

根据危机自身的阶段性特点及对应的危机公关实践特点，危机的阶段性还可以体现为两个方面：一方面是危机的自然阶段，即危机本身的沉睡期、活跃期以及消亡期；另一方面是危机的处置阶段，主要分为危机沉睡期的预防期、危机爆发时期的回应与处置期、危机消亡时期的调研与恢复时期。

就危机的自然阶段而言，危机一般分为四个阶段：首先是危机沉睡期，即在社会或某个组织当中埋藏很久的深层矛盾，从量变逐渐转向质变，这时候的危机处置与应对相对简单，但由于征兆并不明显，所以一般很难被发现。其次是危机爆发阶段，最重要的、引发整体危机的重大事件出现，且在短时间内导致事态急转直下，这是四个阶段中周期最短但影响力最大、最容易引起舆论哗然的阶段。再次是危机持续阶段，重大的危机事件已经进行了初步处置，但并没有真正让危机消亡。最后是危机消亡期。

4. 危机的类型

（1）根据危机主体存在的差异来划分，危机可以划分为群体危机与个体危机两种。群体危机根据群体规模的不同可以进一步细分，如家庭危机、社区危机、城市危机、产业危机甚至是国家危机。而个体危机则可以根据人的物质需求与精神需求来划分，如伤病属于一种个体危机、心理疾病也属于一种个体危机。

（2）根据危机主体与危机之间的联系，危机可以划分为主动危机与被动危机。主动危机是指危机的产生由人推动，是在有意识的前提下产生的；而被动危机则是在无意识、没有人为力量的情况下出现的。

（3）根据危机的持续性来划分，危机可分为短时间危机（如某一次恐怖袭击）、中等时间危机（如地震造成的生命、财产损失）、长期危机（如战争、国家动乱等影响社会系统根本秩序的危机）。

（4）根据危机的波及范围划分，危机的类型有地方危机、国家性危机（如美国次贷危机）、区域性危机（欧洲金融危机）以及全球性危机（超级厄尔尼诺现象）。而从危机损害的领域来看，危机又可以分作大陆危机、海洋危机、太空危机及星球危机等。

（5）按危机持续的时间，有暴风式危机（突然性强、结束迅速）、蓄水式危机（危机潜伏期较长但持续性一般）、重型危机（危机突发性强且后续影响久远）和缠绵型危机（爆发时间长、处置效果不明显）。

（6）根据危机的预兆与突发性，危机可分为可预测性危机（例如，在天津滨海新区爆炸事件发生后出现的化学重污染）以及不可预测危机。

（7）根据危机事态的复杂性、预期处置效果等不同，公共危机又分为两种最基础的类型：有完整结构的危机与无完整结构的危机。有完整结构的危机，指的是危机的诱因并非社会系统长年累月积累下来的，不会对社会系统的行为规范、价值观念造成太大冲击，危机的诱因比较单纯且涉及的社会人群类型不多；

危机影响的领域不多，涉及范围不大，短时间内通过协调各方利益化解危机的可能性较大，不会导致社会大规模动荡等。而无结构危机则与前者完全相反，原因是长期积累在社会系统中的深层次利益问题，危机的表象非常激烈、涉及范围非常广泛。当然，两种危机是可以相互转化的。

(8) 按照危机性质的不同，可将危机分为两个类型：一是社会制度基本结构遭到破坏形成的危机；二是具体行为规范或价值观的危机。

(9) 按照危机涉及的领域，危机又可以分为经济危机、政治危机、社会危机、自然危机及国际危机和文化危机。经济危机包括实体经济危机、金融危机、进出口危机、商品市场危机和互联网经济危机等；政治危机包括国家危机（侵略战争等)、政府危机和政党危机等，如在公众参与过程中引发的政治危机、因立法执法不力导致的制度性危机等；社会危机包括医疗卫生方面的危机、伦理道德方面的危机、社会群体特有的危机（如失业群体危机、失独老人群体危机）等，甚至还包括民族危机、文化危机；自然危机可以划分为能源危机、环境污染危机、地址危机等；国际危机又分为国际政治危机、国际经济危机及国际军事危机等；文化危机又分为传承性危机、文化意识危机及文化环境危机、文化一元化危机及反智化危机等。

(10) 我国公共危机事件预警根据严重程度、紧急程度与影响范围来划分，主要包括特别严重（红色)、严重（橙色)、较重（黄色）和一般（蓝色）四个等级。在现实工作中，要注意不同公共危机事件之间的关联性、影响范围与渗透力，避免发生次生、衍生事件，或是多起危机事件同时爆发，从而带来不可预估的后果。

二、政府危机公关的界定

在界定政府危机公关的概念上，要按照理论联系实际的方法，从政府与危机公关的角度进行着手，对内涵与外延进行研究分析，全面探讨危机公关的性质，正确认识危机公关与相关方面之间的联系。

1. 政府危机公关

政府危机公关由政府、危机和公关三个方面构成，危机公关是公共关系学的重要内容，近年来受到了社会的广泛关注。政府危机公关，是指把政府作为公关主体的一种公关方式，针对我国国情，在探讨政府危机公关之时，首先要正确理解“危机公关”与“政府”这两个概念。

(1) 公共关系

第一，公共关系的具体概念。现代意义上的公共关系概念发源地是美国，其名词“Pubilc Relations”最早出现在 19 世纪中叶豪科·史密斯（Hough Smith）的《公众情感理论和规范》一书中。而“Pubilc Relations”的内涵，按照美国大众传播权威戈登的诠释，就是和公众之间的关系。

真正与现代公共关系关联的“Pubilc Relations”，则是19世纪末出版的《铁路文献年鉴》诠释的公共关系的现代意义：某个组织或个体与社会公众之间的关系。一般情况下指的是社会组织、商业组织或公众人物在社会实践当中，与公众构建良好的关系，希望得到社会大众的配合与认可。为了给公共关系一个准确、权威的定义，美国公关研究和教育基金会曾在20世纪70年代面向学术界广泛征询公共关系的普适性概念，而其中以美国公关专家莱克斯·哈罗博士的定义最合乎要求：公关是一种组织管理功能，其主要责任就是为组织与公众之间搭建起交流的桥梁，并力求通过交流实现谅解和协调，实现对问题的有效处理；帮助组织决策者收集社会对组织的观感并迅速对此做出对策，突出组织管理者必须坚持的公众价值取向；公共关系帮助组织管理者跟随时代发展的步伐，及时调整组织的决策与实践，通过语言以及伦理技巧实现与公众之间的良好关系。

1988年，美国公关协会将公共关系界定为：公共关系加强了组织与公众之间的联系交流，拉近了彼此关系，具有研究、计划、交流、互动和评估等多项职能。

美国学者希尔兹指出，公共关系是人们从事各种社会活动、发生各种社会行为关系的总称，社会行为活动的公众性决定了其社会意义。公关是组织与公众之间建立契约关系的形式，注重对两者之间关系的形成、调整与协调。

英国著名公共关系学家弗兰克·詹夫金斯指出，公共关系实则帮助组织实现与公众之间的既定目标，而有计划性地进行内外结合的传播沟通方式的通称。

公关学教授贾尼斯·谢林·盾尼（Janice Sherline Jenny）则认为，公共关系是针对与组织发生直接或间接关系的对象，包括公众与组织、企业之间的关系管理活动。

教育家梅尔文·夏普（Melvin sharpe）指出，公共关系的目的是使组织与公众之间保持长久良好的互动关系而开展的管理活动。

我国公共传播专家、中国人民大学公共传播研究所所长胡百精在综合了西方学术界的有关理论后，提出了自己的见解：公共关系并不是如卢梭社会契约论般仅仅基于客观事实的概念，而是在事实与价值观基础上的一种多元、立体的关系，这种关系表现的是组织与公众在客观上的权利与义务关系，如纳税人与政府之间的关系就是税金与公共服务，消费者与企业之间的公共关系就是现金与产品及服务、质量保证等；公共关系反映的还有与客观关系相伴相生的价值关联与评价，如公信力、权威性及共同愿景等。

由上述对公共关系概念的描述思考，可以得到公共关系的基本定义：公共关系是一种组织管理功能，也是一种信息传播活动，更是一种组织改善与公众之间关系与观感的技巧，是一种公共形象建立与修复的实践活动。

(2) 危机公关

危机公关最早来自商业领域。1903 年，被称为“公共关系之父”的艾维·莱德拜特·李（Ivy Ledbetter Lee）辞去记者工作，和乔治·派克合资成立了一家名为“派克和李公司”的公共关系事务所，为社会公众提供收费的公共关系服务，其中就包括大量的危机公关委托。社会是一个平衡体系，而危机的存在，则是将这个稳定体系破坏，在这一力量的破坏下，社会体系难以顺利运行。为了再次实现社会体系的平衡，就出现了危机公关。①

危机公关一般认为，当危机事件爆发后，能够和社会公众顺畅交流的组织，会比不善于沟通的组织遭受的损失少。

学术界对危机公关的定义主要有广义与狭义两种：狭义的危机公关主要是将危机公关局限在公共关系中的一种组织管理手段上，也就是当组织的公共形象遭遇破坏或不再得到公众信任时，通过有技巧性的公共关系来力争取得公众的原谅与认可，从而避免更大的负面影响。从整体上来看，狭义的危机公关定义的是已经出现的危机事态，也就是事发后的处置工作，并没有包括针对未发生危机的预警工作，涉及的范围比较小。而广义上的危机公关是在公共关系概念范畴内的危机预警、危机应对与危机处置工作，相对于狭义的危机公关，广义的危机公关在重视事后处置的同时，更重视对危机的预警工作。所以，广义概念上的危机公关，事实上属于危机管理，是一个更大、更包容的概念，对危机处置的策略与技术、实践层面的内容都列于此。广义的危机公关概念显然扩大了危机公关的工作范围。

(3) 本书的“政府”概念和本质

第一，政府的概念。本书中提到的“政府”属于广义概念，指政府各公共部门的总和，是国家内拥有国家权力的所有组织机构，包括立法、行政和司法等机关单位。公共危机的应对处置需要国家各个机构部门的联合协作，仅靠国家行政机关的力量是远远不够的。

地方政府与中央政府都属于公共部门，但两者的性质并不完全相同。地方政府既需要代表地方上的民众及社会个体，又要执行来自中央政府的命令与政策，地方政府具有十分明确的经济利益与行政目标。中央政府与地方政府的关系不仅仅是上下级政府关系，同时具备一定的契约性质。政府是公共事务与政务的调控中心，一方面要借助政治手段与法律等强制性方式来处置危机，另一方面必须以比较怀柔的姿态、有技巧的方式协调公共关系，从而实现组织目标。

---

① 甘力. 公关的力量 [J]. 公关世界，2015 (12)：15.

政府是以公共利益为价值取向的公共部门，这一点无论是学术界还是现代政治实践都是认可的。政府作为公共部门，有相当一部分公共性质是通过维护公平正义体现的。马克思以社会阶级的视角来研究政府的公共性。马克思提出“国家是整个社会的正式代表，是社会在一个有形的组织中的集中表现。”[①] 哈贝马斯也认为，公共部门不但代表着公众的利益，也代表着一个国家的行政事务处理场所；国家作为公共部门，其公共性就是体现在其始终为所有国民追求最大利益上，所以公共性一直以来都是现代政府及政治的组织原则。

公共性，在广义上指的是一种非私有的、可以分享的、不具有排他性的、以共同愿景为基础的性质。事实上，自工业革命以来，几乎所有政府都以公共性为最高目标。公共性是政府最核心的性质，政府只有在具备公共目标的基础上才能合法，这就是政府之所以具备公共性的原因。追求公平正义、为公众提供公共服务、以公众利益为价值导向，是政府公共性的基本内涵。

（3）政府危机公关内涵及性质

第一，政府危机公关的内涵。政府危机公关是危机公关的一个表现形式，拥有危机公关的所有基本特点。从定义上划分，政府危机公关分广义与侠义两种。

从广义的角度上分析，政府危机公关来源于实践，指政府在开展危机预警或危机处置过程中，为提高工作效率，有效处置危机事件，重建政府公共形象，而与社会各界联合开展的各种公关活动。简单地说，就是为解决危机事件，政府和社会各界产生的各种联系，不管是政策行为、公益活动，抑或是新闻发布会，都是政府危机公关的手段。从狭义的角度上分析，政府危机公关是危机管理的重要内容，在危机管理中起关键性作用。从公共关系的层面上分析，政府危机公关是获得公众认可、有效处置危机、重建公信力的活动。本书探讨的政府危机公关主要是从广义的层面上进行探讨。

第二，政府危机公关有一定的延展性。政府危机公关的延展性有两方面特点，一方面，政府危机公关是一项内容非常丰富繁杂的活动。危机公关不但是为了公共关系而开展的活动，同时在危机爆发时，政府在处置危机、消解危机造成的损失与负面影响过程中，与社会公众进行接触交流的活动，都被视为危机公关，它是政府在紧急事态下活动的综合。政府的危机公关包括但不限于传统意义上的宣传教育与社会交流实践，同时还包括政府在紧急事态下的公共服务供给、方针政策落实等实践。另一方面，政府危机公关的对象也非常广泛，尤其是在以预警为主的危机公关活动中，政府可能接触到的社会各领域主体都会作为危机公

① 李峻登. 政治哲学的形而上学批判：马克思主义的国家悖论观初探［J］. 苏州大学学报（哲学社会科学版），2009，30（4）：25-27.

关的对象。所以危机公关不但是政府的社会活动，更是政府与媒体、公众及网络环境下新媒体平台的多重关系活动。

对公关活动概念的理解上，应该避免两种误解：一方面，危机公关并不是管制的方式之一，将危机公关作为一种社会管制方式，并不是一个正确的危机公关理念。另一方面，危机公关不是一种以斗争为主要目的的活动，不应该以斗争的姿态来面对公众。作为公共部门，政府在开展危机公关过程中，要认识到这并不是一个管制活动，而是一项服务活动，更不需要上升到斗争状态。政府危机公关是为了避免社会矛盾升级造成更大负面影响而开展的活动，应该以和缓的姿态及情绪开展相关工作。

2. 政府危机公关与危机管理分析

（1）危机管理

危机管理（Crisis Management）概念产生于20世纪60年代，国内外专家学者从各个学科领域对危机管理的概念提出了不同观点。

从组织管理的学科层面上分析，格林（Green）指出“事态发展到难以控制的地步”是危机管理的特征之一，同时还指出危机管理者可能会将事态控制在某种程度，从而减少危机带来的损失。菲利普·亨斯洛指出危机管理是面对一切可能导致组织受损的突发情况，而能将损失控制或降低的能力，注重于研究组织应对危机的处理能力。罗伯特·希斯指出，危机管理指就事前、事中、事后所开展的管理工作。

当前，一些专家学者对政府应对危机事件的方式方法有两种不同的主张，两种主张的理论依据也不一致；危机应对认识上的差异，也延伸到表达上。一种方式是以公共关系理论为依据，来理解政府应对危机事件的方式方法，站在这个角度理解的专家学者一般情况下将政府的应对称之为政府危机管理，而危机管理与危机公关并不是一个完全等同的概念。在公共管理视角下，在危机出现后，政府能够做的是通过管理减少其可能造成的负面影响，但并不是完全化解危机。广义上，危机管理应该按照组织本身的条件与外部环境，对可能存在的危机风险进行预测与预防，并就此制定对策；只要出现危机，都应在第一时间做出应对，恢复组织的公共形象。而危机公关则是针对危机事件本身的处理，与危机处置的概念更为相似，因为所有类型的危机处置事实上都属于公共关系活动的一种，都需要与相关利益群体及公众做好沟通，争取公众的认可与谅解。

（2）政府危机公关与危机管理

由于学科视角上的差异，政府危机公关与危机管理概念存在以下四个不同点：

一是理论基础不同。政府危机公关源于公共关系理论，侧重于公众的作用及公众和政府之间的沟通互动。指出了公关的重要作用，通常是运用公共关系中的协调机制与沟通机制来处理问题。处理方式丰富，主体众多，关系混杂。危机公关的处理对象是已经发生的危机事件，与危机处理的概念较为类似。政府危机管理源于管理学与行政管理学理论，侧重于政府运用相关方式方法来解决实际工作中的问题，程序标准，主体与关系较为简单。公共管理理论指出，危机仅能管理，就是说只能最大限度降低危机造成的损失，而无法解决。政府危机公关与政府危机管理因为理论基础的根本差异，使两者在学科分析方法、处理问题方法等方面存在本质上的不同。近年来，政府危机管理理论研究不断推进，加之企业危机公关理论在政府危机应对中的不断运用，政府危机公关与政府危机管理在理论基础上逐渐融合。

二是研究目标不同。政府危机公关旨在协调政府与公众之间的关系，重塑与提高政府公共形象，而危机事件的妥善处理是次要目标；政府危机管理的目的则是及时有效地处理公共危机事件，降低危机事件带来的损失，主要目的是促进政府危机管理职能的执行，妥善处理各种问题。

三是实践与理论根基不同。企业公关是政府危机公关实践与理论的根基。政府危机公关的实践方式大多来源于企业危机公关的理论思想，企业危机公关拥有丰富的经验积累，为政府危机公关实践与理论的发展提供了参考。政府危机管理实践与理论的根基则是政府行政管理，危机管理体系建立的初衷是为了有效应对自然灾害、保障社会安定和谐。在非常态之下，政府表现出来的管理能力，则是危机管理能力。

四是面对危机事件时态度的不同。政府危机公关是非常慎重的，政府会通过一切可能的手段转危为机，在危机中吸取经验教训，寻找发展提高的空间。危机公关不允许危机事态进一步恶化。而政府危机管理，则试图在合乎经济效益的基础上迅速避免危机负面影响的扩大化，危机管理理念甚至不考虑危机本身可能存在无法规避的风险。

就当前情况来看，虽然危机公关与危机管理的内涵并不完全一致，但近年来两个概念逐渐趋同。20 世纪 90 年代后，公共管理与经济发展全球化有效促进了行政理论研究，“9·11”恐怖事件，更是引起了美国等发达国家危机公关理论的发展。不管是从理论发展角度来看，还是从实际工作过程来看，两个概念都在逐渐融合。在我国，危机管理事实上是一项包括管制、公关活动与维护社会秩序在内的综合性公共管理活动，而危机公关则是危机事态下各项危机应对工作的核心。

三、政府危机公关的特征和边界

当前，我国社会正处于转型调整的关键时期，人口、资源、环境等问题较为突出。在社会不断发展变化的形势下，准确掌握政府危机公关的特征能够帮助政府部门及时有效地化解危机。尤其是我国危机公关起步晚、发展不健全，危机公关边界不确定一直是阻碍政府公共部门行使职权的主要原因，很大程度上降低了危机公关成效。清晰界定危机公关，有利于政府公共部门有条不紊地开展工作，提高工作效率。

1. 政府危机公关的特征

政府危机公关具有一般危机公关的特点，又与其他类型的危机公关存在较大差异。政府危机公关的特点主要包括以下几个方面：

（1）政府危机公关的主体具有自觉性

政府是公共部门，承担供给公共服务与公共产品的职责，维护社会治安与伦理道德，是政治组织的核心功能。

地方政府开展危机公关，首要工作就是维护好自身公共形象，并根据网络环境通过新媒体实现与公众的良好沟通，从而提升地方政府在公众心目中的认可度。地方政府应该意识到公共形象的重要性。当然，公共形象的好坏，并不直接由地方政府的主观意志所决定，而是取决于公众的良好观感。在危机事态下，公众会自然地从地方政府方面寻求生命财产安全保障，而保障公民生命财产安全是政府的职责。在危机事态下，地方政府为了改善自身公共形象，更应通过自觉、主动应对和沟通来提升公众对其的良好观感。

（2）政府危机公关的目的具有公共性

公共性是政府部门能够成为公共部门的基础，也是政府部门对公共事务进行管理的前提条件。政府部门的实践活动大多属于行政活动，无论是活动本身还是活动的价值取向都具有明显的公共性。就我国目前的社会主义人民民主专政而言，人民的利益就是政府的利益。地方政府在开展危机公关，根本目的就是为了创建良好、踏实、勤奋、清廉的公共形象，努力为公众谋求利益。

政府的危机公关应该树立以下两个目标：第一，公众利益。政府的公共管理与服务是为了维护人民群众的合法利益。在谋求公众利益过程中，应该充分考虑公众眼前的利益与将来的利益统一。第二，社会效益。地方政府要构建一个和谐共赢的社会，推动整个社会科学文化水平的发展。

（3）政府危机公关的资源具有公共性

地方政府的危机公关所利用的资源大多具有公共性。例如，广播、电视、平媒以及互联网，在法律属性上都属于国家；在使用公共资源方面，地方政府更体现了其公共属性与公益性。当然，地方政府在危机状态下的公共关系实践也需要一些非公共资源的支持，但这种支持仅仅是为了让危机公关更专业、更有针对性，并不能改变地方政府危机公关的公共属性。就整体情况而言，公共资源依然是地方政府开展危机公关的主要支持。

（4）政府危机公关的内容具有复杂性

公共危机在发展过程中具有多变性，危机信息的模糊与不确定性使危机管理的难度加大，决定了政府危机公关内容的复杂性，具体表现在：

第一，公众的复杂性。一是结构复杂。危机事件的不确定性，使所有人都成为潜在受害群体，数量之大，难以进行有效管理。相对于其他公共关系而言，政府危机公关的主体主要分为内部公众与外部公众。二是状况复杂。不同群体在经济情况、政治地位、文化水平、生活方式和思想价值观等方面存在较大差异，决定了其会对政府行为的不同态度与观点。三是利益复杂。不同群体在利益诉求上有不同的表达，这些诉求决定其对待政府的态度与看法。

第二，公关活动的复杂性。危机处置仅靠单个政府部门的力量远远不够，需要多个政府部门的相互配合协调，以及社会组织与公众的积极参与，各个工作环节之间要衔接到位。在对经济、政治、文化等方面恢复重建时，政府部门要妥善安排人们的衣食住行，安抚公众情绪，疏导公众心理。

（5）政府危机公关的效果具有多重性

危机的多层次生效应，即现代公共危机事件的综合性和广泛性，危机一旦爆发，就会影响到多个领域、多个阶层。牵涉的范围扩大，会引发一系列次生危机。危机的这个特点，让地方政府的危机公关需要具备覆盖多层次、多领域的能力。

政府的危机公关活动首要作用是保护公众的利益。危机爆发后，地方政府要立即启动危机公关工作，构建受害者群体援助机制，最大程度上减少公众因危机遭受生命财产损失，避免被危机伤害。其次是维护地方政府的公共形象。地方政府若危机爆发之后仍不能做出果断处置，推卸应负责任，对危机视而不见或处置不到位，那么地方政府的公共形象必然会遭受损害。最后地方政府危机公关的多层次生效应很可能导致地方经济发展受阻、社会陷入恐慌，并在惶恐情绪之下导致多种次生危机不断出现。这种多层次生效应如果得到正确引导，可以转危为机；但若处置不当，就会造成严重后果。

（6）政府危机公关的传播手段优越

传媒是联系政府与公众之间的媒介，也是政府开展公共关系活动的重要手段。政府拥有大量的传播工具，相对于其他社会组织而言，政府组织拥有无可比拟的优势。政府组织的优势主要体现在：

一是政府掌握大量的公共传播工具。电视、广播和报纸等传统媒体都属于政府管理范围，政府部门拥有绝对的话语权，能够随时将需要公开的信息进行传播，引导舆论，占据舆论主动权，提高政府公关效率，创建良好的舆论环境。二是政府组织传播严密完整。不管是垂直传播，还是横向传播，政府部门都能够对信息进行有效管理，并依据既定程序使信息在部门之间流通，及时传达给公众。三是政府经常综合交叉运用传播手段。政府部门通常都以文件形式在内部传达政策信息，通过大众传播媒介对外公开。

（7）政府危机公关具有时间紧迫性

相对于一般危机公关而言，政府危机公关的压力更大。主要表现在时间压力与公众压力，它对政府部门在资源协调、及时应对等方面提出了更高的要求。

危机爆发之后，会在短时间之内造成大规模破坏，并高速蔓延。紧急情况下，政府部门要及时制定行之有效的对策，协调利用各方资源，组织专业人员参与到危机处置中来；否则，危机就会迅速恶化，甚至会衍生次生灾害，后果难以预测。政府如能及时展开救援工作，保障公众生命财产不受进一步侵害，降低危机带来的损失，就能得到广大人民群众的肯定与认可，维护政府公共形象。

（8）政府危机公关的环境具有全局性

相较于企业与其他社会组织，政府部门自身的性质使其在处理公共关系过程中面对的环境较为宏观，对情况的掌握更全面，具体表现在：

一方面，政府公共关系受自然、社会和政治等多种因素影响，在处理公共关系时，需要考虑的方面更多、更复杂，这就要求政府部门要具备统筹全局与协调能力；另一方面，政府公共关系能够对环境产生一定的影响，政府危机公关管理关系到公众的基本利益，关系到公众能否充分实现其民主权利，关系到国家的长治久安与社会的安定和谐。

（9）政府危机公关的整个过程具有艺术性

政府危机公关的过程实际上是重塑与强化政府公共形象的过程。就当前现实状况而言，公共危机事件在特点与类型上各有差异，政府危机公关所具有的突发性与复杂性，若只是沿用传统的公关模式，难以奏效。对此，政府危机公关要对现有的工作方式方法与管理理念进行创新；深入分析危机公关的根本性质，在实际工作中注重运用创新的策略技巧，通过艺术的方式提高政府危机公关的成效，将危机事件遏制在萌芽阶段；即使是已经爆发的危机事件，也能得到有效处理，从而保障社会的安定有序，维护公众的基本利益。

危机公关既是一门艺术，也是一种道义。政府相关部门在化解危机事件过程中，要全面掌握上述特点，不断强化政府公信力。

2. 政府危机公关的边界

危机公关的边界问题往往不被重视，但很多情况下，危机公关的边界问题会成为影响危机公关成效的重要因素。如果没有处理好危机公关的边界问题，就容易衍生出其他问题。原本应该利用危机公关方式来处理公共危机，却采用管制与司法途径，最终效果不理想，还会产生不良的社会影响；原本应该利用司法手段来解决，却错误地采用危机公关的方式，致使问题难以解决，加大工作难度。现实工作中，政府危机公关的边界问题一直是政府部门很难明确的问题之一，究其原因，主要是由于危机在不断发展变化过程中，产生了多种边界面，定性难度大。

此外，政府危机公关的边界成因和特征较多也是导致危机公关边界模糊的重要因素：

（1）边界模糊的三大成因

危机公关要在公关范围内进行。但在实际工作中，公共部门关于危机公关的范围尚未明确，公关范围仍处于模糊状态，从而降低了政府危机公关的成效。导致边界模糊的原因有：

一是职能范围交叉。各部门职能范围没有得到明确划分，重复工作、资源浪费情况较为严重，这是危机公关边界模糊的根本原因。政府部门之间缺乏必要的沟通，工作衔接不到位，尚未清晰界定各部门的职责范围，从而导致危机公关的责任边界模糊。

二是法律法规明确程度不够。公关主体在工作执行过程中没有相关法律条例予以参考，陷入法律空白状态。法律法规的缺失使危机公关定性不明确、责任范围模糊；此外，法律空白加大了公关主体的工作难度，公关主体无法依法办事。

三是社会容忍的极限程度不同。一些公关危机违背社会道德与公序良俗，但因为没有相关法律法规进行明确，因此无从处罚。在这种情况之下，危机公关就要面对社会容忍尺度的问题。部分危机的社会容忍程度较大，公关主体可通过道德教育的途径展开公关工作；而部分危机的社会容忍尺度较小，在公关部门还未开展工作之前，社会公众就已自行“解决”。

（2）危机公关范畴的边界特征

“边界”指政府危机公关界限，即划分危机公关的标准。具体而言就是明确哪些危机事件适合采取危机公关方式处理，哪些危机事件已经构成违法行为，不适合采用公关方式，通过法律方式予以处置。

就当前的危机公关情况而言，问题主要包括三个方面：公共部门的决策失误损害了公众的基本利益；社会公众合法却不合理的对抗；公共服务方式相对强制管制不尽合理科学。目前，适合采用危机公关方式处理的危机主要有：

一是人民内部矛盾。属于人民内部矛盾的危机事件，可以采用危机公关的手段来进行处理，而国土、民族等层面上的问题，就不能通过公关方式来解决。二是有关公共服务的危机。属于公共服务范畴的危机都可以通过危机公关手段来解决，而管制问题则不能采用危机公关手段来应对，如少管所这种强制性行为就不适合采用公关方式。三是排除违法犯罪的危机。属于合法范围内的行为适宜采用危机公关手段，所有违反法律法规的问题基本不适合采取危机公关手段来解决。

总而言之，在危机公关边界问题上，公关主体只有准确掌握其性质与范围，做出正确判断，才能提高工作效率。

第三章　网络环境下地方政府危机公关的原则与评估

对于地方政府而言，危机公关需要在一定原则下开展，才能收到应有的效果；而地方政府网络环境下的危机公关工作效果，需要通过评估来实现。鉴于当前地方政府对网络环境下的危机公关尚缺乏了解，本章主旨在于阐明地方政府危机公关的基本原则与评估原则，如在网络环境危机公关过程中，地方政府应该及时完成信息收集、发布，及时构建专业队伍、做好与受害者的沟通工作等。在开展危机公关评估中，地方政府应坚持科学性、真实性、时效性、整体性、公正性、可操作性、可量化性和经济性等原则；同时，开展评估工作过程中，不仅有政府部门，更应该有社会公众、受害者和第三方专业机构等主体，以彰显评估的全面性、客观性和公正性。

第一节　网络环境下地方政府危机公关的类型

在网络环境下，政府部门应重视对互联网的运用，充分发挥互联网在处理公共危机中的重要作用，通过互联网建立与维护政府的良好形象。

一、地方政府危机公关对象类型

公众不仅是地方政府日常危机公关的主要对象，也是地方政府网络环境下开展危机公关时必须关注的重要主体，且是对政府危机公关工作做出评价的重要监督主体。可以说，地方政府网络环境下的所有公关实践都要以公众为核心，公众是地方政府网络环境下危机公关的必要元素。

从类型上来看，地方政府的危机公关对象有三种：

1．内部公关对象

政府内部公关，是针对政府内部各机构与成员的公共关系工作，工作内容是将地方政府公共关系工作方针落实到实践。内部公关对象，和政府工作有着非常紧密的关系。所以，政府的内部公关实效如何，与政府的工作效率、社会稳定性有紧密联系。

地方政府对内公关工作，要充分重视各机构与成员的具体情况，提高公关对象的配合度与积极性，营造良好的组织氛围。内部公关特点有：

（1）稳定性高

由于地方政府是当地最具权威最具有资源的社会组织，在人员配置与组织结构上，远比企业等组织更为稳定。当前，我国社会处于全面转型阶段，社会各领域深层矛盾凸显，给政府公务人员提出了更高的要求。应该通过什么方式把握好重点、妥善处置危机事件、降低危机事件的负面影响，成为全体公务人员需要研究的重大课题。对于地方政府而言，组织结构与人员构成上的稳定更易让公关工作者把握好工作节奏和方式方法，利于公关工作开展。

（2）组织纪律性强

对于地方政府而言，严密的程序、严明的纪律与规范对公务人员有较强的约束力，特别是对基层地方政府公务人员。为了规避因不当行为的风险，实践过程中要依据相关规定与法律开展工作。做好政府内部公共关系工作，能够有效提高地方政府公务人员的工作积极性，促进职能部门之间的协作性，在危机状态下能够实现地方政府各部门的良性联动，提升政府公共形象。

（3）成员联系性高

对于地方政府公务人员而言，处于同一个工作环境，每天都有频繁的业务交接，生活方式、作息甚至是娱乐方式在一定程度上相似，公务人员无论是工作还是生活上都有相当紧密的联系。开展针对地方政府部门内部公关工作，可以将这种联系化作一种凝聚力、黏合力，让地方政府公务人员粘合成一个整体，进而提升工作成效。

（4）团结协作

地方政府部门与公众的价值取向较一致，团结协作。真正在危机事态出现时，能够有效解决公共危机、避免危机风险。

（5）职能类型多

政府内部公关对象所属部门不同，权责范围与工作内容有较大的差异。例如，检察机关的主要责任是检查与监督行政机关、行政人员、社会组织与公民对于政策法规的执行情况；人民来信来访办公室的主要工作则是接待与解决公众提出的诉求建议及需要处理的问题。各个机构设置的初衷不同，分工上也各不相同。开展内部公关时，要根据各部门的差异进行安排，有针对性、有层次性地逐步开展。

2. 外部公关对象

政府外部公关，指与政府内部人员相对，且和政府机构具有一定关系的个人和组织。政府要开展社会事务管理与公关工作，不可避免地与公众接触。对此，掌握外部公关对象的特点，了解公众对公共危机的态度与想法，有针对性、目的的地开展公关活动是政府公关工作的重中之重。不同于内部公关，外部公关对象的特点主要有以下几点：

（1）数量多、范围广

相对于公务人员与地方政府的职能部门，外部公关涉及社会不同阶层、不同领域，这对地方政府的危机公关提出了更高要求。但若地方政府能够准确把握外部公关特点，就能够避免做出失当行为或错误决策。

（2）差异性大

对外公关很多时候需要面对不同的危机状况、不同的社会阶层及不同的利益诉求，利益诉求上的差异导致公众自觉形成不同的利益群体。地方政府部门要对应这一特点，有针对性地采取不同的公关措施，真正实现网络环境下危机公关的目标。

（3）受约束力较弱

相对于地方政府部门公务人员，普通公众在危机事态下受到强制约束小。相对于公务人员来说，普通公众在危机事态下具有更高的自由度。地方政府在网络环境下面对普通公众开展危机公关时，需要用发展的眼光看问题并采取针对性措施，察觉公关对象的动态，了解公关对象的利益诉求、心态、价值取向和行为理念等，提升地方政府网络环境下危机公关的效果。

（4）组成结构复杂

外部公关对象较复杂，人员组成结构多样。开展对外公关时，务必采取灵活多样的措施方法。

（5）态度多样

社会公众基于危机事件具有双面性，既可能促进危机事件得以有效化解，也可能会加大危机事件的处置难度；在对待危机事件的态度上，既有宽容理解的一面，也有自私对抗的时候。具体表现在危机爆发之后，公众有时候会积极响应政府，主动配合政府工作；有时候则会阻碍政府公关工作，提出过分请求，导致危机事件的恶化。

对此，政府部门要加大对公共危机的宣传教育力度，引导公众积极参与政府决策制定，增强公众对政府的信任与认可。还要鼓励公众主动参与到危机事件处置当中，认真听取公众的建议，使公众感受到政府的重视，强化其归属感，为构建和谐社会奠定坚实的群众基础。

3. 地方政府对受害者的危机公关

危机事件中，对受害者的危机公关是政府危机公关的主要内容。从狭义的角度看，受害者指在危机事件中直接受到影响的人，具体包括伤亡者及其家属，是危机事件的直接经历者，心理上与身体上受到的伤害较大；从广义的角度分析，受害者不仅包括直接受到伤害的人，还包括其他相关者。

危机爆发后，受害者往往会表现出异于常态的情况：

首先是存在明显的负面情绪。危机事件出现后，受害者无法在短时间内适应巨大改变，容易表现出悲哀、惶恐和易受惊等心理状态。

其次是缺乏容忍度。受害者往往“得理不饶人”，不能够接受责任方任何说辞。

最后是缺乏信任感。受害者在面对地方政府特别是直接处置危机的相关部门时，往往缺乏信任甚至是愤怒的移情情绪。[①]

二、地方政府的媒体危机公关

地方政府与媒体事实上有一种依存关系，地方政府需要通过媒体宣传政策内容、政策方向及政策的价值取向，需要通过媒体了解公众对政策的意见和建议、了解外界对政策效果的评价等；同时，地方政府是当地最权威的新闻来源，发生危机之后，媒体希望通过地方政府获取更多信息、了解危机事态发展等。若媒体无法与地方政府保持良好关系，媒体自身的公信力、商业利益会遭受较大的损失，对媒体而言显然不是正确的运营方式。

信息传播与发布是地方政府开展公关工作的主要方式，政府与普通民众的沟通正是以信息传播与发布的形式实现的。首先，政府要将合适的信息资源发布传播给公众，赢得公众的好感与认可，同时需要收集公众的意见，从而有针对性地调整政策内容或践行方式。所以，信息传播途径是否能够满足地方政府的需要，直接关系到地方政府网络环境下危机公关工作的成效。

1. 地方政府媒体危机公关的概念与必要性

政府部门要重视媒体公关的重要作用，将媒体关系纳入政府公共关系的核心内容之中。

(1) 地方政府媒体危机公关的概念

网络环境下地方政府的危机公关，就是地方政府为了能在互联网高度普及的时代背景下更好地处置公共危机与舆情危机，争取公众对自身工作的认可与配合、树立良好的政府形象；通过信息技术手段构建、改善与公众沟通渠道，实现良性互动的建设性行政实践。网络在地方政府危机公关工作中扮演了两方面作用：一方面，网络是地方政府开展危机公关时必须涉及的领域，宏观上属于地方政府的危机公关对象，尤其是当公共危机涉及面较大、牵扯较大范围的公众时，地方政府更应迅速开展网络危机公关工作；另一方面，地方政府最重要的危机公关手段就是信息传播，网络无疑是当前最重要的信息传播途径。因此，网络环境

① 刘炎迅. 别让道德绑架了受害者［J］. 中国新闻周刊，2013（22）：6.

下地方政府危机公关的内涵是两方面的：一方面，是地方政府针对网络环境中各种舆论的危机公关，通过公关手段寻求网络环境下各方的支持与鼓励、认可；另一方面，地方政府需要通过网络向各方开展危机公关。

（2）地方政府媒体危机公关的重要性

一是网络可以顺利传达政策，满足公众的知情需求。网络与新媒体不但可以取代部分传统媒体作为传达信息的重要渠道，而且能够成为地方政府树立良好形象、提高公关水平的有力臂膀。政府部门通过网络获取决策信息，并向公众公布相关信息，把握好网络舆论，就把握好了舆论方向。虽然网络并不是地方政府形象建设主要平台，但投入小、见效快。地方政府应提高对网络公共关系的重视程度，做好网络环境下的公关工作，这有利于网络媒体及网民接受政府的政策理念，有利于推广、宣传国家政策方针。

二是可以通过网络引导公共舆论。通过网络公关，地方政府可以有效传播相关信息，从而有效引导公共舆论。在网络时代，地方政府不可能控制网络舆论及网络媒体，但并不意味着地方政府没有办法把握舆论方向，影响公众的思想与行为。政府可以在保证信息公开、满足公众知情权的基础上引导舆论导向。

三是重建与维护政府公共形象。负面信息具有难控性、突发性与难以预防性，会给政府形象带来不良影响。政府部门要注重与媒体平等和谐地交流，获得媒体的理解与支持，保障政府公共形象不受损害。特别是在危机事件处理过程中，媒体及时准确的报道，能够有效安抚公众情绪、维持社会秩序。

2. 地方政府网络环境下媒体危机公关的特点

相对于个人、企业、非政府组织等媒体危机公关而言，政府媒体危机公关的特点主要有：

（1）政府为最高权威组织

政府是政府媒体公关的主体，权威性与强制性是其区别于其他社会组织的显著特点。国家是进行阶级统治的有效手段，是统治阶级意志的具体表现。政府是国家权力的行使者，代表国家管理社会各项事务，保障国家得以有序、高效运行。政府要具备一定的权威性，才能促进职责的有效践行，政府的权威性在信息传播过程中也得到了全面体现。

政府公关为政府行为的具体表现，政府行为主要包括管理行为与传播行为。管理行为具体指各项决策的制定，传播行为指各项决策的颁布与解释。从政府层面上分析，传播行为是管理行为的继续与发展，是管理行为得到切实落实的必经途径。简单地说，就是决策的颁布与解释，目的是为公众所认知与执行。

地方政府作为社会权威的组织主体，对信息资源的掌握拥有绝对优势。事实上，在互联网时代到来前，新闻媒体作为公众最主要的危机信息了解渠道，主要依赖地方政府的权威信息。美国在20世纪70年代时的主流媒体《华盛顿邮报》超过70%的新闻都来源于政府部门或得到政府背书，新闻记者虽然承担了信息采编工作，但鲜少有刊登的新闻未经政府确认的。①

（2）媒体自由度较低

根本上来看，公共媒体报道仍然受地方政府掌控，相关实践相当被动。② 虽然在网络环境下地方政府完全控制信息已经越来越不现实，但地方政府仍然能够有效把握最关键的核心信息，且对信息发布过程及细节进行调整，如信息发布的渠道、信息发布的具体时间与地点甚至是主体部门等。

（3）以公共利益作为价值取向

政府开展公共关系活动的根本目的是保障公共利益与社会效益不受损害。要保障大多数人的利益，而不仅局限于少部分人的利益。在公共利益的实现上，要满足大部分群众的根本利益与长远利益，并将其纳入政府公关的重要内容当中。政府开展公共关系活动涉及的方面较多，既要推动社会经济发展，不断改善公众生活质量；又要平衡与维持社会关系的良性发展，保障社会安定团结，全面推动社会主义社会稳步、高效前进，使社会效益得到不断提高。

（4）党管媒体的原则

报纸、杂志等传统媒体由政府统一管理，政府占据绝对的主导权，很大程度上提高了公关效率。此外，政府可对各类媒体开展工作，从而对信息进行全方位控制与管理。

三、网络环境下的危机公关

随着互联网的发展，互联网已经成为政府部门了解民意、凝聚民心的重要路径，是舆论集散的重要平台。做好网络危机公关，是构建政府与公众良好关系的基础。

1. 网络环境下危机公关的要素

网络环境下的危机公关，又称网络公关或电子信息公关，是社会主体通过网络作为路径或手段，达成树立组织形象等公关目标的活动。网络环境下的危机公关不同于传统危机公关，为地方政府提供了更多更新的危机公关技术、手段、方法和新的公关理念，是公共关系工作在互联网时代的发展。

（1）网络环境下危机公关的主体

网络公关主体分为广义与狭义两种类型，广义主体指通过网络平台与公众进

---

① 黄凝宁．中美报纸社论的差异与成因——以《人民日报》与《华盛顿邮报》为例［J］．青年记者，2015（14）：24.

② 张昆．从海湾战争看现代西方的战争报道［J］．中国广播电视学刊，1992（6）：93－98.

行沟通的人员，主要由领导干部组成；狭义主体指专门对信息进行发布与回应、维持政府网站正常运行、对网络进行监管的人员。本书主要对广义公关主体进行探讨，指明政府开展公关关系的根本目标是取得公众的信任与肯定，并通过网络平台加强与公众的互动交流；利用网络进行信息发布与传播，引导舆论方向，以提高政府公信力。

（2）网络环境下危机公关的客体

网络公关的狭义客体指经常浏览网络信息的个人或群体，实际上，狭义网络公关的客体主要为网民。而在网络环境下，由于互联网所具有的快速、广泛与便捷性，公众都是网络公关潜在的客体。

（3）网络环境下危机公关媒介

互联网环境下的危机公关媒介，也称为网络媒体，是基于互联网信息技术与电子硬件的新媒体，如门户网站、博客、论坛、社交网站、微博等。

门户网站属于传统媒体在互联网环境下的延伸。门户网站的信息传播思维与路径沿袭于传统媒体，即由专业的新闻媒体人采编制作后，呈现于网络。门户网站与传统媒体区别主要有两点：一是提供信息的载体从广播、电视、印刷物转化为互联网；二是原本受众只能被动接受，在门户网站则可以有一定的信息选择自由。

BBS 是网络论坛的简称，英文全名为“bulletin board system”，直译为“电子公告板”。是一个可以供网民自由讨论的网络空间，人们可以就某个话题在论坛上发表帖子，可以就此话题进行深入讨论，从而聚集起志趣相投者。

博客是“blog”的音译，即“网络日志”，可以加入视频、音乐和图片等，使日志更富感染力。而微博是脱胎于博客网站的一种新媒体，就是微型网络日志。微博内容通常不超过 140 字（可用长微博等拓展工具增加内容长度）、图文并茂的碎片化信息组成的新型博客网站。微博的沟通节奏快、内容丰富且贴近生活，加上其与智能手机的紧密结合，近年来成为地方政府网络环境下危机公关的重要媒介之一。

2. 网络环境下地方政府危机公关的特点与目的

网络时代普遍存在信息不对称问题，这在很大程度上增加了政府开展危机公关的难度，政府信息难以满足公众需求的问题日益突出。对此，政府要对网络危机公关予以充分认识，明确网络危机公关的定位，充分发挥网络媒体的优势；使政务信息顺畅、高效传播，提升公众对政府的信任度与认可度，为政府开展危机公关创造良好条件。

（1）环境的不同

在互联网与新媒体时代，公众可以发表关于危机的信息，拓宽了公众危机信息发布渠道。公众可以从更多角度了解危机事件，使危机事件的处置变得更为复杂。

首先，危机信息网络传播的便捷性。新媒体没有地域限制，也没有时间、空间限制。网络环境下，任何人都可以自由发布信息。危机事件一经出现，相关信息会在极短时间内上传到网络中，成为网民乃至公众的关注热点，这种传播速度远远大于传统媒体环境下危机信息传播速度。加上微博、社交网站等存在高度交互性，公众更容易接触到危机当事人，了解到真实的危机信息。

其次，网络环境下的信息传播难以掌控。网络环境下，更多不可控的因素参与危机信息传播过程。这些因素对危机信息传播的内容、形式、真实性造成一定影响，从而使网络环境下危机信息传播难以掌控。

对于地方政府而言，网络环境下的危机信息传播，不但难以掌控，还存在负面影响力。危机一旦发生，很容易在短时间传播扩散。与此同时，网络环境下危机信息传播的途径虽然越来越多，却没有如传统媒体那样严格的信息采编审查制度约束。公众可以在网络上随意发布未经证实的信息，这让很多短时间内难辨真假的信息呈现在公众面前。这严重影响地方政府部门在网络环境下的危机公关。

最后，信息的海量性。网络环境下，一旦用户将信息上传到服务器上，信息很快就会扩散到更多的服务器平台；这些信息具有较强的可复制性，难以完全屏蔽或删除。

（2）网络环境下地方政府危机公关的目的

首先，要维护地方政府的公共形象。对于地方政府而言，其公共形象与其权威性息息相关，地方政府若能在短时间内处置好危机，就能够把危机给地方政府带来的负面影响降到最低。

其次，要避免公众认知出现偏差。危机发生后，由于信息传播渠道、传播主体较多，危机信息极易出现失真。地方政府在网络环境下的危机公关工作，应最大限度地传播确定的危机信息，正本清源。地方政府应对不实信息进行有力驳斥，对不实信息及时进行处置，避免公众因不实信息对危机、对地方政府的认知出现偏差。

最后，避免事态进一步恶化。地方政府在网络环境下的危机公关，尤其是对原生于网络的公关危机，应尽可能避免危机影响扩大，降低危机造成的负面影响，及时弥补因危机造成的损失。

3. 通过网络开展危机公关的重要性

互联网资讯迅猛发展的同时，加大了政府新闻管理的难度，尤其是危机事件新闻与舆论监管的难度。不同于传统媒体，政府难以全面掌握网络媒体。对此，政府要以发展的眼光看待新兴媒体，对原有的新闻管理模式进行创新。要充分认识政府网络危机公关的重要作用，从而有针对性地发挥网络媒体的功能。

（1）公众将通过网络实现舆论监督

公众可以借助于网络的力量，全方位了解地方政府的行政工作，并就地方政府的实践表现提出意见与建议。网络舆论对地方政府行政权力的监督，是传统公权力监督在网络环境下的一次全方位提升。这要求地方政府在行使权力的过程中必须始终严格遵循相关法律，尊重制度与规则的约束。地方政府应高度肯定公众舆论对自身行政行为的监督，要注意到“公民记者”意识的存在。这种意识不但让公众更积极地通过网络参与问政，而且体现网络环境下危机公关的必要性，从而在某种程度上倒逼地方政府接受公共舆论的监督。

（2）地方政府通过网络实现与公众的沟通

比起传统媒体环境下的公共关系，网络环境下的地方政府如果能够更好地运用互联网信息技术及新媒体平台，将在一定程度上发挥网络公关活动优势。

地方政府可以随时随地实现与公众互动，在互动中把握公众的需求，并对公众的需求做出回应。公众也可以随时查看、搜索地方政府公布的危机信息。政府部门因而变得更为亲民，与公众的沟通更为频繁，从而更容易驳斥危机事态下各类不实信息。

网络环境下，公众能够通过地方政府网站、微博了解地方政府的组织结构、部门职能、行政规章制度以及联系方式等地方政府部门的信息，可以与地方政府部门开展互动。同时，网络的高度普及也使我国公众更有意愿参与政治生活，这一点从近年来越来越多的人参与网络讨论可以看出。譬如，2013 年的玉树地震，清晨时分发生的事件，短短一个小时之内，在当地政府的相关微博中留下了数以万计的评论、回复与转发。①

（3）通过网络开展危机公关是地方政府的时代选择

网络环境下开展危机公关，已经成为地方政府必须开展的公共关系工作。在互联网高度普及、信息技术更新换代速度越来越快、新媒体平台越发成熟、网络与人类社会生活融合度越来越高的今天，地方政府通过新媒体等网络平台开展宣传工作，通过互联网信息技术来提高行政工作信息化程度，已经成为一个重要趋势。地方政府要提升自身服务水平、维护自身在网络环境下的公共形象、改善与公众沟通状况，就必须通过网络进行公共关系维护工作。

从 20 世纪 90 年代末开始，我国各级政府就在党和国家的指引下逐步开展了电子政务建设，相关的投入与研究逐年增多。目前我国大部分地方政府部门都已

---

① 景秀明，张奞，唐朱勇．秒时代的微力量：微博对突发性事件的独特传播——以“4·14 玉树地震”微博报道为例［J］．新闻知识，2011（3）：33－36．

经有了自己的官方网站，相当一部分地方政府在微博、微信平台通过实名认证开通了服务性或沟通性账号，地方政府部门正利用这些工具开展网络环境下的危机公关工作。

当然，相较于欧美发达国家较为完善的网络及雄厚的信息技术储备，我国地方政府网络环境下的危机公关工作无论是在硬件还是软件上都尚存较大差距，但这也给我国地方政府危机公关网络化进一步发展留下了空间。

第二节 网络环境下地方政府危机公关的原则

危机事件类型庞杂，促使危机事件产生的原因多种多样，各个阶段所呈现的特征也有较大的差异。因此，危机事件爆发之后，政府部门要根据不同类型、不同事件和不同情况给予针对性解决措施，不可照搬照抄其他地方的成功经验，盲目地开展危机处置工作。但危机事件具有一些基本特征，有其基本规律及应遵循的普遍性原则。

一、高度重视预防

危机公关工作需要做好相应的预防工作。就地方政府而言，若可以在危机发生之前根据危机风险化解或减少其负面影响，公关效果远远优于危机发生后采取的任何处置手段。换言之，地方政府相关部门需要对网络环境下的民生社情保持实时关注，构建网络环境下的公关风险预警机制。通过风险预警来预判危机，并采取针对性行动处置危机，从而减少危机的负面影响及损害。

1. 构建危机预警网络

地方政府部门应先构建针对危机风险的预警信息网络，实时监控社会危机风险。要充分运用好互联网信息技术，通过网络向公众进行危机预报。

根据公共关系学科的相关理论，危机在爆发之前是存在一定风险的，而风险会有一些表征。对于大部分公众来说，他们并不具备将多方信息碎片整合察觉危机风险的能力。政府部门应通过危机预警信息网络收集、整理危机信息，通过互联网面向公众进行危机预警，降低社会公众因危机遭遇生命财产威胁的可能性。例如，近年来我国食药品安全频频曝出事故，地方政府就应该在强化基层食品药品监督的基础上，将危机风险遏制在源头，构建食品药品安监体系，并由质检部门每周收集整理食品安全报告，并公示到互联网。

2. 重视大众危机教育

政府部门要通过媒介普及公众应对危机的常识，特别是对中小学生加强预警宣传，开展危机应对教育，增强其自救互助能力，培养公众的危机意识。

在这方面，日本做得不错。2011 年 3 月 11 日，日本发生9．0级大地震。面对突如其来的灾难，日本民众并没有慌乱。人们在街头自动列队默默前行，秩序井然。其实，这要归功于日本民众具备的防范危机的意识。从学校到企业，日本抗震演练是家常便饭。在日本，企业给每名职工配备救生箱，居家的安全预备很充分，家里的高柜子都会安装固定装置以防止倒塌砸伤人。①

最成功的危机公关是政府部门采取超前行动，及早发现引发危机的因素和原因，预告问题及基本发展方向和严重程度，制订多种可供选择的应变计划。对潜在的问题积极采取措施，及早做出处理，将危机扼制在萌芽状态。

二、及时性原则

1. 及时完成信息收集

作为最权威的危机处置主体，地方政府不仅要赶在新闻媒体前发布相关信息，更要抢在网络之前先行收集相关材料，如危机的起因、程度、性质、事发地及涉及社会阶层等。唯有收集完善危机相关信息并进行证实，才能够明确下一阶段的危机处置工作应如何展开，才能够对公众的需求做出确切有力的回应。

2. 及时对外发布信息

收集、整理、证实危机相关信息后，地方政府有必要通过危机决策来判断应首先向谁提供相关信息，什么人应在最短时间内得知危机信息。一般情况下，地方政府首先应向危机受害者提供危机相关信息。只有政府才能够为其提供最可信的危机信息。在这一点上，地方政府应避免受害者受不实信息的影响，受谣言的误导。地方政府需要充分理解并尊重包括受害者在内的公众，在危机事态下的知情权，避免留给谣言滋生温床。公众若是无法从政府部门获得权威可信的信息，就不得不从其他途径寻求危机相关信息；而信息传播速度极快但信息真实性难以保证的网络，恰恰在某种程度可以满足这一需求。

3. 及时构建专业队伍

危机发生时，地方政府应专门就危机公关工作成立工作组，工作组成员应由适合公关工作、具有公关专业背景的公职人员组成，必要时可以引入社会专业力量。工作组应该由三个部分构成：核心决策组、危机事态应对组及对外交流组。核心决策组的主要职责是观察跟踪危机事态发展，并按照危机发展情况设计公关预案；危机事态应对组应由具有丰富专业知识的人员组成，需要在危机发生第一时间奔赴现场开展应急公关工作；对外交流组主要由信访部门和新闻宣传部门的公职人员组成，确保地方政府与传媒、受害者以及公众保持良好的互动关系。危机公关工作组应明确岗位职责，并保持紧密联系，确保工作的协调性和统一性。

地方政府在充分了解危机基本信息，完成危机公关工作组的组建之后，应就

---

① 刘婷．从日本地震防灾措施看日本人的危机意识［J］．时代教育，2014（19）：133．

危机公关设计一套应对策略。策略内容包括在具体场景下采用何种公关方式，应该以何种态度回应公众，选择什么样的新闻发言人来面对公众等。其中，新闻发言人最重要。因为新闻发言人是地方政府与公众、传统媒体、新媒体就危机相关问题进行互动沟通的重要纽带，是展现地方政府积极应对姿态的重要象征，更是政府部门向公众解释相关问题的代表。

4. 及时处理好危机

根据危机导致的各种问题，地方政府应在第一时间确定应对方案，通过高效的方式凝聚社会各界，争取最快实现危机的妥善处置，避免事态的恶化与次生危机的发生。

危机发生之初，地方政府应在危机影响尚有限的情况迅速了解危机信息、分析危机走向，果断对危机进行处置。若不能在短时间内对危机做出有效处置，很有可能会因危机的处置不力导致更严重的次生危机发生。所以，对于地方政府而言，危机发生的第一时间是重要的时机节点。总而言之，在危机发生之后，地方政府无论做出什么具体应对，第一时间原则是不变的。危机处置的时间越晚，对地方政府而言就越困难。

5. 及时做好与受害者的沟通

危机爆发时，公众常常因毫无心理准备而陷入惶恐与恐惧。这个时期，受害者群体最需要来自他人的帮助与安抚，地方政府应在第一时间向受害者提供心理方面的援助与安抚，将抢救受害群众生命财产放在危机处置的第一位。同时，面对公众，应贴近生活、更具人文关怀精神，充分表达对生命和财产的关注，赢得公众与受害者的同理心。地方政府应该通过适时的公关争取公众的谅解、拉近与民众之间的心理距离，确保公众在危机中始终与地方政府站在一起，同舟共济共渡难关。

三、始终坚持以人为本

危机处置过程中，政府部门要始终坚持以人为本原则。政府部门的权力来源于人民，核心是为人民服务，是生产提供公共服务的主要主体。政府部门制定政策时要以公众利益为基本前提，将公众利益置于首要位置。

危机爆发之后，政府部门应对公众给予足够的重视和关怀。处置危机过程中，要遵循以人为本的原则，不管是对受害者，抑或是救护者，都应以安全至上为基本准则。从政府层面上来看，通过人文关怀树立威信、树立政府良好的公共形象，是最好且有意义的方式。组织行为的开展都要以公众利益为导向，将公众至上、以人为本作为危机公关的核心准则，这样才能增强公众对政府的满意度与归属感；若违背这一原则，有可能导致危机蔓延，造成更大的损失。

近年来，一些地方政府部门因为工作中欠缺人文精神，导致危机的负面影响持续扩散。

事实上，危机处置过程中，很多时候地方政府与公众的利益并不相悖。如果能够遵循以人为本原则开展相关工作，就能提高执政的科学性，稳固党和政府的执政根基。地方政府作为基层公务部门，服务是其最重要的职责，维护公众利益是其价值取向，以人为本应成为其行动原则。

四、始终主动负责

英国危机公关专家 M. Regester. Michael 在其《危机管理》一书中提出 3T 原则，其精神内核在于危机公关主体的主动性，即始终由公关主体向外部发布情况，无论什么时候发布、通过什么途径都应该由该主体自行决定。始终牢牢把握住信息主动权，既不让信息失真，也不让信息真空出现。危机出现时，谣言常常伴随而生，尤其在网络环境下。地方政府开展危机公关时，必须始终坚持内容与观点的一致性，增强信息的可信性。同时，即便地方政府不该为危机的发生负主要责任，也要主动承担公共管理上的责任，不能通过缄默等方式消极面对问题。如果地方政府能够主动积极承担应有职责，以坦诚姿态面对公众，更容易获得公众的谅解与信任，从而争取公众的认可与配合。

1. 对危机的积极回应

危机发生后，相关政府部门应迅速及时到达现场，开展决策与评估，在了解事实情况后迅速对外发布相关信息。同时针对事态发展加强研究，开展进一步行动。地方政府在网络环境下要利用新媒体主动开展危机公关，才能够在最大限度内实现正本清源，有效降低危机事件的负面影响。

2. 保持对公众的坦诚

地方政府应通过互联网或现场对公众告知危机的存在，在安抚受害者的同时让有可能遭受危机影响的公众提前做好准备，最大限度地降低危机危害。

若地方政府不能迅速发布危机相关信息，那么与危机有关的不实消息就会迅速传开，从而造成负面影响。所以，危机出现后，即便因调查尚未结束无法公布详细信息，政府部门也要持坦诚姿态，发布部分信息，争取舆论把握权与信息主动权。

五、信息公开原则

危机事件给公众心理造成较大伤害，易使公众产生恐慌心理。政府部门若开诚布公发布实时信息反而能有效化解公众的不安。在公共危机处置过程中，政府部门要通过各种方式与媒体取得联系，保持与媒体的沟通交流，借助媒体平台发布信息，使公众了解政府的措施、对事件的处理进展。不断提高政府信息的公开度与透明度，既能对公众情绪起到安抚作用，又能促进危机事件的有效处理。

1. 提高地方政府行政透明度

通过建立各级政府发言人制度，将危机的严重程度、危机可能造成的威胁、目前对危机的处置情况及时公布。要为危机信息的发布与接收提供可靠渠道，要以坦诚的态度赢得公众谅解与配合。当前党和政府充分意识到这一问题已开始将信息公开尤其是危机事态下的信息公开作为考查地方政府部门公共管理、公共服务水平的重要指标。以2016年湖北武汉遭遇的百年洪灾为例，当地政府在积极防灾抗灾的同时面向公众提供相关气象预报，准确告知公众当前城市内水位最高为多少、什么地方属于低洼地带存在内涝危险等，使公众有一定的预防、避灾意识。

2. 充分发挥媒体的积极作用

要发挥好媒体在网络环境下的危机公关作用。虽然网络已成为公众了解各类信息的主要渠道，但在危机事态下，具有强大采编、报道能力及职业道德的新闻工作者，仍然是值得公众信赖，能够在危机事态下成为地方政府与公众之间的沟通纽带。可见，传统媒体在网络环境下，仍然能对地方政府的危机公关产生极大影响；如果能够充分发挥媒体在舆论导向上的积极作用，无疑会改善地方政府危机公关成效。

六、协调各方力量共同参与危机公关

危机所具有的复杂性与突发性，仅靠单个部门无法有效应对处理。因此政府要发挥好自身的领导协调作用，统筹各方资源，有针对性地予以利用，从而有效降低损失，提高危机处置成效。政府资源协调可以从人力、信息和物资这几个方面着手：

1. 人力资源参与

地方政府具备的社会资源优势，决定其成为整个危机处置与危机公关活动的主导主体。但鉴于地方政府人力物力财力等方面的限制，无论是危机爆发时还是善后阶段，抑或是预警危机发生的风险信息收集阶段，危机公关都应引入非政府组织的力量，这意味着地方政府需要在危机公关中协调好各方面的力量。

同时，地方政府需要协调好各职能部门，譬如交通部门、卫生医疗部门、基础设施建设部门、食品药品监督部门和公安干警等。危机公关中，地方政府还需要协调好各方面的参与人员，包括一线指挥员、协调中心人员、专业技术人员、信息分析人员及新闻发言人团队等。目前许多国家由警察或军队来承担协调工作，如美国在危机现场的组织与协调责任由FBI承担，而国家安全或海外重大事务则由国土安全局（DHS）负责。这些职责分配直接体现在法律法规上，具有很强的法律效力，能够有效保障危机事态下公关工作的方向与协调性。

2. 信息的参与

在危机管理上，政府部门要建立信息输入输出系统，利用多种方式收集危机信息，保证信息的时效性与准确性。一般而言，政府部门主要从官方渠道获取信息，信息在各部门之间传递共享，经过整理之后上报到政府危机应急指挥中心；应急指挥中心对信息进一步加工、分析之后，制定行之有效的行动决策，再经过各级部门传递到基层。实现了信息的输入与输出，也就形成了较为完整、系统的传播体系。然而就现实情况而言，信息传播总会受到这样或那样的阻碍，大多数情况要经过多次获取、分析、评估和判断等步骤才能实现信息的传递。

此外，信息在层级传递过程中，难免会出现失真、遗漏和丢失等问题，这些问题出现的次数越多，最后传递到的信息就有可能偏离最初的真相。对此，要促进信息的有效、顺利传播，就要从根本上改善信息失真情况。公众是信息最为直接且可靠的来源，公众往往是第一接触或是直接经历危机的人，其对危机的情况了解得较为全面，所提供的信息也较为准确、及时。因此，政府部门要重视对公众意见的收集与反馈，将公众信息纳入政府决策的重要依据当中。

3. 物资的参与

虽然地方政府在网络环境下的危机公关需要重视虚拟世界的舆论，但现实世界的物质基础仍然是公关工作获得成功的先决条件。因此，地方政府进行危机公关工作过程中，需要通过充分的物资储备来应对爆发的危机事态，做好抢险救灾与善后工作。

在地方政府储备的诸多物资当中，无论是物资类型还是储备量，一般都要经过专业评估机构的调查与审核。若地方政府储备的物资不能满足危机处置的需要，抑或是无法及时运抵现场，为了避免出现新的危机，就需要协调社会力量参与其中。

七、以效率为先

危机的突发性与不可预测性，使危机决策与常规决策有着本质上的区别。一是紧迫性、突发性及大范围破坏性，要求决策者必须在短时间内做出行之有效的应对方案，以快速遏制事件的发展；二是事件的严峻性，紧急情况下，危机爆发足以对社会秩序造成严重破坏，决策者所要面对的问题相对复杂与困难；三是信息的不对称性，面对危机时，决策者与相关工作人员无法在第一时间获取全面、大量和准确的信息，仅能依据不全面的信息来制定决策。基于上述原因，要改变这种情况，政府就要转变危机管理模式。以应急处置代替常规管理，从而有效遏制危机的蔓延、扩大，从根本上降低危机造成的损失，提高政府的应急管理水平。

1. 由常态转变为紧急事态

危机公关，在面对大量急难重险任务时，要迅速处理好公共关系，意味着地方政府需要在极短的时间内完成决策，协调好各方人力与物资资源，调动各职能部门完成特定的公关工作。对于网络环境下的危机公关而言，如果仍然根据常规工作来分配职责、按部就班，则无法满足危机事态下公关工作的需求。这就要求地方政府的公关管理要从常规状态转向应急状态。

2. 危机环境下保持冷静

网络环境下的危机公关，要求应对公共危机的领导者具备稳定的心理素质。危机面前不慌张，以科学正确的判断领导各方力量、以亲民坦诚的姿态赢取公众信任、维护社会和谐稳定。同时要勇于公开危机中不利于地方政府的信息，勇于承担责任。

第三节 网络环境下地方政府危机公关的评估

当前，对地方政府在网络环境下的危机公关措施、理念等研究有了一定成果，但应通过什么方式有效评估地方政府在网络环境下危机公关的能力和效果，并将之作为改善地方政府网络环境下危机公关水平的依据，却缺乏较为深入的研究。

本节将从三个方面来研究地方政府在网络环境下危机公关评估问题。第一个方面是阐述地方政府在网络环境下危机公关需要评估的原因、内容及基本理念；第二个方面是整理并总结地方政府在网络环境下危机公关的评估措施及各个环节，初步建立评估指标；第三个方面是通过虚拟案例推导地方政府在网络环境下危机公关评估的实践操作。

一、对网络环境下地方政府危机公关进行评估的必要性

政府危机公关评估是政府开展危机公关的最后一环，目的是使公众更直观地看到政府开展危机处置的成效，以此来评判政府的危机应对水平。此外，政府危机公关评估是政府总结经验、改进公关决策的过程。

1. 评估将改善地方政府的危机公关实践

危机爆发之后，地方政府是否有能力在最短时间内组建公关工作组、是否有能力妥善安置危机波及的人群、是否有能力安抚公众、是否有能力在网络环境下引导舆论等，直接关系到地方政府在网络环境下的危机公关实效。

若是缺少对地方政府网络环境下危机公关的评估，地方政府就缺少一个了解其网络环境下危机公关能力的科学途径，也不能够准确判断其是否在人员配置、财政预算、物资储备上做出了科学正确的决策。不仅如此，当前我国正处于转型的特殊时期，地方政府需要在网络环境下将危机公关列为常规性工作。从常规性和长期性方面来看，地方政府可以把每一次地方政府网络环境下的危机公关成效和以往进行比对，从而了解公关工作的实际效果，通过比对积累经验、借鉴有效的公关方式。通过评估，地方政府不仅可以找到合适的工作方式，还能够不断减

少工作中存在的不足，总结更具可行性的网络公关方案。

2. 评估结果对公职人员的激励作用

对于地方政府而言，其在网络环境下的危机公关不仅是面向当地群众的，更是面向社会公众的。若是单纯就某一个特定群体或某一具体危机公关案例进行评估，就会有样本数量太少的局限性。若能够从整体上观察地方政府在网络环境下的危机公关成效，就不难看出地方政府危机公关的实际水平。

不仅如此，地方政府在网络环境下的危机公关实效，既关乎地方政府的公共利益又与地方政府公共形象及公共管理工作策略有着深刻联系。通常情况下，地方政府包括领导者在内的公务人员很难将视野上升到一个整体高度来了解危机公关工作，通过评估工作，公务人员就能够比较准确地感知到网络环境下危机公关的实际效果与水平。

与此同时，对地方政府在网络环境下的危机公关成效进行评估，具有一定的激励作用。这项工作使地方政府公务人员意识到自身的工作将接受公众及评估机制的审视，促使公务人员更努力地提升自身公关水平。对于地方政府决策层而言，评估工作的重要作用是，让决策层能够在阅读评估报告的过程中，直观了解地方政府在网络环境下的危机公关的效果与存在的缺陷，使决策层重视网络环境下的危机公关。

二、网络环境下地方政府危机公关评估的内容

政府危机公关评估内容是按照既定的标准，通过系统方法，评估政府危机公关的各个环节，并制定评估报告。按照政府危机公关的进程，评估内容可以分为政府危机公关状况评估与政府危机公关的效果评估两部分。

1. 地方政府危机公关状况评估

（1）应对危机速度的评估

急难险重是危机事件最突出的特点，往往对公众生命财产安全构成巨大威胁。换言之，地方政府必须有能力在危机出现前或爆发后最短时间内做出正确的决策、调动资源开展对危机的信息调查与研究，了解危机爆发的原因、危机的发展走向等。唯有如此，地方政府才有可能迅速把握公关要点，减少危机可能带来的负面影响。

这一阶段，对地方政府网络环境下的危机公关评估主要集中在：

首先，通过危机风险信息预判危机爆发或爆发后发展走向的能力。是否能够在较短的时间内判断出危机风险的存在，及时开展网络环境下危机公关工作。其次，地方政府在危机爆发后，综合各方信息制订危机公关方案和做出危机决策的速度。对于地方政府在网络环境下的危机公关，唯有在最短时间内设计出多个可选公关方案并做出决策，才能够迅速实施危机公关。

（2）地方政府处置危机的评估

地方政府在网络环境下的危机公关是一项整体性工作，与不同的职能部门相关，危机涉及面越广泛，牵扯到的地方政府部门就越多。作为信息资源最丰富的基层行政机关，地方政府是网络环境下危机公关工作的主导主体，更应该做好各机构、人员配置以及物资调配，凝聚力量共抗危机。网络环境下的危机公关工作，是对地方政府综合工作能力的考验。

首先是对物资配置调节的要求。危机往往出人意料，地方政府需要迅速调整各方面的物资配置。其次是信息发布及时更新的要求。危机事态发展迅速，险情不断变化，地方政府必须具备在网络环境下信息证实、整合及时发布的能力，以便控制舆情。再次是组织与决断的要求。体现在地方政府是否能够在危机事态下及时做出正确决策、制订多个可供选择可行性方案。最后是协调合作的要求。主要考验地方政府在应对网络环境下危机公关的能力，是否有能力调配好各职能部门工作的能力、是否有有效组织社会力量参与网络环境下危机公关工作的能力。

（3）地方政府信息水平的评估

对于地方政府而言，网络环境下的危机公关是从信息工作开始的。从情报角度来看，不管是对职能部门、社会力量的组织协调，还是实践决策，事实上都是对危机信息的整理与使用。改善危机信息的处理与研究、传播能力，是地方政府网络环境下危机公关评估的重要项目。具体评估内容有：首先是收集的信息是否真实。信息的真实性，不仅影响地方政府危机决策的科学性、准确性，还影响地方政府危机公关的效果。失真信息不仅无法让地方政府在网络上争取到主动权，还会伤害地方政府的公信力。其次是信息的翔实程度。含糊不清的信息同样无法赢得公众的信任，只有翔实、清晰的信息，才能够争取公众对地方政府的信任，满足公众的知情需求。最后是信息传播的畅通性。地方政府是否能够通过微博、微信和门户网站等互联网新媒体及时对外发布信息，决定了地方政府在网络环境下的信息沟通能力。只有足够畅通的信息传播，才能避免因时效性等造成信息失真，使公众能够从地方政府获得最新、最权威的信息。

（4）地方政府权力行使的评估

危机事态下，完全参照常规的行政程序开展公共关系工作并不能够满足地方政府的实际需求，尤其是网络环境下的危机公关工作，更需要特事特办、灵活变通。当然，这并不意味着地方政府开展危机公关工作过程中可以无视法律法规与行政制度、党性原则。特事特办的尺度到哪里？边界在哪里？需要通过合法性评估来判断。该项评估的主要内容有：根据职能部门的行政层级、职能范围，评估其在危机公关实践中是否存在越位或违法问题？

2. 对网络环境下地方政府危机公关的效果评估

对地方政府网络环境下危机公关情况的评估，主要是对其实践状况进行研究。对效果的评估，是指研究者对地方政府在网络环境下的危机公关活动完成情况，按照一定的指标对其进行研究和评判。地方政府在网络环境下开展危机公关的目标为：一是减少危机带来的负面影响，二是在网络中树立政府的良好形象，初衷与最终目的都是为了实现公共价值、避免公共价值受损。所以，在对地方政府网络环境下的危机公关进行评估时，需要围绕公众展开工作，以公众满意度作为主要指标。首先是公众对地方政府的信任程度，是否展现了地方政府的公信力。其次是公众的知情情况，地方政府是否真正遵循了“为人民服务”的公仆原则，是否真正尊重了公众的知情权力。最后是公众的危机意识。地方政府对公众的危机宣传教育是否到位，是否让公众具备了最基本的危机应对与自救能力。

三、网络环境下地方政府危机公关的评估原则

1. 科学性

评估要根据既定的标准来进行，符合现实情况，一切从实际出发。政府危机公关评估是在掌握、分析公众意见和观点的基础上，了解社会各界人士的想法，因此，被调查的公众要具有代表性。评估过程中，要加强监督管理，防止出现较大的失误。定量研究与定性研究是确保评估结果科学合理的保障，下面就评估方法进行进一步研究与论述。

（1）真实性

政府开展危机公关调查是为了全面、准确地把握政府危机公关的成效。对此，调查者在调查过程要坚持以真实性作为基本原则。首先，调查者要保持中立，客观地看待调查工作，实事求是，不可遮掩或瞒报事实。其次，调查者要理智、认真地看待评估工作，正确对待被调查者所表述的意见。将被调查者对政府的评价与被调查者的期望和愿望正确区分开来，再结合收集到的材料，得出较为合理性的调查结果。最后，调查者要具有高度责任意识与严谨的工作作风，纠正官僚主义懒政轻民的价值错位，时刻保持实事求是的优良作风。

（2）时效性

调查应立即进行，在短时间之内掌握被调查者的意见与观点；若拖延太久，获取的资料真实性会降低。网络时代，政府部门要跟上时代发展步伐，要具有及时、准确把握信息的能力。快速做出反应，从而获得公众的认可与支持，提高政府公信力。政府部门开展危机公关调查要坚持以时效性为基本原则，强化时效观念，满足社会不断变化发展的要求。

（3）整体性

评估地方政府网络环境下危机公关，需要评估者脚踏实地按照既定的调查方向，有意识、有针对性、整体采集地方政府的相关活动信息，多视角、多方面了解各方对地方政府网络环境下危机公关的观感，把握好调查重心。调查人员开展工作时，需要努力避免信息失真，使材料能够切实反映现实。

首先，调查对象应该涵盖社会各阶层、产业领域、各年龄阶段和各教育层次公民。其次，调查资料不能顾此失彼，不能仅集中公众对地方政府正面褒奖方面，要切实了解公众对地方政府的意见与建议，了解其在网络环境下危机公关工作的不足之处。既要注重调查大部分人的意见，又要重视少数群体意见，把握好不同意见者之间的情绪。

（4）公正性

对地方政府网络环境下的危机公关进行评估，相关工作人员必须没有参与过危机公关实践或策划，确保评估独立于公关工作。如果由曾经参与过地方政府网络环境下危机公关工作的公职人员进行评估，“既当裁判又当运动员”，最终结果必然不会客观。所以，在人员构成上，要重视评估人员是否曾经参与过相关公关工作。事实上，如果地方政府可以将网络环境下危机公关评估交由与政府部门没有直接利益关系的第三方机构，将会得到更独立、客观、科学和真实的评估结果，地方政府不应对第三方评估工作加以干涉。

2. 可操作性

评估标准的制定要符合可操作性原则。政府危机公关评估标准繁杂、可行性低，必然会加大评估工作的难度，阻碍评估的有效、正常进行。

（1）可量化性

之所以要对地方政府网络环境下危机公关工作进行评估，就是为了对地方政府的工作实践进行评价。可量化性对地方政府网络环境下危机公关评估而言非常重要。为了确保评估的可量化性，负责评估的工作人员要设计契合评估目标的评估方案，并选出最好的计量方式。设计评估方案过程中，要坚持下列几个原则：以方便评估实践为标准，以方便计量度测为标准。对于数字化的量化指标而言，可量化性更高，特殊情况也可以采取专家评估的方式；定性指标则需要在理解基础上进行判断，可量化性逊于量化指标。

（2）经济性

对地方政府网络环境下的危机公关进行评估，是公共部门的行政实践，同样需要注意节约人力、物力、财力及其他资源，力求以最少的资源消耗，收获最丰富的评估数据与准确的评估结论。

在评估网络环境下地方政府危机公关时，必须有规范化的工作流程，确保评估活动始终以评估目标为核心，提高评估效率。就当前现状，对地方政府网络环境下的危机公关评估流程主要有四个环节：明确评估对象、设计评估指标系、优选评估手段和开展评估并总结。

四、网络环境下地方政府危机公关的评估主体

1. 公共部门

地方政府可以成为网络环境下危机公关的评估主体。鉴于地方政府本身就是危机公关主体，信息采集节点少、基本不会失真且能够准确把握当前地方政府网络环境下危机公关的不足，评估结果对地方政府今后网络环境下危机公关工作最具实际参考价值。但地方政府作为评估主体时，受限于组织自利性，很难主动从社会公共利益出发开展评估。以公共利益作为评估出发点是保证评估客观公正的前提条件。正因如此，地方政府作为评估主体，较难提出有实际意义的创新意见。

2. 社会公众

对于网络环境下地方政府的危机公关来说，公众是非常关键的评估主体。对于网络环境下的地方政府来说，开展危机公关评估时需要找到需要重点关注的公众群体，确保评估的准确性。在多元主体共同参与的危机公关评估中，各主体的权重比例分配是否科学是评估成败的一个重要因素。按照公众与地方政府网络环境下危机公关的相关性，地方政府应把参与评估的公众分成：与危机直接关联的群体、受危机影响群体及网民等外部群体。

(1) 受害者群体

危机受害者是核心主体，即与政府危机公关部门及部门人员有直接接触，并亲身经历危机事件的个体。对于核心主体参与政府危机公关评估，要注重考虑两个内容：一是正确判断核心主体感性与理性上的差异。二是正确看待核心主体的评价，由于核心主体是亲身经历危机事件，在物质精神上受到严重创伤，由此会影响他们对政府的满意度，其给出的意见难免缺乏客观性。

(2) 受害风险群体

一些虽没有与政府直接接触的公众，由于危机事件的爆发，意识到危机可能会危害其利益，因而对危机相关信息相当注度，掌握的信息会比其他人多。因为这类人没有直接参与政府危机公关工作，没有亲身经历危机事件，仅以“旁观者”的身份看待政府危机公关。其建议与评价较为客观合理，对政府危机公关政策的制定具有重要的意义。

(3) 网络用户群体

公众成为评估主体，最突出的优势在于直观性。公众尤其是网络用户，是地方政府网络环境下危机公关的主要对象。他们可以直接对地方政府的危机公关措施发表意见，表达观感。但公众的主观性与不理智性是其作为地方政府网络环境

下危机公关的评估主体的缺陷。不仅如此，公众对地方政府部门的内部运作了解有限，对网络环境下地方政府危机公关过程中部门之间的协调评估是不利的。

3. 第三方专业机构

第三方，即独立于政府与社会组织之外的组织，包括科研机构、高等院校等评估主体。这类型评估主体能够逾越政府部门利益，不带感情色彩，做出的评价较为客观合理；但是他们的信息获取渠道狭窄，信息获取量较少，难以从整体上掌握政府内部信息，在信息匮乏的情况下所做出的评价难免失真。

五、设计评估指标体系

1. 设计评估指标体系的基本原则

评估标准是政府开展危机公关的标尺。通常而言，政府危机公关的评估标准主要包括效率与效果，具体为：

（1）高效性

地方政府网络环境下的公关效率评估，从评估负责危机公关的职能部门与公职人员开始。主要评估方向是其在一个时间区间内实现了多大程度的公关目标，重点突出时间区间与公关效果之间的关系。具体而言，对地方政府网络环境下的公关效率评估，分为工作效率、信息效率与经济效益三大板块。首先是工作效率评估指标，体现为负责危机公关的公职人员工作过程中展现出来的风气和积极性，部门领导在公关决策上的实效等。其次是信息效率，评估地方政府公关职能部门是否能够通过信息有效协调各方力量、信息的收集与处理是否及时、信息是否具有较高价值及地方政府在危机公关过程中对网络平台的运用情况及实际效果。最后是经济效益，评估职能部门消耗的各类资源是否能够与收到的公关效果相匹配，或者能否通过相对低廉的方式获得较可观的公关效果等。

（2）实效性

公众的反映与回馈既是检验政府危机公关效果高低的重要标准，又是评判政府危机公关工作成效的最终指标。因此，可从公众对政府危机公关的评价、反应等方面进行分析。

2. 设计评估指标体系的实践理念

指标体系，是以概念与指标为主要内容，并具有一定功能的体系，指标体系不是独立于其他机制而存在。政府危机公关评估，通常是在各部门、各类别之间开展，并在部门之间进行比较分析。对此，制定指标体系过程中，不仅要对不同类别部门的可比性进行分析，还要考虑各类别部门之间的不同点。

政府危机公关评估的指标体系要符合四个条件：一是要以公众为核心，具有较强的可行性，拥有坚实的技术保障；二是要具备较高的灵活度，可操性、可对比性、系统性较强；三是要具有全面性，以提高服务水平与公众信任为根本方向；四是要在现有危机公关材料的基础上进行，参考国际标准，统筹协调，具有前瞻性与时效性。

3. 设计评估指标体系的具体内容

应通过什么标准对地方政府网络环境下的危机公关进行评估，已经成为地方政府各部门都需要面对的重大课题。如果标准不明确，就无法进行评估。唯有在科学合理的评估标准下，才能够对地方政府网络环境下的危机公关进行客观、公正评估，才能够发现地方政府具体实践中存在的问题并加以完善。就目前情况来看，比较科学的标准项有反应速度、调查评估、危机决策、资源配置、媒介管理、处理效果六项。

（1）反应速度指标

地方政府网络环境下的危机反应速度，对其危机公关的最终成效有着关键性影响。反应速度分为两个部分：首先是地方政府对危机受害者与潜在受害者的反应，也就是在危机爆发后能否通过微博和微信等新媒体平台告知潜在受害者可能遭遇损失，同时通过微博和微信回应受害者的疑问；其次是地方政府对危机本身的反应，即地方政府在危机爆发后能否迅速做出正确处置等。反应速度是对地方政府危机发生后的反应及时性量化的指标，标准具体为：

*90~100分：能够在最短时间内抵达危机事发地并做出相对处置；通过新闻发言人、新媒体平台第一时间向公众公布危机事态及相关信息，告知潜在受害者可能遭遇损失；同时通过微博和微信等新媒体回应受害者的疑惑，能够利用网络平台开展舆论导向工作。

*70~89分：能够在最短时间内抵达危机事发地并做出处置，但仅仅采用了新闻发言人制度进行一般性回应，忽略了网络平台回应。

*60~69分：反应速度不及社会组织及公众自发组织的自救，对外回应速度太慢。

*0~59分：反应速度不及社会组织及公众自发组织的自救，且没有对外做出任何回应。

（2）调查评估指标

地方政府要在网络环境下开展好危机公关工作，就必须以掌握准确、全面和充足的信息为支撑，而这些信息资源需要通过调查评估获得。对于危机公关而言，调查评估工作与其他危机应对工作是同步开展的。调查评估工作的成效决定了地方政府的决策是否有充分的信息支撑。调查评估的标准，指在危机爆发时，负责调查评估的机构是否能够准确对危机的影响范围、深度、造成的损失和公众观感等方面的信息进行收集、整理并向决策者传达的能力。标准具体为：

*90~100分：可以在短时间内启动对危机信息的调研工作；新闻发言人以

及网络宣传部门可以随时与调查评估部门取得联系，将调查情况第一时间对外发布。

＊80～89分：可以在短时间内启动对危机信息的调研工作，但无论是新闻发言人还是网络宣传部门都无法及时获得第一手调查信息，对外发布工作较为被动。

＊70～79分：调研工作虽然不慢，但也远称不上短时间内展开。

＊60～69分：调研工作比较缓慢。

＊0～59分：没有启动调研工作。

（3）危机决策指标

危机决策，可以体现在精神决策与程序规划决策两个方面。精神决策，指地方政府决策层及实践工作者针对危机意识建设危机公关工作理念的学习与灌输等精神层面的努力；而程序规划决策，是构建完整、全面、追求效率的危机公关程序。

网络环境下危机公关活动中，地方政府的公共形象很大程度上由新闻发言人与网络新媒体平台的认证ID所代表，这些公关主体若在最恰当的时机对外发布恰当的信息，就可以为地方政府赢得更宽松的舆论空间，为地方政府的危机公关提供更多处置方案。所以，危机决策对地方政府网络环境下的危机公关活动来说非常关键，充分、科学全面的危机决策，能够避免地方政府在危机发生后出现误判或延误战机。在评估指标上，危机决策是地方政府在危机爆发时，按照调研结果及备案所进行的准备，是一个用来衡量危机决策全面性、科学性、完整性及在危机公关过程中作用体现的指标。标准具体为：

＊90～100分：危机爆发后能够及时对地方政府公职人员进行正确的公关动员与教育；构建完整、科学的公关程序；新闻发言人与网络新媒体平台均有科学、有效、全面的信息发布计划。

＊80～89分：能够构建完整、科学的公关程序；新闻发言人或网络新媒体平台有科学、有效和全面的信息发布计划，没有做好对公职人员的动员与教育工作。

＊70～79分：在危机精神决策方面存在缺失，且危机公关程序、信息发布计划都存在一定的随意性。

＊60～69分：仅仅对危机公关程序做出了决策。

＊0～59分：没有对危机公关程序做出决策。

（4）资源配置指标

地方政府之所以要在网络环境下开展危机公关，就是要降低危机可能导致的损失。就危机公关而言，要降低危机可能导致的损失，主要有保护类与建设类两种方法。保护类方法，较为被动，以防御性姿态抵御危机；建设类方法，通过积极进取，主动避免危机可能对地方政府公共关系带来负面影响，在化解危机过程中寻找进一步改善自身公共关系的办法。

资源分配则是一个评估地方政府网络环境下危机公关对人力、物力协调的科学性、有效性指标，该指标的具体内容为：

＊90～100 分：能够避免危机过程中人力和物力损失；能够迅速调配危机公关所需的人力、物力和财力，并积极协调社会方面的资源参与危机公关工作，避免出现更大的负面影响。

＊80～89 分：能够避免危机中人力和物力损失；能够迅速调配危机公关所需的人力、物力和财力，但却没有充分调动社会方面的资源参与到危机公关当中，或是在不得已的情况下才协调社会资源的参与。

＊70～79 分：能够避免危机中人力和物力损失；能够迅速调配危机公关所需的人力、物力和财力，但整体而言缺乏协调性，容易出现顾此失彼的情况。

＊60～69 分：无论是人力、物力还是财力，都能够满足危机公关最低限度的需求。

＊0～59 分：各类资源配置不能满足危机公关最低限度的需求。

（5）媒介管理指标

作为信息传播的重要渠道，无论是新媒体还是传统媒体，都会对地方政府网络环境下的危机公关工作造成较大影响。若是媒体针对危机的负面消息进行过多传播，那么就会给危机公关带来阻碍；若是媒体针对危机进行较多正面宣传，就会减少阻碍。所以，地方政府在开展危机公关的过程当中，应时刻把握好传统媒体与网络新媒体平台这两个最重要的信息传播平台，按照媒体来调整危机公关的规划与落实。媒体管理指标的内涵比较丰富：

首先是议题设置，也就是应该通过什么方式利用新媒体与传统媒体的正面作用，抢占舆论高地；其次是信息引导，就是勇于通过媒体表达观感，避免新媒体与传统媒体抨击地方政府的不当言论；再次是信息处理，就是地方政府是否能够根据公众与新媒体、传统媒体的特点与需求来调整信息的内容，进而改善危机公关效果；最后是新闻发言人与新媒体平台的公关水准，两个媒体都在危机状态下代表着地方政府的公共形象，未经良好培训的新闻发言人与新媒体运营团队只会进一步加剧危机事态的严重性。新闻发言人与新媒体平台运营团队不仅需要有较强的专业水平，还应该具备较强的心理承受能力。作为一个指标，媒体管理是评价地方政府网络环境下危机公关过程中，利用与应对媒体的能力，其量化标准为：

＊90～100 分：与媒体或通过新媒体与公众建立了常态化良好互动关系；能

够通过传统媒体或新媒体对公共舆论产生影响；能够正确处理即将发布的信息；能够通过新闻发言人与新媒体平台展现地方政府的正面形象，提升地方政府在危机事态下的公共形象。

＊80～89 分：能够通过传统媒体或新媒体对公共舆论产生影响；能够正确处理即将发布的信息；能够通过新闻发言人与新媒体平台展现地方政府的正面形象，从而改善地方政府在危机事态下的公共形象，但没有与媒体或通过新媒体与公众建立常态化互动关系。

＊70～79 分：与媒体或新媒体平台关系一般。

＊60～69 分：与媒体或新媒体平台关系较差，难以对公共舆论与媒体报道产生影响。

＊0～59 分：与媒体或新媒体平台出现正面冲突，加剧了对立情绪。

（6）处理效果指标

某种意义上，危机的出现，对地方政府最大的损失，就是让公众对政府失去了应有的信任与依赖感。应该说，处理效果指标的内涵，就是针对受害者对地方政府的满意度、公众对地方政府的认可度的具体指标。因此，地方政府在公共危机出现，尤其是在特别重大的灾难性危机致使部分公众生命财产安全受损时，需要迅速并妥善地做出处置。譬如，若是应由地方政府承担责任的事故，地方政府应该第一时间对公众表达歉意，并积极与受害者及其亲属沟通，争取他们的原谅，同时在物质上给予适当补偿。

处理效果指标作为地方政府网络环境下开展危机公关效果指标，反映公众与危机受害者对地方政府的认可度，其标准具体为：

＊90～100 分：及时做出弥补反应；迅速修正自身存在的缺陷；低姿态、诚恳亲切；一定程度上弥补了受害者的损失，同时获得了受害者的原谅；公开面向社会各界道歉，争取了社会各界的理解与原谅。

＊80～89 分：获得了受害者的原谅；公开面向社会各界道歉，争取了社会各界的理解与原谅。

＊70～79 分：获得了受害者的原谅；但并没有与公众建立起良好的互动关系。

＊60～69 分：在法律层面妥善处置了危机，但公众并不完全认可这种处置方案。

＊0～59 分：既没有获得受害者的原谅，也没有得到公众的认可。

六、选择评估方法

为增强评估工作的可行性与合理性，政府危机公关部门及相关人员要按照各项评估内容选择不同的评估方法。

1. 问卷调查

问卷调查，是被调查者事先设计好的具有整体性、标准性的书面调查问卷，是收集数据的一种调查方式，也是一种最常见的信息调查方式。当然，虽然在设计上属于书面形式，但网络环境下也可以为电子调查问卷、手机调查问卷甚至是视频调查问卷等多种表现形式。

（1）网上问卷调查

网上问卷调查，是电子问卷调查的一种，因其以网络作为主要传播渠道而得名，是传统问卷调查在现代信息技术条件下衍生的新形态。根据调查具体方式，可以分为静态调查与动态调查。网络问卷调查耗费的资源少，且后期的数据处理非常便捷，但接受网络调查的群体构成复杂，结论代表性不强。

（2）电话问卷调查

电话问卷调查，顾名思义就是通过电话向受访人群提问预先设计好的问题，同时录入其回答内容的调查方法。这种调查方法成本稍高于网上调查，但能够通过侧面进行信息研究，一定程度上实现受访者的指向性。由于通话时长不能太久，所以调查的问题一般较少，得到的信息比较少。

（3）邮寄问卷调查

信件调查，是将设计好的调查问卷通过信件的方式派送给受访群体，由受访群体填写完成返回调查者的调查方式。信件调查的重点在于，必须确定一份对调查有实质性帮助且协助配合完成度较高的受访群体名单。地方政府在这类信息资源上颇有优势，所以可以将其作为网络环境下危机公关评估中权重较高的调查方式。

（4）面对面问卷调查

面谈调查，是一种走访式、面对面的调查方式。需当面通过交谈，向受访者提问，并由访问者进行记录。这种问卷调查方式具有访问完成度较高的优点，但在面对面状态下对访问者的能力要求非常高。并不是所有访问者都能够让受访者卸下防备，尤其是对于有关地方政府及公共危机这种较为敏感的访问主题，受访者的防备心远比其他调查要高。

2. 访谈法

访谈法，就是政府公关部门人员与公众之间进行深入沟通，了解公众诉求，掌握公关信息的调查方法。按访谈进度进行分类，可将访谈法分成结构性访谈、非结构性访谈与半结构访谈。

（1）结构性访谈

结构式访谈与面对面调查相似，因为整个访谈的流程是固定的，访问者向受访者提问次序是预先设定好的，同时需要受访者按照问题的要求（如只需要回答

“是”或“不是”）回答。这种调查方式最突出的特点就是避免了受访者个性化所带来的信息失真，可以比较准确地采集到课题研究的主体信息。这种访问需要调查主体具备突出的人力、物力和财力资源优势。

（2）非结构性访谈

非结构性访谈又称自由访谈。与结构式访谈的主要区别在于，非结构访谈没有固定的流程与预先设计好的问题，也不会要求受访者按照要求回答；随意性较强却能够根据受访者的个体特点灵活调整问题，信息丰富且能够卸下受访者的防备心。

（3）半结构访谈

半结构访谈，是结构性访谈与非结构性访谈相结合的访问方式，题目是预先设计好的，逻辑也比较严密，对访谈过程的要求高于非结构性访谈，但也给受访者一定的自我表达空间。半结构访谈可以保留结构性访谈的严谨却不死板，可以保留非结构性访谈的灵活性，优点比较突出。

3. 自我评估法

自我评估法，指组织领导人、参与公关策划施行的相关人员通过主观感受对公关活动进行评估。因为参与人员主观上的差异，这种方法得出的结论缺乏客观性，不同的人所获得的感受千差万别。

（1）组织评估法

组织评估法，指组织直接对公关工作情况进行评估。在组织的统筹协调下，除公关相关人员外，各部门人员要积极参与，保证评估结果的客观性与准确性。组织评估法较为简单，易操作，通用性强。

（2）组织活动记录法

组织活动记录法，即对公关活动的日常情况进行跟踪记录，特别是具有代表性与重要意义事情的记录。评估过程中，根据记录材料，选用合适的标准予以对比，获得评估结果。通过组织活动记录法记录活动内容，对公关评估具有重要的参考价值。

4. 公众评估法

公众评估法，即按照公众反响评估工作成效，可借助口头、电话等方式对既定的问题进行提问，并将公众的意见进行汇总、分析，得出评估结果。公众评估法是运用最广泛的评估方式，通过调查分析公众观点，得知公关工作对公众的影响。

5. 专家意见法

专家意见法，指邀请有关专家评估分析政府危机公关工作，通常是针对不易量化的公关要素开展定性评估。其中，德尔菲（Delphi）法普适性较强，其实施步骤为：第一，主持人制定好调查评估项目，确定评价标准。第二，邀请几名专业水平较高、经验丰富的专家。第三，专家就评估项目发表观点，并将意见匿名提交。若观点较为分散，就对意见进行汇总，再反馈给专家，请专家再次发表意见，直到专家观点一致，这个环节才算结束。第四，整合专家观点，作为对政府危机公关的评估结果。

6. 传播审计法

传播审计法，即利用大众传播媒介报道政府危机公关信息的统计情况，并对政府危机公关信息的传播情况与影响范围进行评估。

（1）定量分析

运用定量分析的评估方法准确得知公关活动报道情况与社会反响。主要从以下几个方面确认：一是政府危机公关的信息传播速度。单位时间内传播的信息量越大，所花费的时间就越短，传播效率就越高。二是从媒体报道的篇幅与次数上分析。媒体报道的版面越大，信息报道的次数越多，公众的关注度与社会影响力就越高。三是从公关信息的接收率上分析，在调查分析的基础上，了解关注政府危机公关信息的公众人数占总调查人数的比例。

（2）定性分析

可根据有关报道来获知政府危机公关成效。一是在报道时机上。是否能在危机发生的第一时间进行报道，报道的时间是否合理，与相关部门之间的配合程度，都是影响政府危机公关时机效果的重要因素。二是在媒体报道内容上。关于政府成就、工作情况等内容报道越多，在公众中引起的反响就越好，公众对政府的信任与归属感就越强。而报道方式是全面还是摘要，是重点或是一般，内容如何排版等，都会影响报道效果。三是在媒体层次性与重要性方面。发行量较大，公共形象较好的媒体对政府的正面报道，对增强政府公信力具有重要意义。

调查问卷与访谈法普适性较强，能全程运用于政府危机公关评估工作中；自我评估法、公众评估法、专家意见法和传播审计法各有利弊，开展危机公关评估过程中，对上述几种方法要根据实际需求进行选择。

七、得出评估结果

分析政府危机公关的总结报告获得评估结果。政府危机公关总结报告通常以文本的方式递交给最高管理层，是领导进行统筹协调、决策制定的参考依据；有助于危机公关人员与其他部门人员了解公众想法，改进公共服务，提高公众满意度。

政府危机公关总结报告的意义在于：一是有关政府部门在对危机公关进行总结分析的基础上，对危机公关应急方案进行完善，以提高工作效率；二是借鉴成功经验，总结不足，有针对性、目的性地开展工作，有助于提高危机公关人员的应急应对能力；三是汇总分析公众对政府的评价，作为改善政府决策的重要依据。

第四章　网络环境下地方政府危机公关与大众媒介的关系

对于网络环境下地方政府而言，虽然传统媒体仍然在危机公关中扮演着重要的角色。但本章所探讨的“大众媒介”并不仅局限于传统媒体，互联网新媒体在网络环境下同样属于“大众媒介”范畴。从地方政府角度出发，危机公关是一项需要根据危机发展阶段而调整的重要工作，作为危机信息传播的中心枢纽，大众媒介自然成为危机公关的重要平台。本章将对网络环境下危机公关与大众媒介的关系进行梳理，阐述网络环境下大众媒介的作用。对网络环境下地方政府危机公关运用大众媒体的具体情况、大众媒体在危机的不同阶段所扮演的角色进行深入研究，包括新闻发言人、政务微信和政务微博等危机事态下常被关注的大众媒介。

第一节　网络环境下地方政府危机公关中大众媒介的作用

在危机面前，媒体要不断强化自身社会责任意识，充当政府与公众的桥梁。及时将与危机有关的信息传达给政府与民众，疏导群众不良情绪，为政府开展危机救援工作创造良好的社会环境，同时要加强政府危机公关行为的舆论监督。

一、传统媒体的地位与作用

危机公关中，地方政府要加强与媒体的互动协作，充分发挥媒体在破除谣言、引导舆论上的重要作用，使媒体成为政府的传声筒，在政府与公众之间搭建良好的沟通桥梁。政府要及时了解公众诉求，并借助媒体对公众做出相应的回应；媒体则要将公众的诉求如实传达给政府，并将危机处理结果反馈给公众，从而增强公众对政府的信任感与满意度，维护政府的公共形象。要加强政府与媒体之间的合作交流，首先要明确政府与媒体在公共危机中的多样化关系，清晰界定媒体在其中的地位与作用：

1. 危机潜伏阶段，发挥信息传递功能

在危机潜伏阶段，媒体需要始终坚守新闻报道主体的职业道德底线，确保报道内容的真实性和客观性；在确保职业道德的前提下，媒体还应具备一定的危机意识，针对危机事态做好一定的专业训练，时刻有在危机事态下投入新闻报道工作、传递危机信息的心理准备。以平静而专业的姿态面对危机，以人文情怀去关注危机中的普通公众。在网络环境下，地方政府开展危机公关要把握住大众媒体并充分发挥其信息传递功能，才能够在整体上实现危机公关目标。同时，作为以公共价值为导向的社会组织，作为党和政府的喉舌，大众媒体及新闻工作者既不可能完全被地方政府所支配，也不可能站在地方政府的对立面。地方政府应该正视危机潜伏阶段大众媒体的信息传递活动，以包容、坦然的态度面对大众媒体，为其创造一个宽松、自由的环境。为地方政府的预警及前期应对留下操作空间，也为地方政府与大众媒体建立良好的交流、沟通联系创造条件。

2. 危机萌芽阶段，发挥预警和教育功能

危机萌芽阶段，地方政府网络环境下的危机公关需要大众媒体的帮助，某种程度上可以认为是网络环境下地方政府危机公关的一个次生主体。大众媒体具有强大的信息发布与舆论导向能力。虽然，来自社会公众的舆论并不具备法律效力，但可以通过舆论导向、设置议程与议题影响公众对具体事件的看法。就地方政府在网络环境下的危机公关而言，大众媒体应正确运用自身特殊属性，为公众与地方政府化解危机服务。这一点体现了地方政府与大众媒体在价值导向方面的一致性：公共利益。换言之，在网络环境下出现公共危机时，地方政府与大众媒体立场统一：迅速化解危机、恢复社会正常秩序。在这一前提下，地方政府要利用媒体的专业能力，收集大量信息排查危机隐患，将危机化解于未发生之前，或在危机发生前做好一定的应对准备与预警等。媒体应在社会责任驱使下，对公众传达权威信息，澄清不实信息，避免社会秩序因虚假信息陷入混乱，实现大众媒体的教育功能。

3. 危机的生成阶段，为政府公关提供“外脑”

危机爆发后，媒体成为地方政府开展危机公关的重要媒介与平台，是地方政府建立政民良性沟通联系的重要纽带。媒体作为社会公信力的集中表现，是公众收集信息最重要的渠道，受信任度非常高。媒体人员具备深厚的传播功底，积累了大量公共关系工作经验，可以为地方政府的公关工作、危机状况下的宣传要点、网络环境下的危机公关注意事项提供重要意见。不仅如此，其作用不仅局限于为政府提供有效建议，同时还能够为地方政府发布相关危机信息。通过媒体开展宣传，以客观真实的信息正本清源、不给网络环境下的谣言提供任何可乘之机。网络环境下，大众媒体虽然在信息传播上相对新媒体不再具备绝对优势，但凭借其已有的传播经验、媒体专业水平，能够有效配合地方政府的危机公关工作，并将危机公关工作的成效及时向地方政府反馈，以“外脑”的身份，帮助地方政府提升网络环境下危机公关成效。

4. 危机爆发阶段，发挥社会动员功能

危机爆发后，民众往往会陷入恐慌与无助当中。这种情况下，公众情绪如不能及时得到安抚疏导，就会导致危机事件的进一步恶化，破坏社会秩序。对此，要想有效处置公共危机，首先就要使民众及时、准确地获取危机的相关信息。危机信息的匮乏还会促使民众对政府产生不信任感，破坏政府公共形象。对此，政府要予以足够重视，联合媒体及时发布各种与危机相关的信息，充分保障民众的知情权，消除民众疑虑。媒体则要树立对社会、公众负责的正确观念，强化全局意识与责任意识，充分发挥自身在议题设置、舆论引导上的重要作用，引导公众客观、理智对待讨论与危机事件相关的各项议题，使传统媒体在公共危机处置中的社会动员功能得到全面发挥。传统媒体的社会动员功能主要包括以下三个方面：一是凝聚功能。传统媒体在信息传播上的高速度、大覆盖，加之危机所具有的集合效应，使其能够在短时间内汇聚社会各界的意见和观点，将民众力量快速凝聚起来，积极参与到公共危机的处置中来。二是缓释功能。公共危机不仅会危害到民众的生命财产安全，还会给公众心理造成或多或少的创伤。公共危机爆发后，民众往往会产生恐惧、无措和不安的心理，甚至在危机结束后也难消散，需要长时间的引导与修复。这种情况下，就需要传统媒体发挥舆论缓释功能。一方面为民众提供一个发泄、表达意见的公开平台；另一方面可以通过对事件的报道来重建公众的信息交流渠道。三是警醒功能。在和平、稳定时期，人们通常会懈怠，这往往成为危机滋生的土壤。媒体通过宣传危机相关知识提醒公众随时提高警惕，警醒政府部门做好危机预警与防范工作。

5. 危机相持阶段，发挥舆论监督功能

危机相持阶段，危机发展仍有持续性与反复性。对此，传统媒体要履行好信息发布与舆论监督的职责。公众因为受条件的制约，无法随时随地监督政府的行政行为。媒体作为联系政府与公众之间的媒介，就要扮演好监督者与信息传播者角色，对政府信息是否公开透明、实施措施是否科学合理、是否有悖于民众利益等方面加大监督力度。媒体为公众表达诉求提供了平台，社会组织与个人都可以借助这个平台提出自身的意见和观点，从而对政府决策产生影响。在公共危机处置过程中，如果媒体不发声，就会使事件处置陷入无人监督的境地，事件相关者或是推脱责任，或是利益受损，政府也可能草率处理，搪塞应付，致使公众的根本利益得不到切实保障。媒体的监督既有利于促进公共危机的有效处理，敦促政府进行深刻反思，总结危机的经验教训，对现有危机处置模式现行制度进行进一步调整。使政府重视安全预警系统、危机处理机制、新闻发言人制度等方面的建立健全，不断提高政府应对处置公共危机的能力。

公共危机处置工作的开展需要耗费大量资源，为保障各项资源的充分、合理利用，应构建系统、完善的监督机制，媒体是其中重要的监督力量。缺乏监督的权力是产生腐败的根源，只有促进政府政务信息公开，提高行政透明度，将政府置于媒体与公众的监督之下，才能从根本上遏制腐败的滋生。新闻媒体可利用自身对信息的敏感度，以及在信息收集、分析上的优势，通过信息传播与舆论监督方式，对歪风邪气进行监督，对其形成舆论压力，从而在一定程度上减少不正之风。

6. 危机衰弱和消亡阶段，发挥反思功能

随着危机妥善处置，重建工作开始启动。在这种形势下，传统媒体应对危机公关过程进行反思。促使政府总结经验教训，改善危机公关中问题，对危机公关相关机制和制度进一步调整与优化。

反思是推动人类文明进步的重要力量，对公共危机进行反思，能使政府不断改进工作，为公众提供更多优质的服务。其中，媒体应充当社会守望者角色，因其所具有的传播、影响功能，为社会反思提供畅通渠道。

政府在处置公共危机过程中，媒体通常都会进行跟踪性报道，有助于公众更全面地了解事件；要提醒政府对危机事件进行反思，在总结与思考中取得进步，进而制定相关防御措施，减少类似事件的发生。传统媒体的反思还能起到预警防御作用，媒体对危机处理信息的报道，对政府工作起到警醒作用，促使政府为今后的公关危机做出正确的决策判断。

总之，危机的产生具有突发性，但危机是能够预防的。危机的影响是双面性的，既会损害民众切身利益，破坏国家安全、社会秩序；但从发展的视角上来看，危机又会敦促地方政府发现问题、重视公关问题，积极探索化解公共危机的有效方法，促使政府重新审视自身的行为与管理模式，并对问题进行改正。危机爆发之后，地方政府要加强与传统媒体的合作互动，共同做好危机公关工作，及时将危机事件平息，维护政府公共形象。媒体则要明确自身的定位，认识到媒体既是危机公关的客体，又是促进政府危机公关有效开展工作的帮手。媒体要不断强化社会责任意识，保证政府信息畅通、有序传播；做好政府与公众之间的沟通桥梁，使公众的诉求得到政府的重视与回应，提高地方政府决策的科学性与客观性，帮助地方政府做好危机预测、防御与处置工作。

二、新媒体的地位与作用

政府要促进危机管理的有效开展，就要加强与媒体的协作互动，采用双向互动的交流模式，使媒体成为政府与公众之间联系的纽带。不仅有利于公众诉求的表达，还便于政府收集群众意见、掌握民情民意，推动社会和谐、政民友好关系的建立，降低公共危机的发生频率。政府要在公共危机爆发的第一时间发布真实、权威信息，给予媒体充分的自主权，充分发挥新媒体在引导社会舆论、破除不实信息上的重要作用。

1．确保危机中的公众知情权

政府要获得公众的信任支持，首先要确保公共信息的公开，提高政务信息的透明度，使公众知情权得到有效落实，充分实现公民的民主权利。尤其是在社会现代化不断发展、网络科技日新月异的背景下，公众知情权问题显得尤为突出。公共危机发生之后，由于危机所具有的不确定性、突发性与破坏性，严重破坏了社会秩序的稳定和谐，给公众生命财产安全带来了损害。对危机的片面认识，使公众难以理智、客观地看待危机，从而将矛头指向政府部门，将责任归咎于政府部门，引发对政府部门的不满。政府部门应在第一时间对外公开有关危机的真实信息，使公众了解危机的真相，从而有效地促进危机事件的解决。

在公众知情权的保障上，很多国家都制定了相关法律法规。比如，芬兰在1951年颁布《政府文件公开法》、美国在1966年颁布《信息自由法》、日本在1981年发布《情报公开权利宣言》等。[①] 保障信息公开透明、确保公众知情权是获得公众信任的有效方法，是化解公共危机、消除公众恐慌情绪、防范公共危机和维护社会安定的重要方式。2007年1月，我国颁布了《政府信息公开条例》[②]，从法律层面明确了信息公开原则，将政府信息公开纳入了社会主义民主政治建设的主要内容。

2．缓释地方政府的舆论压力

长期以来，传统媒体一直扮演引导社会舆论的重要角色。然而，传统媒体传播模式难以满足当前舆论发展要求，很难达到引导舆论、安抚民众情绪的目的。而新媒体的产生迎合了受众的要求，弥补了传统媒体在舆论引导上的不足，在缓释地方政府舆论压力和化解公共危机上的作用日益突出。

3．加强危机事态下对各方的监督

危机爆发之后，社会秩序遭到破坏，应充分发挥新媒体监督协调各利益主体关系的重要作用，从而促进公共危机的有效处置。新媒体能更好地扮演监督者的角色，在敦促政府重视危机预警、做好公共危机应对上发挥了重要作用。主要体现在以下几个方面：

一是新媒体对地方政府的舆论监督。危机管理中仍然存在贪污受贿、推卸责任、不作为的组织或个人。随着新媒体的产生与发展，新媒体具有的覆盖广、传播快、效率高的特征，使这类现象有所减少，为危机的有效处置提供了有利条

---

① 杨曙光．阳光是最好的防腐剂——奠定美国政务公开制度的三部法律［J］．中国改革，2006（3）：63－65．

② 国务院．政府信息公开条例［J］．工商行政管理，2007（8）：1．

件。媒体在社会中宣传责任道德事例，使民众更为理智、客观地看待公共危机，积极配合政府工作，为政府开展危机处置创建了良好的社会环境。新媒体对政府的舆论监督使政府重视对党员干部的监督管理，对公众诉求的积极回应，对政府公共形象的积极维护。

二是新媒体对个体行为的监督。新媒体对个人的舆论监督，主要表现为以传统价值观为标准对个体不良言行施加压力，对其形成约束，规范其行为，使之满足社会伦理价值体系的要求。当个人行为有悖于传统价值观，新媒体的监督行为，则会引导个体及时纠正不良行为。

三是新媒体对传统媒体的监督。公共危机发生时，新媒体所具有的即时性特征给传统媒体危机报道带来压力。以“报”来报道传统媒体“不报”的行为，新媒体对传统媒体的舆论监督，促使传统媒体在新闻报道中明确自身的立场。

4. 帮助地方政府重塑形象

一是能够提升地方政府公信力。地方政府获取公信力的一个重要手段就是信息公开。为此，地方政府必须构建与公众进行有效沟通的渠道。地方政府是危机事态下最权威的信息资源管理者，应高度关注社会舆论、引导舆情、发布危机相关信息来化解公共危机。对于网络环境下的地方政府危机公关来说，如果危机本身的信息公布不及时、危机处置不透明，就会为危机公关带来更大的次生危机风险，并阻碍危机处置。危机事态下，政府的信息处置能力在很大程度上影响着公众对地方政府的观感，这意味着地方政府的公信力与其危机事态下的信息工作能力有着紧密联系。所以，地方政府为了提升公信力，必须要在危机事态下迅速面向公众发布相关信息，并通过有效渠道来澄清谣言、引导舆论、稳定社会情绪，构建良好的政民沟通机制。

二是加强了地方政府的服务性。新媒体对公共危机的报道，促使地方政府加大对危机事件的重视力度，加强危机管理。在处置公共危机事件过程中，地方政府要逐步构建起突发性公共危机事件的应急反应体系，建立系统完善的危机预警与管理机制，将各部门工作置于制度化与体系化当中。当危机发生后，能够在第一时间组织协调好各个部门，做出快速、准确的判断，统筹安排统一行动，加强各部门之间的协调合作，促进公共危机的有效处置。政府开展危机管理的目的是降低危机损害程度，遏制危机的蔓延，保障公众的生命财产安全。在此过程中，地方政府构建危机识别体系与危机预警机制，便于及时获取与分析各类危机信息，并在信息分析、判断的基础上，对危机后果进行评估；从而发现潜在危机风险，做好危机的预警和防御工作，将危机损失降到最低。同时，在开展危机管理过程中，还能促使地方政府认识到民众基于政府管理的重要性，积极回应公众问题，及时解决公众诉求，为民众办实事，加快公共服务生产，为广大群众提供更加丰富、多样的公共服务。可见，新媒体的产生与发展，进一步提升了地方政府的服务意识，强化了地方政府的服务性。

三是要提高地方政府的责任意识。当今，全球化程度越来越高，社会政治形态逐渐转变，从最初的“管理”“管制”逐渐走向“治理”“善治”以及“服务”。广义上的治理，指全体社会成员（包括地方政府、公众等）共同负责公共事务管理，在以地方政府为主导的同时，企业与社会组织同样是公共治理的重要主体。管制、管理虽然是以公共利益作为价值取向，但其机制体制运作都是以公共部门的便利为目标设计的，整体结构是自上而下的全封闭式行政结构；在治理语境下，公共管理责任与公共决策义务不再全然压在地方政府身上，而地方政府虽是一线最具权威的治理主体，但需要通过协商、合作的方式来实现自身的公共管理目标。新媒体超越时空局限的特点，恰好能够为地方政府的协商、合作管理方式带来一个便捷、亲民的信息化交流平台。

第二节　网络环境下地方政府危机公关中大众媒介的角色

一、传统媒体的角色

本节主要对政府危机公关中大众媒介的特点、媒介的基本社会功能、媒介响应危机的方式，以及媒介的价值与作用进行论述，并在此基础上探索如何通过大众媒介化解危机。

1. 信息传播者

信息传播催生了媒体，所以媒体的天生使命就是传播信息。对于现代人而言，目前社会大环境处于什么状态、自身处于什么位置，都需要通过媒体信息来判断。对社会大环境及个体处境有严重影响的危机信息会得到公众的高度关注。

传统媒体能够在危机事态下迅速向公众提供准确的危机信息，这是大众媒介基础功能的体现。大众媒体对危机相关信息保持高度关注，以满足公众对危机事态下各类信息的需求，使公众可以通过信息判断自身处境，从而避免社会因恐慌情绪而陷入无序状态。

2. 危机预警者

根据美国政治学家哈罗德·拉斯韦尔的观点，媒体的公众传播能力还有一个非常重要的作用：守望相助。由于个体受资源、视野等限制，不可能做到全知全能，感知风险的能力较弱，范围较窄，察觉潜在危机风险的可能性不高。媒体作为以公众利益为价值导向、具备较强信息传播能力与高危机敏感度的社会主体，可以承担为社会公众觉察危机风险并预告公众的职责。对于媒体而言，一旦发现危机风险的存在或察觉到危机已经发生，应面向社会拉响警报器，使公众与地方政府可以及时关注这一情况，并针对危机状况做出反应，从而减少危机带来的负面影响。

3．危机监督者

监督地方政府对危机事态的处置、应对，是现代媒体的重要职责。要确保地方政府以正确方式迅速开展危机应对工作，媒体的监督必不可少，媒体的存在可以有效减少乃至避免地方政府在危机处置过程中的失职行为。同时，这种监督并不局限于公共部门，公众、企业和社会组织中若存在导致危机恶化或诱发次生危机的失当行为，媒体随时可以通过公开相关信息给其施加舆论压力，甚至使其付出经济、道德、法律层面的代价。在巨大舆论压力下，各方主体必将注重自身在危机中的行为，尽量避免失当行为。作为危机的监督者，媒体还会引导公众进行反思，探讨危机发生的原因，利用信息集中的平台优势，集思广益。

4．危机协调者与安抚者

公共危机的出现，事实上是一些社会问题和矛盾的集中表现。对于媒体而言，应帮助解决或疏导问题。按照社会结构论，在一个健康的社会中，各主体之间都是相辅相成的，所有的主体都会为了社会文明的存续与发展发挥作用。大众媒介既是其他主体之间信息传播、交流和沟通的重要平台，又是各主体得以联系的重要纽带之一。当危机出现时，大众媒体通过高强度的宣传与舆论引导工作，将社会各主体凝聚在一起，增强其在危机事态下规避风险、降低负面影响的能力。

公共危机不仅威胁公众的生命财产安全，还会造成巨大的社会精神层面影响。而危机事态下高度透明的信息传播在一定程度上缓解公众紧张情绪，避免因误解而产生冲突和矛盾。对于危机事态下的个体公民而言，畏惧、高度不信任感、缺乏安全感、拒绝与公共部门交流合作等，都是十分常见的负面情绪表现。大众媒体对危机的报道，客观上为公众提供了一个发泄负面情绪的出口，所以媒体也被称为“社会安全阀”。

二、新媒体的角色

1．信息放大镜和助推器

新媒体的产生与快速发展，加快与畅通了信息的传播，提高了信息传播效率，为公共危机信息传播搭建了有利的平台，但同时也加大了地方政府处理危机的难度。

首先，新媒体加快了危机信息的传播。一些学者将新媒体称为“5A”媒体，即 Any time、Any Where、Any Information、Any Media、Any One[①]，意为任何人都能够利用新媒体随时随地的，以任何一种媒介形式发布传播任何信息；通过新媒

① 赵子忠．新媒体是什么［J］．中华儿女，2014（21）：39－40．

体获取所需信息，实现信息的大范围共享，使信息的一次性传递升级为重复多次性传播。新媒体的发展，改变了传统媒体的一线性传播模式，转而以折返式方式传播；受众接受信息之后，对信息进行转发与评论，使更多人接受信息。越来越多的人参与信息的转发与讨论，使信息传播范围与影响力不断扩大。当不良信息与恶意评论参与进来时，就有可能将普通事件上升为危机事件。

其次，新媒体缩短了公共危机的潜伏周期，使危机的防御难度加大。新媒体的出现，使危机信息传播更加多样化和复杂化，网络信息传播路径广泛，信息之间共享互动更加便捷高效。人们可以低成本、高效率地实现信息的发布和共享，这是传统媒体无法比拟的优势。不同于传统媒体，新媒体只要完成撰稿，通过复制、粘贴就能够将信息传递到客户端，信息的传播更加方便、高效。然而新媒体加快信息传播的同时，也给危机的爆发埋下了隐患。不法分子利用新媒体散播谣言，迷惑群众，试图利用网络舆论与民众的恐慌情绪制造社会群体性事件，扰乱社会秩序。新媒体高效便捷的优势，为谣言的滋生与蔓延提供了肥沃的土壤。在媒体竞争日趋激烈的形势下，个别不良媒体为博得公众的关注，大肆报道各种负面新闻，影响社会的安定和谐。

最后，新媒体的大众、匿名、开放性易于不实信息的传播和蔓延。新媒体在发展的同时也助长了流言的传播路径，一旦流言得不到有效疏通与澄清，将会对政府公信力造成损害。

2. 化解危机的利器

新媒体具有高效、广泛和便捷等特点，要充分发挥新媒体的优势，对其合理利用，从而为危机管理提供服务。信息时代下，新媒体作为信息的传播者，具有以下三个方面的作用：

一是新媒体能促进政务信息公开，提高公共危机的处置效率。在处理公共危机过程中，地方政府要充分发挥新媒体的便捷性、广泛性、互动性和开放性等特征，利用网站、官方微博、官方微信和论坛等平台发布政令，掌握信息，加强与群众之间的交流联系，拓宽信息覆盖范围；实施有针对性的解决方案，简化危机处置程序，缩短处置时间，提高工作效率。与传统媒体相比，借助政府网站与官方微博等新媒体方式来公开危机信息，具有多方面优势，具体表现为：信息公开更具时效性，公众能够及时了解到最新信息，有利于消除公众的恐慌情绪；信息覆盖的广泛性，利用新媒体发布危机信息，能够实现全球性覆盖；信息获取的便捷性，公众只要上网便能获取危机信息，不受时间、空间的限制；信息的全面性，不受篇幅和数量的限制，公众可以获取完整的危机信息；信息的裂变性，对信息进行整合、提炼、汇聚之后，形成各种议题，实现信息的裂变。新媒体的多项优势决定其能在第一时间传达政府的危机信息与处置方案，从而起到安抚民心、消除社会恐慌的作用。

二是新媒体推动危机舆情处置制度的建立。舆情是指在某个社会环境下，公众就所发生的社会事件所持有的观点看法，简单地说，即为公众的社会政治态度。新媒体能够在短时间内实现对危机舆情的收集、整合。公众通过网络对信息进行讨论，表达看法；新媒体则能将公众观点整合、汇聚，为政府的决策制定提供参考，从而提高决策的科学性。政府在对危机舆情深入剖析之后，通过网络媒体开展危机预警，将危机消除在萌芽。地方政府要借助新媒体的议程设置来引导与疏通舆论，增强政府的公信力。上述工作的开展有力地促进政府危机舆情处理制度的构建与完善。

三是能够助力政府部门化解公共危机，甚至可以将危机转化为契机。新媒体是地方政府处置公共危机的重要力量。新媒体通过宣扬危机过程中与地方政府相关的各种正能量信息，化解危机带来的公共舆论压力，使政府部门获取公众更多的支持。另一方面，政府部门通过认真总结危机处置过程中的经验教训，引导公众正确认知地方政府行为，以此为契机整顿公共服务与管理。

第三节　网络环境下地方政府危机公关对大众媒介的运用

一、新闻发言人

（一）舆论领袖作用

美籍奥地利社会学家拉扎斯·菲尔德对舆论领袖的定义：“舆论领袖是人们所认识和信赖的人，往往跟他们有相同的社会地位，被认为具有某些专长和对某些问题见解深刻。”① 所以，舆论领袖在一个特定社会群体中既是信息源，也是舆论导向者。这些舆论领袖通过对群体的信息解读，转变个体乃至群体的认知与行为，其对群体的影响在某种程度上甚至大于一般的大众媒体。

新闻发言人是地方政府的代表，通过大众媒体对外发布信息，或直接与媒体就公共议题进行交流，有能力且很大程度上影响公众的观感。若新闻发言人具备较好的专业水平、较亲切的公众观感，公众就相信新闻发言人发布的信息，久而久之新闻发言人就成为一种舆论领袖，受众面很广。

危机事态下，公众需要了解危机相关信息，地方政府应该及时发布为公众接受、权威确定的信息凝聚社会各界共度时艰。不仅充分满足了公众对危机状况的知情需求，同时可以进一步提高地方政府的信息权威性。

---

① 付晓星．新媒体时代下的舆论领袖［J］．新闻传播，2013（5）：195．

（二）形象窗口作用

就制度上看，新闻发言人是地方政府危机公关的重要部分，体现为树立并维护政府的良好形象上。新闻发言人，展现的并不是其个人的观感，而是代表政府表明立场。危机事态下，新闻发言人的职责就是作为地方政府的代言人公布相关危机信息，展现政府在危机事态下的透明性、责任性，为地方政府树立良好的公共形象、引导公共舆论。

所以，新闻发言人在与公众打交道的时候，需要时刻谨记自己身份，并不仅仅是一名普通公职人员，而是代表政府。工作中要尽量发挥个人魅力，以理性的态度与灵活的头脑，以真诚的态度面对公众，要学会通过媒体树立政府形象，学会通过树立自身形象，提高政府公信力。

（三）发布危机信息

新闻发言人代表政府对外发布官方信息，具有一定的权威性。掌握相关危机信息后，新闻发言人要将各部门召集起来就危机事件进行商讨，分析可能发生的问题，研究舆论发展方向，并制定行之有效的应急预案。制定预案过程中，新闻发言人要联合各部门，加强各部门之间的沟通交流。制定预案要具有科学性、合理性与权威性，要明确参与部门，并清晰界定各部门及人员的职责范围，将各部门置于统一协调管理中；保障各部门工作的有序、顺利开展。在掌握完整信息并调查分析的基础上制订科学完善、高效合理的处理方案，有针对性、有效性地应对公共危机。

所制定的预案要包括危机事件处置的各个环节，涉及公共危机事前、事发、事中、事后，以及实施主体、处置方式、处置时间、资源选择与运用等方面的内容。要注重选择合适的时间召开各类型的新闻发布会，新闻发布要符合时效性原则。应急预案要重视对监测、预警、发布、引导与重建这几项内容的完善，要根据实际情况制订相应的应急方案，简化处置程序，提高公共危机的处置效率。

公共危机发生后，新闻发言人要在第一时间对外发布已掌握的危机信息，把握主动权，引导舆论朝正确的方向发展。一方面，新闻发言人要明确信息发布的方式，主要有新闻发布会、记者采访、书面或在线回复公众问题等形式。其中，新闻发布会是运用较多的方式，公众关注度较高。但新闻发布会的召开要依据信息重要程度、传播价值高低、形势是否紧迫等要素来决定。另一方面，收集与整理危机事件的相关资料并提供给媒体。不管运用何种信息公开方式，都要事先准备好文字或音频等材料，让媒体与公众能够更加准确、直观地了解公共危机的相关情况。

（四）协调媒体关系

新闻发言人在某些场会可以代表政府与媒体进行协调沟通。新闻发言人要时刻谨记代表政府，是政府的传声筒；而媒体是公众利益与诉求的传声筒，从另一个角度上来看，新闻发言人与媒体之间的沟通联系，实则为政府与公众间的交流。因此，为维护政府公共形象，新闻发言人与新媒体打交道时，要注重语气，端正态度；要加强与媒体之间的合作，与媒体建立良好的协作关系。

新闻发言人与媒体交流时，要注重把握三点：一是从媒体的角度思考问题，掌握媒体的诉求愿望，主动提供政府部门掌握的信息，包括政府针对危机事件采取的措施与立场态度，最大限度满足媒体的报道需求；二是在与媒体沟通过程中，新闻发言人要做到真诚以待，向媒体说明政府实施某项处置方案的原因与效果，以及危机应对过程中所面临的困难，获得媒体的理解与支持；三是积极引导媒体树立自觉参与危机事件处理的意识，将媒体培养成为政府的好帮手，帮助引导与疏通舆论，促进公共危机的解决。

二、政务微博

（一）基本概念

1. 定义

政务微博是各政府部门、机关单位及部门人员根据《公务员法》开通并经实名认证的微博，主要分为党政机构微博与党政干部微博两种。本书所探讨的政务微博，是指党政机关单位在新浪微博平台开通的，并具有新浪微博运营方实名认证的微博账户，即带“V”的微博用户。本书不探讨政府公职人员的个人微博账户。有关公共危机，个人微博仅代表个人观点看法，难以完整、真实地反映其所属政府部门的意见，缺乏权威性。

而选择新浪微博作为研究平台，主要是新浪微博相较于其他微博平台，在用户数量、影响力上具有较大优势。截至 2016 年 5 月，新浪微博月活跃用户达到 2. 61 亿人，日活跃用户最高达 1. 2 亿人。根据 2016 年 5 月的调查，新浪平台认证的政务微博数量高达 159 320 个，相较于 2015 年增加了 6 930 个，是拥有政务微博数量最多且最全的微博平台。[①] 新浪微博用户范围广、活跃度高，公众可以通过新浪微博获取与分享信息，使新浪微博成了舆论信息的集散地。新浪微博创新了公众获取信息、表达诉求的路径；特别是在公共危机发生之后，新浪微博成为危机信息发布的新渠道，是促进信息传播的强有力推手。

2. 政务微博的发展状况

从政务微博数量上分析，截至 2015 年 12 月底，新浪微博平台认证政务微博为 152 390 个，相较于 2014 年底增加了 22 287 个，同比增长了 85. 37%；其中包括 114 706 个政务机构官方微博，37 684 个公务人员微博。按照《人民日报》和

---

① 潘敬文. 微博月活跃用户增至 2. 61 亿 [N]. 信息时报，2016 - 05 - 16 (B08).

新浪微博联合发布的《2016 年上半年人民日报·政务指数微博影响力报告》[①] 显示，通过新浪平台认证的政务微博数量高达 159 320 个，与 2015 年相比增加了 6 930 个，增长率为 95. 65%。政务微博的增长率从 2015 年 85. 37% 到 2016 年上半年的 95. 65%，说明政务微博基于现代政府管理重要程度的不断提高，政务微博逐渐进入稳定的发展期，在促进政府政务公开，保障公众权利上的作用日益显著。

2014 年政务微博迎来了一个高速发展阶段，政务微博的数量与层级都获得了显著发展，这一点与党和政府的高度关注密不可分。2013 年，国务院办公厅下发了《关于进一步加强政府信息公开回应社会关切提升政府公信力的意见》[②]，该文件多次肯定了政务微博的作用，并要求下一阶段政务微博应将工作重点放在回应公众质疑、打击谣言上面。特别是 2013 年，国务院信息办又在新浪微博平台开通了官方微博“中国政府网”，起到了带头作用，为政务微博的进一步发展提供了良好的动力源泉。

从政务微博数量上分析，近年来政务微博数量不断增加，已成为政府发布政务信息的主要平台；但某些地方因为管理与制度方面的缺失，“僵尸微博”较为普遍，政务微博流于形式，没有发挥其实际作用。很多政务微博更新缓慢，或是单纯转发其他政府网站信息，原创较少，甚至不更新，政务微博的实际作用没有得到充分发挥。

从政务微博的分布来分析，经济发展程度、社会现代化水平较高的城市在运用政务微博上通常较好；级别上，县处级以下机构较多，其次是厅局级机构。从行业上看，不同行业运用政务微博的水平存在较大差距，公安系统政务微博运行水平较高，党委、交通与铁路系统亦可。总而言之，政务微博受地区、行业和经济水平等方面的影响，发展水平存在较大差异。

（二）政务微博的媒介作用

1. 更高效的信息公开

政务微博是实现政府政务信息公开的主要渠道。利用微博的时效性与便捷性，使政府信息得到即时公开，方便公众。政府部门通过政务微博发布信息，使政务信息更加简单明了，便于公众直观、清楚地了解。进一步拓宽了政府的舆论空间，为政府信息发布与传播开辟了便捷、高效的新路径，有利于推动政府政务公开，提高工作透明度，增强公众对政府的信任与支持。

---

① 2016 年上半年人民日报·政务指数微博影响力报告［EB/OL］. 新浪微博. http：//m. weibo. cn/app/14607717036730181.

② 国务院办公厅. 国务院办公厅关于进一步加强政府信息公开回应社会关切提升政府公信力的意见［R］. 国办发〔2013〕100 号.

2. 更大范围的舆论引导

政务微博是地方政府引导和疏通舆论的有效手段。当前，我国正值社会转型时期，各种矛盾凸显。而政务微博所具有的裂变性，使信息能在短时间内迅速汇聚、传播，易于将各方力量凝聚在一起，体现了微博的超强动员能力。微博平台上，一条评论、一件事情经过多人转发、讨论，便会快速发酵，引发更多人参与。微博汇聚了不同利益群体的观点看法，是各类信息的集散地。政府部门可以通过政务微博了解公众想法，掌握舆情信息，从而有针对性地处理各种问题矛盾。在处理公共危机过程中，政务微博是政府部门疏通舆论的有力武器，政府部门可以利用政务微博公布危机信息，消除公众恐慌与不安，披露事实真相，及时将谣言扼杀在摇篮，并引导舆论朝积极、正面的方向发展，从而起到化解舆论危机的目的。

3. 更深入的政民互动

政务微博的开通为政府与公众间的沟通对话搭建了开放便捷的平台，拉近了政民距离，有利于建立和谐的政民关系。微博自由性、平等性与匿名性等特征，使微博快速成为公众发表意见观点的重要平台。微博时代，公众获取信息的方式日趋多样化，不再被动等待政府信息，而是积极主动地参与社会话题讨论。通过微博搜索了解更多时事信息，与其他网民分享交流，实现平等对话。政务微博的开通则为政府与公众搭建了平等的对话平台，政府可以借助政务微博发布政务信息，民众则可以发表自身观点。政府可以获得公众的意见，了解公众的利益诉求，为政府方针政策制定提供有效的参考依据，提高公众满意度，为政策的顺利实施创造了有利环境。

4. 更强的服务能力

政务微博是政府积极探索新型公共服务模式的集中体现，而公共服务是政府的主要职能。利用政务微博开展公共服务，就要求政府要增强政务信息的公开性，关注民生，加强对公众基本利益的维护与保障。与此同时，政府还要强化信息发布、微博办事和微博民生等板块的功能，不断创新服务模式。根据行政区域、各部门情况对政务微博进行分类，利于公众按照自身需要，点击相应的板块进行咨询，从而为公众提供更加便捷、丰富的公共服务。

各地方政府围绕政务微博，联合各部门建立了信息发布平台。政府各部门资源在政务微博的协调整合之下得到充分、合理地运用，将政府网站、微博等联系起来，有利于危机时统筹与管理，各部门协作交流的契合度将得到不断提高。公众只需要进入一个网站，便能搜索到各部门信息，实现一站式了解，简化了搜索程序，很大程度上便捷了广大人民群众。这种管理模式还能避免信息重复的问题，提高了各部门的工作效率，减少了行政开支。总之，政务微博的开通与运用使政府的公共服务能力得到了进一步增强。

（三）政务微博的优势

1. 导向危机信息传播

政务微博的管理者是党政机关，在信息发布上具有较高的权威性。政务微博是党政机关的传声筒、代言人，信息传播更真实、全面和可信。尤其是在公共危机处置过程中，网络信息较为复杂，局势较为混乱，各种信息交错传播；而政务微博如能及时发布权威、准确的信息，便能有效粉碎谣言，平息混乱，安抚公众情绪，对危机信息传播具有导向作用。

多元化是政务微博信息发布的主要特征，具体而言，政务微博的危机信息传播特征主要有：第一，关于危机事件的相关信息有利于缓解群众的负面情绪，从而有利于维护社会安定。政务微博对外发布危机的真相、受灾情况、受灾人数、危机处置情况、危机发生原因和危机事件处置主体等内容，使公众能及时了解相关信息，从而达到缓解公众情绪、维护社会安定的目的。第二，危机处理的信息包括政府的态度、实施的处置方案、取得的效果和思考及总结等，媒体与公众往往按照政府危机处置态度、效果等来评价政府，而这些内容有效传播通常会决定危机信息传播效果。第三，微博有关危机的指导性信息，是政府引导人们正确应对危机，从而有效遏制危机的蔓延，减少危机的损失的有效措施。对于处于混乱、恐惧中的公众而言，这类信息是有效的，是政府关爱民生、关心民众的集中体现，有利于改善提高政府的公共形象。

2. 危机信息内容监测

微博的出现，使公众可以便捷有效地参与到公共舆论的讨论中；通过对公共事件发表看法，表达自身及所在群体的利益诉求；通过舆论督促地方政府等。政务微博应随时把握微博平台的舆情状况，对公众提出的意见、建议及诉求及时做出回应；将相关信息进行收集、整理上传至舆情分析部门。舆情分析部门即可以迅速研究信息背后的危机风险，并报告传达给决策层，从而让地方政府从心理到实际处置上都做好准备。

与此同时，政务微博还能够发挥地方政府各部门之间、地方政府部门与其他社会主体之间的协调作用。很多情况下危机事件处置涉及多个部门，各部门间政务微博有关危机事件信息发布不可相互矛盾，在危机处置实践过程中亦要避免冲突，这要求政务微博要发挥其作为政务子系统具备的良好对外关联性特点。在危机发生时协调好地方政府部门间、地方政府部门与其他社会主体间的危机应对活动。

3. 危机舆论引导

危机事件发生后，政务微博的主要作用转变为信息发布。一方面，政务微博的信息发布为公众提供较为完整、真实的信息，最大限度满足公众对危机信息的需求。危机爆发之后，各种信息迅速在网络上传播，媒体与公众对危机事件关注度提高，迫切希望获取更多关于危机的真实信息。在这种情况下，政务微博要代表政府站出来发声，发布权威信息，缓解社会紧张气氛，引导舆论朝正面发展。

另一方面，政务微博及时发布权威信息是遏制谣言、化解危机的有效方式。微博在信息传播上的便捷性、高效性与裂变性，方便公众获取信息的同时，也为危机信息迅速蔓延提供了土壤。一些不法分子为达到某种目的，利用微博在网络上传播各种谣言信息，夸大危机事件的严重性，使公众产生恐惧、不安情绪，扰乱社会秩序。政务微博信息最为集中权威，在危机事件发生的第一时间，政务微博要及时公布相关信息，消除公众恐慌。政务微博的发展，进一步增强了危机信息的透明度；微博管理者务必向媒体与公众提供准确、可靠信息，把握舆论主动权，促进危机事件的顺利解决。

要充分发挥政务微博的舆论引导功能。社会舆论在危机信息传播中具有重要作用，是公众态度与观点的集中体现。一旦社会舆论被歪曲、误解就会对政府危机管理产生极其负面的影响；反之则有利于提升政府的危机管理水平。因而，通过合理有效的措施来引导疏通社会舆论，是政务微博的主要职责之一。

政务微博主要通过传播内容与形式实现舆论引导。因而传播内容要体现亲民、真诚、关爱，及时反馈公众意见，注重和公众的互动沟通。针对公众的诉求要在第一时间回复，并加强与民间组织的协作交流。在传播形式上要注重信息的真实性，注重与公众沟通的方式方法。只有这样，才能有效缓解公众的紧张情绪，引导舆论向积极的方向发展，从而使公众从内心支持与拥护政府。

总而言之，政务微博对社会舆论的及时、正确引导有利于促进危机的有效化解。政务微博的舆论引导是一针强心剂，有助于缓解公众的恐慌心理；加强公众对危机的认识与了解，为政府开展公共危机管理奠定广泛的群众基础。政务微博及时、有效的舆论引导是维护社会安定和谐的保障，舆论稳定是维持社会稳定的重要因素。政务微博在进行舆论引导过程中，要不断加深公众对公共危机的认识，如此才能使公众在危机发生之后能从容应对，从而为消除危机舆论压力，安抚公众情绪，开展危机处置创建良好的社会环境。

4．总结危机处置经验

在危机处置的后期阶段，危机事件产生的负面影响逐渐减弱，社会生产、公众生活逐渐恢复正常。这时候，政务微博传播的主要内容转变为善后工作。

一方面，政务微博要做针对危机的反省与总结，做好危机应对经验总结工作。对取得的经验进行总结整理，对失败教训及时反省纠正，利用政务微博，增强公众对公共危机相关知识的认识，从整体上提升公众的危机应对素养。

另一方面，政务微博要做好政务形象的维护建设工作。危机处置过程中，面对多样繁杂的工作，信息发布与决策实施等方面难免存在问题。在重建阶段，政务微博重中之重是提升政府形象，开展“微访谈”等危机公关活动，了解公众的想法诉求，与公众实时互动交流，拉近公众与政府之间的距离。

三、政务微信

2015 年 4 月 22 日，腾讯的研究团队与运营团队发布了《“互联网 +”微信政务民生白皮书》，宣布我国政务微信的数量突破四万大关，而省级与地市级政府部门又是开通政务微信频率最高的政府层级。① 在社会转型阶段，各社会深层矛盾逐渐浮出水面，加上国外反华势力的蓄意歪曲，公共危机事件时有发生，对社会和谐稳定造成了较大的影响。政务微信让政府在危机事态下有了一个现代化、低成本、极具影响力的信息发布渠道，对于新媒体环境下的地方政府危机公关而言是非常重要的。因为政府威信通过新媒体平台更能够引导舆论、稳定社会情绪和提高地方政府公信力。

（一）政务微信的概念

1. 定义

政务微信具有信息集散、交流、办公等功能，包括服务号与订阅号两种。政务微信的产生与发展，使政府有了实现政务公开的新型平台，有了加强政民交流互动的创新路径，通过信息发布、查询、回复等功能实现政府部门之间的信息共享和政策传达。近年来，党政机构开始重视对“公众号 + 微信支付”服务模式的运用，公众可以借助政务微信办理社保、民政、就业和教育等民生政务服务，极大地方便了广大人民群众。政府部门可借助政务微信平台建立数据化服务体系，全面提升政府工作与服务水平，公众对政府的信任感。

广义上（非严格意义上）的政务微信群，建立者为党政机关单位，一般是用于公务交流的微信群；是沟通工作信息、协调工作任务、分享工作经验、报告工作进度并共同做出决策的党政机关内部信息平台；是党政机关工作人员相互学习、相互提高促进的新媒体平台。从这一点来看，政务微信群的成员必须是各级党政机关工作者，如海南三亚的“天涯工作群”，② 就是当地最有代表性的政务微信群，其成员不仅包括公检法机关负责人，还包括三亚市各个城区的党政机关一把手。同时，也有党政机关公职人员个人开通的政务微信，一些地方政府的领导干部将自己的微信账号实名认证且接受当地用户的申请，从而在第一时间通过

① 吴幼祥. 政务微信运维的三力模型［J］. 新闻战线，2015（23）：89 –91.

② 三亚市委办公室. 三亚推广微信群办公政府工作进入秒时代［J］. 今日海南，2015（6）：26 –27.

微信了解本地最新社情民意及舆论动态。

政务微信是继政务网站、博客、政务微博之后产生发展起来的，是政府与公共服务机构利用新媒体积极探索出来的新型服务模式，是集“沟通”“便民”“施政”为一体的综合性服务平台。政务微信的发展使政府部门更加积极、主动地与群众进行交流，这种“指尖上的服务”进一步拉近了政民之间的距离。此外，政务微信是政府与部门人员创新执政理念与服务观念的具体表现。在新形势下，政府部门应主动参加各种培训，不断提高自身综合能力水平，不断满足公众日益发展变化的需求。

2. 政务微信的发展状况

按照腾讯研究团队发布的《“互联网+”微信政务民生白皮书》，微信公众平台正式上线时间为2012年，不久，著名政务微博ID“上海发布”“青岛发布”“微南京”等开始进驻微信平台。随着政务微信的面世，很多基层地方政府部门开始推出互动性更强、服务性更突出的微信公众服务平台。各地方政府的政务微信在政务服务、舆论导向以及信息发布上获得了公众一致好评。2014年8月，国家网信办印发《即时通信工具公众信息服务发展管理暂行规定》，对各级党政机关、企事业单位以及社区自治组织开设微信公众平台给予支持，这使地方政府的政务微信建设工作得到快速发展。

从目前情况来看，我国的政务微信公众平台基本全方位覆盖社会生活的方方面面，无论是公共安全还是医疗保健，文化传媒还是社区活动组织，各地方政府部门已习惯通过政务微信与百姓沟通互动，出色的政务微信公众平台层出不穷。当然，就主要活动类型而言，目前活跃度最高、数量最庞大的当属公安与医疗部门，其中公安部门的政务微信因其综合性强、与基层实践紧密相关而表现突出。此外税务、教育领域的政务微信同样表现了较好的发展趋势。

政务微信在短时间内成蓬勃发展之势，与近年来党和国家对新媒体的高度关注密不可分。早在2013年，国务院办公厅就下发了《关于进一步加强政府信息公开回应社会关切提升政府公信力的意见》，[①] 该文件承认并重视微信作为政务信息发布平台的重要作用，认为包括微信在内的新媒体已经成为除新闻发言人制度与政府网站之外最重要的政务信息发布渠道。各部门的公众号建设情况，也成为我国政府部门电子信息建设的重要考查指标。《关于进一步加强政府信息公开回应社会关切提升政府公信力的意见》发布后，不少地方政府部门开通微信公众号，但鉴于不同地方、不同职能部门间信息技术、意识差距，这一时期的政务微

① 国务院办公厅. 国务院办公厅关于进一步加强政府信息公开回应社会关切提升政府公信力的意见[R]. 国办发〔2013〕100号.

信数量并不多；直至2014年8月国家网信办印发了《即时通信工具公众信息服务发展管理暂行规定》后，政务微信建设才被推广到全国各级地方政府。该文件要求，在2015年底前建立起体系完备、全方位覆盖社会生活的政务微信体系。

移动互联网的不断发展，使公众的阅读方式与生活习惯发生了相应的变化。碎片化与网络化的阅读方式，使手机在获取、处理、分享信息上具有较大的优势。人们对手机的依赖越来越大，利用手机进行联系交流与获取服务、参与政治决策的需求日趋明显。在这种形势下，便捷高效的电子政务微信出现了。公众不仅可以借助微信表达诉求、获取时事新闻、了解政务信息，还可以通过政务微信和政府各部门进行沟通、咨询，办理相关业务，极大方便了广大人民群众。同时，公众还可以在政务微信平台参与政府决策制定，实现对政府工作的监督。促进政务微信的发展，是政府践行群众路线的集中体现，也是政府提高执政能力、提升政府公信力的有效途径。政务微信的不断完善与发展，能够最大限度地满足人民群众日益增长的服务需求。

（二）政务微信的特点

1. 优秀的议程设置能力

对于媒介来说，议程设置能力非常重要。美国学者麦克姆斯与肖认为：“大众传播媒介在一定阶段内对某个社会问题的突出报道会引起公众的普遍关心和重视，进而成为社会舆论的中心议题。”① 政务微信的迅速兴起，有可能会让地方政府的传统宣传部门一时间无所适从，但适应期过后，地方政府各部门危机事态下独立应对舆情压力的水平会得到提高。政务微信精准的传播能力、丰富的传播内容与海量的传播容量，可以帮助地方政府在公共危机发生后，通过紧急推送相关信息来澄清谣言、引导公众舆论，使相关危机的讨论始终围绕事实真相，始终充满正能量。比起碎片化传播的微博，政务微信的议程设置能力更为突出且优秀。

2. 信息推送更精准

政务微信与政府网站、政务微博有着本质上的区别，微信用户只需关注订阅政务微信公众号，便即时获取政务微信推送的信息。微信的分组功能，可以将信息定点发送给有需求的公众，不至于被其他信息埋没。用户可清晰明了地查看政务微信推送的信息，不易错漏，传达效率高。这种“点对点”的传播方式，实现了政府与公众之间的深入交流，为公众提供更精准而丰富的服务。

对地方政府而言，政务微信能够在短时间内将计算机精良设计、制作的信息

---

① 常洪卫. 政务微博舆论“调节”价值及其规范化研究［J］. 湖南大众传媒职业技术学院学报，2012（3）：35-38.

推送到公众移动信息平台，是地方政府短时间内将信息发布效率最大化的重要方式。地方政府通过政务微信，可以及时、有效地将信息送达智能手机。不仅如此，微信公众号可以通过朋友圈、信息推送等功能实现点对面的信息传播方式，能够用私聊、评论等方式实现点对点的精确发布。点对面与点对点虽然都只能够针对订阅政务微信推送信息的用户，但政务微信却在无形中同时实现了议程设置及公众互动两个重要功能；用户既可以接收来自公众号推送的信息，也可以通过回复特定关键字获取个性化的信息服务。

目前，一些地方政府在利用新媒体进行危机舆情引导时，由于精准度不够，加上各新媒体平台之间缺乏联动，所以舆论引导的实际效果并不如人意。当前三网融合的大趋势下，信息的推送不够精准、覆盖面较窄的问题容易被放大。以微博为例，无论是地方政府还是普通的网络用户都可以在微博平台就公共危机事件发布有关信息，而这些微博内容是可以为所有平台用户查阅的。一些别有用心的人就有机会通过转发、评论扩大危机事件的负面效应，阻碍地方政府的舆情引导工作。而微信是用户主动订阅的，且目前关注政务微信公众平台的用户有着较强的地域属性，所以公众平台背后的运营团队可以迅速通过大数据分析划分订阅、关注者的具体属性，有针对性地设计、制作合乎用户需求的信息加以推送。

3. 熟人社交更具信任度

微信有着多样化的信息传播方式，危机事件发生时，公众对事件的关注度非常高，需要地方政府及时公布相关信息满足其知情需求。政务微信公众平台此时可以为本地的百姓及时推送相关信息，并利用新媒体跨越时空的特点，为公众实时播报危机事件的最新动态。发布的内容可以是小视频、图片，也可以是现场的音频，通常越丰富的信息形态越容易赢得公众信任。当然，微信容易取信于人不仅是因为新媒体特点，更因为其社交平台封闭性与熟人社会的特点。因为微信朋友圈及消息推送基本只会在熟人社交圈中传递，虽然见效并不快，但熟人社交加上地方政府的权威背书，信息更容易获得用户信任。微信社交的特点是较强的排外性与私密性，情感基础较高，成员之间在信息与意见的分享动机上更倾向于守望与互惠。以这种熟人社交圈完成的信息传递，个体的意愿更容易与社交圈的整体目标契合，更容易有正面意义上的沉默螺旋出现（趋利避害）。加上微信的主要沟通方式是对话，在对话中分享的信息与链接更容易被对方所相信。

4. 更私密的政民官民互动

与政务微博、政府网站上的政民互动不同的是，政务微信虽然是新媒体时代诞生的社交工具，但其内核功能仍然是较封闭的传统 IM 软件。无论是政务微信平台推送的信息还是公众的回复，只有双方可以看到，其他人无从了解对话内容，信息的交流与互动更具私密性。这在确保网络用户信息安全的同时，给予其更大的私密空间。恰恰是因为政务微信平台在互动与沟通上的私密性，用户有一些不方便公开询问的问题、不方便公开表达的意见，都能够通过政务微信平台实现单对单、点对点的私密沟通。这种私密性在保护了公众隐私的同时，也保护了用户的身份信息，可以让公众放心地提供举报监督信息。同时，也私密的政民互动，能够展现政府部门对网络用户个体的关注，获得其好感的同时，更容易使其就网络用户个性化意见做出回应。

（三）政务微信的舆论引导能力

1. 合乎危机舆论引导要求的响应速度

公共危机本身所具有的突发性、难以预测性和多变性等特征，使传统媒体难以在短时间内掌握全面、完整、准确的信息对外报道；而公众为满足自身的好奇心，通常会通过多种方式获取最新信息，尤其是当传统媒体没有做好及时的跟踪报道时。公众一般会放弃传统的消息渠道，通过新媒体搜索相关信息，以满足自身对信息的需求。近年来，大部分危机事件第一时间都是通过微博、微信等新媒体媒介渠道为人所知。新型媒体所具有的时效性与高效性，充分契合了公共危机的特点，能够满足公众对最新有关危机事件动态信息的需要。

2. 合乎网络时代的传播特点

互联网几乎是当今最主流的信息传播途径，新媒体在新闻报道上的强势是传统媒体难以阻挡的，这也是政务微信可以承担舆论引导工作的重要原因。首先，通过政务微信发布新闻信息更具实效性。相较传统媒体新闻，以秒为单位的微信新闻的时效性显然更强。强大的响应力使微信平台发布的新闻信息更具时效性，这一优势在突发性危机新闻信息发布上更为突出。同时，政务微信平台能够充分展现网络时代的多媒体传播特点。政务微信平台不同于传统媒体等政府宣传渠道，它能够将文章、音频、视频与图片融为一体，在互联网技术支持下同时具备了平面媒体、广电媒体的信息发布形式，更容易吸引公众关注。其次，是否接收政务微信平台发布的信息，公众有较高自主性。一般情况下，公众只有对某方面的信息感兴趣时，才会搜索、关注、订阅政务微信平台，这也使公众对其选择的平台所发布信息更为信任。

3. 合乎网络舆情的舆论需要

信息技术与电子硬件研发生产能力的突飞猛进，使危机信息的发布越来越简单。就公共危机的网络宣传攻势而言，微信是合乎网络舆情引导需求的。一方面，微信是一个能够迅速传播语音、小视频与图片信息的新媒体。公众通过智能手机拍摄的图片与视频通过微信能够传播到全国乃至世界各地。这种信息发布的低门槛加上微信的封闭式信息发布环境，能够有效帮助地方政府开展危机公关工作。设备上的高度通用性是微信合乎网络舆情引导需要的重要因素，尽管微信是一个体积不小（apk 安装包超过 100M）的应用，但目前市面上绝大部分智能手机都可以比较流畅地运行微信。同时，微信还内嵌了较为简单的图文编辑甚至视频剪辑工具，在危机事态下完全可以取代复杂的摄影摄像设备与电脑完成危机信息发布。另一方面，微信具有较成熟的共享生态与氛围；尤其是其朋友圈功能上线之后，只需要在政务微信平台朋友圈发布危机现场的相关信息，就能够在很大程度上抢占引导网络舆情的舆论高地。

第五章　网络环境下地方政府公共危机预警能力提升

近年来不少地方针对网络环境下的公共危机及舆情，出台了相关地方性法律法规，组建了专门针对网络舆情的预警队伍；一些地方还设立了专门预警机构，采用最新的信息监测技术进行预警。但这些预警机构无论从组织结构还是从预警能力上来看，尚存不足。当前地方政府在网络环境下的预警工作存在组织协调机构缺位、预警机构专业性不强、相关法律法规不成体系、预警信息系统建设滞后和危机预警意识不强等问题。这些问题的存在，很大程度上影响了网络环境下地方政府公共危机预警能力的提升。

第一节　网络环境下地方政府公共危机预警能力现状

一、法律保障初具雏形

网络环境下，国家应加大对公共危机预警的投入力度，将其纳入政府应急管理体系。要推进舆情预警工作有序、高效地开展，就要建立相关法律机制，通过颁布法律法规约束与规范各地方政府应对公共危机事件的预警行为。为此，我国颁布了一系列法律法规指导地方政府开展公共危机预警工作。这些法律法规进一步明确了地方政府应对公共危机的方式和内容，为地方政府处置各类公共危机事件提供了法律保障。不仅提高公共危机的处置效率，还不断增强地方政府的危机预警能力。例如，湖南省政府针对公共危机的处理制定了多项有关应对公共危机舆情预警的法律法规，其中《湖南省实施〈中华人民共和国突发事件应对法〉办法》（以下简称《办法》）强调：获取公共危机信息需要政府、相关部门与专业机构的协作，通过多种方式收集舆情信息，并配备专门人员到居委会、村委会开展舆情监测与预警工作。此外，《办法》还要求县级地方政府与相关部门建立健全新闻发言人制度，采取新闻发布会等方式统一对外发布危机信息，消除公众不安、惶恐情绪。《湖南省突发公共事件总体应急预案》进一步明确了健全预测预警制度的要求，《湖南省实施〈突发公共卫生事件应急条例〉办法》指出要加强对公共卫生事件的监测与报告。客观、科学的应急预案对危机预警工作的实施内容、实施方式、实施主体职责等进行明确规定，相关法律法规的建立健全，为公共危机预警工作提供了坚实的保障，有利于推进危机预警工作的正常、有效开展。

二、预警队伍建设初步完成

近年来，全国各地方政府开始重视公共危机的预警工作，构建了地方性舆情工作队伍。根据民政部《关于进一步加强灾害信息员队伍建设的通知》[①]，各地纷纷设立灾害信息员岗、建设预警队伍；无论是县乡级政府还是地市级政府，都组建了专门危机预警队伍。截至 2015 年底，灾情信息员从业者已达 80 万人，是各地公共危机预警的主要力量；在地方政府处置、应对公共危机中发挥了重要作用，尤其是在舆情引导及舆情预警上。

在经济发达地区，不少地方已经建立起预警队伍。如湖南省于 2009 年开始组建预警队伍，截至 2015 年全省预警信息工作者已超过 10 万人，主要分布于大型国企、事业单位、高校及城市社区。湖北省也开始基层信息员队伍建设。以兴山县为例，截至 2015 年，该县已建立一支超过百人的信息队伍；同时从武汉等地邀请业内专业人士，对队伍提供专业培训。事实上，目前有一些地方明确要求每个县级以上的政府部门都配备一名舆情信息工作者，开展信息监测与处理工作。同时，一些不具备配备专业危机信息预警队伍条件的地区，也组建了一支由高校学者及专业信息机构从业者兼任的快速反应预警队伍。另外，已经配备了专业公共危机预警队伍的地方，还聘请媒体人士兼任信息员，利用记者对危机信息的职业敏感性，拓展公共危机舆情预警的信息收集范围。

发达地区有不少地方将预警队伍建设与制度建设进行有机融合，如广州市就聘用当地报纸派送员兼任危机预警信息员，建立报纸派送员信息报告制度。报纸派送员每日奔波于社会基层，和社会各界都有交往，有能力及时了解社会基层的民情动态。该预警队伍建设方式已经初见成效，分布在城市各个辖区的固定信息员，在公共危机中起到了关键性预警作用。当然，为了确保危机预警的各个环节、各项任务都能落实到位，在稳步推进队伍建设过程中，务必对相关从业者进行专业知识培训。目前，各地方政府常选择与人民网舆情监测室合作，通过购买舆情分析、监测及预警的专业信息课程，培训公共危机预警队伍使其具备一定的专业知识与技能。为了提高预警队伍的专业化程度，近年来各地方政府根据国家网络舆情分析师、灾害信息师等职称标准，有意识地提高从业门槛。

三、建立了舆情预警机构

2003 年"非典"疫情过后，我国开始加强公共危机预警机构的建设。一些

---

① 民政部. 关于进一步加强灾害信息员队伍建设的通知［Z］. 民办函 2011172 号.

地方自主设立了危机预警机构进行舆情监测，某些地方则加强与媒体的合作，联合设立了科研机构开展舆情危机的监测与分析。各地方积极探索公共危机舆情预警机构的组织方式与运行模式，取得了显著成效。

当前，各地方政府基本设立了相应的公共危机预警机构，包括应急指挥中心、应急办和舆情分析预警中心等。表明我国地方预警机构建设已初具雏形，在促进公共危机预警工作开展上的作用日益显著。与此同时，各地方积极合作建立了应急联动模式。一旦接到紧急求救，相关部门就会快速集合，统一指挥，通力合作。例如，南宁市为应对公共危机事件建立了应急联动中心大楼，各部门联合接警、出警开展工作。这是地方在应对公共危机上所做的积极探索，有利于地方进一步优化公共危机舆情预警机构体系。此外，网络舆情信息研究机构、舆情分析软件等工具在公共危机舆情预警中发挥了积极作用。

四、日渐完善的监控技术

技术的迅猛发展为监测预警公共危机事件、获取有效信息提供了技术保障。当前，公共危机舆情预警采用的技术主要有以下几种：

（一）信息筛选技术

之所以要通过技术手段来筛选互联网中的信息内容，是为了过滤互联网中的谣言、不实舆论，净化互联网的整体舆论氛围。该类技术的研发思路，是通过一种信息技术的判定及筛选机制过滤某个定向量的有害信息，是一种基于软件工程与人类语言学的技术应用方式。就目前情况来看，我国已经针对信息筛选效果、筛选效率及对整个舆论的影响力制定了一个通用水平较高的技术指标。这一技术指标，是信息技术工作者筛选内容程式的权威参考。这种程式的本质，是一种带有语言辨识与过滤功能的机器语言。利用这种机器语言，互联网可以通过制定特定的规则，将那些不良网络信息删除，从而实现自动过滤。这种规则适用于通过运营商分配地址的DNS服务器、服务器架设在中国大陆地区的搜索引擎等面向公众的互联网平台。信息过滤一般是通过标记具有特定条件的内容来辨识信息的优劣程度，类似于国外的电影分级制度，从而自动生成一份针对具有这种内容的文档内容；而这种标记的方式对整个舆论环境来说是没有影响的，仅仅是一个特定文档的标注记录。但是，一旦将具有特定内容的信息进行标识之后，地方政府就掌握了信息监管的主动权。政府部门可以看到最原始的互联网信息，能够根据这些数据做出反应，包括检测、辨识及定点清除。在今天，无论是公共危机环境下的互联网舆论还是原生于互联网的公共危机，地方政府都已经广泛采用了这种以“TMD”（Track、Mark、Deny）为核心的信息过滤技术，而且应用也越来越熟练。在近年来的公共危机与舆情危机事件当中，地方政府通过该技术对相关的不良信息进行了有效过滤。

（二）序列匹配技术

所谓的序列匹配，就是在一定数量的符号当中，找到一个或一组具备特定符号的活动，该活动是现代计算机或者说冯诺依曼结构计算机的一个重要研究课题。序列匹配的具体内涵，可以通过下列方式表达：在一个已经有明确检索目标的计算机字符数当中，在所有文件内容当中，目标的检索条件是一定的字符特征，这种特征是最终检索到文件内容的决定性条件。它的存在可以让程序明确目标文件所在的大致位置，并通过一群类似特征的排列找到它们的具体位置。按照和检索方向一致的序列匹配活动需要完成的参照序列数量，序列匹配的程序算法可以划分为结构不复杂、应用比较广泛的算法及结构上比较复杂、应用条件更为苛刻的算法。如果能够根据检索序列匹配的难易程度、复杂程度选择合适的算法，那么最终得到的信息过滤效果将更好。不仅如此，如果对关键字或特征码的过滤运用成熟，那么对于一些格式通用度较高的文本还可以进行拆分式解析搜索，从而进一步提高自身纠错能力、清除更深层次的不良网络信息，提升互联网防火墙的过滤能力。序列匹配技术之所以能够不断进步，和其本身较高的普及度有直接联系。随着互联网平台数量的不断增加，互联网中的信息量不断扩大且更需要来自人类语言学、信息学及社会学的学科知识，在人力无法实现全时段监控的情况下，更需要通过序列匹配技术减少互联网中出现的不良信息、更多地引导网络正能量。

（三）智能识别区分信息的多媒体技术

从目前情况来看，危机信息的传播渠道有许多，但最常见的还是多媒体，多媒体成为危机信息传播的主渠道。对于危机信息的发布者来说，信息发布是一种分享行为，动机是一种自我价值的实现，自然希望公众更多关注，喜欢在危机信息发布时，将文字、图像以及视频嵌入其中。多媒体的危机信息发布的确能够吸引公众的关注。所以，要收集、监测、区分、筛选各类不同的信息，就需要着重关注新媒体平台上的多媒体信息，并根据多媒体信息的内容来判断是否存在不良信息、谣言等需要过滤的信息。事实上，在信息技术飞速发展的今天，无论是视频还是音频，都已经有能力直接通过文件播放分析（如音频文件的波性分析与视频文件的截图分析），来确定一个危机信息的内容是否具有需要筛选过滤的特征、是否需要直接删除，甚至可以将音频文件转化为文字；从而更方便审查者及系统判断其内容性质，正确地做出危机预警与决策，满足复杂程度越来越高、数量越来越庞大的危机信息监测与分析需求，最终实现地方政府网络环境下危机预警能力的提高。

五、组织结构仍有待完善

结构功能主义理论指出，组织功能与组织结构之间存在紧密联系，组织结构是否完善、合理，决定组织功能是否能得到充分、全面发挥。通常而言，组织结构主要包括效率、沟通、工作满足感和组织四个要素。从政府层面上来看，地方政府作为为一个组织结构，要及时发现、获取预警信息，对危机事件进行实时预警，组织基本功能要得到正常、有效地发挥，为组织结构提供动力。下面就组织结构的基本功能对地方政府预警组织机制进行分析。

第一，在效率方面。地方政府预警组织体系实行分部门预警模式，这种预警模式能够将各部门的作用充分发挥出来。各部门根据所管辖地区可能诱发危机事件的因素进行监测、研究和预警，从而更好地协调各部门资源，使危机预警工作的效率得到进一步提高。例如，气象、地震等专业部门可以按照自身优势，专门监测、预警各自领域的危机事件，在公共危机预警上发挥更大优势。值得注意的是，在处置综合性突发性事件上，因为公共危机具有不确定性与突发性，如果缺乏系统、完善的综合性预警机制，政府预警成效会大打折扣。

第二，在沟通方面。各级地方政府预警组织体系之间缺乏必要、有效的沟通。各部门在预警组织结构、机构设置上存在较大差异，从而加大了各部门之间交流沟通的难度。[①] 地方各级政府应急管理部门虽然具有联系各部门的功能，但因为法律机制不健全，法治化程度不高，加之职能权限上的制约，应急管理部门的作用难以得到充分发挥。组织层级太多会加大组织之间的沟通成本，难以实现畅通、有序交流，难以实现组织之间的信息共享。当前，地方政府普遍采用分部门、分灾种的预警管理模式，这种管理模式具有一定优势，但在没有统一指挥协调的情况之下，通常会导致各地区、各政府部门的沟通受阻，从而出现组织协调能力不足、工作重叠和效率不高等问题。例如，中国气象局与水利部门都要进行测雨工作，然而两个部门之间如没有沟通协调，就会导致测雨工作重复操作，资源浪费。此外，这种预警管理模式会降低各部门的信息共享效率与行动协议能力。在对公共危机的预警管理上，缺乏系统、全面的资源配置计划，以及完善的研究总结，无法为公共危机处置部门提供及时、有效的预警信息，最终影响公共危机应对救援工作的开展。

第三，在工作满足感方面，组织结构包括构建人员的权责任务范围及人员地位与归属关系。目前，从整体上来看，我国地方政府预警组织机构虽然能满足组织人员的工作需求，但仍然存在一些问题需要改善，其中，应急管理办公室构建问题则是需首要解决的问题。当前应急管理办公室构建过程中缺乏规范性，没有单独分离，在人员编制、晋升等方面没有详细统一规定，部门人员对组织归属感与工作满足感较低，从而削弱了预警人员的工作积极性，不利于地方政府有效开

---

① 岳清春. 协同应急视阈下的监测预警机制研究［J］. 消防科学与技术，2016（1）：126－129.

展公共危机预警管理工作。

第四，在组织统一性方面。组织是由一个个个体为实现既定目标而组合起来的整体，组织目标的达成需要群策群力才能得以实现。组织在统一分工、协调、管理之下，使个体行动统一化，促进个体优势得到充分发挥。当前，地方政府用来应对公共危机的部门除预警组织机构之外，还包括其他行政组织机构建立的应急管理办公室。这种组织结构有利于降低地方政府的运行成本，但也应该看到，由于原有的行政部门本身要处理本部门的工作，公共危机爆发之后，部门人员要搁置手中的工作，投入危机预警处置当中。这种工作安排对部门人员的危机意识、责任观念和执行能力提出了更高的要求，容易使行政人员失去工作目标，加之尚未建立相关的考核制度约束与管理，在很大程度上会削弱政府部门人员的工作积极性，影响工作成效。

六、对现代互联网舆情危机预警能力有限

网络环境下，传统危机预警机制已无法适应网络时代下公共危机的预警应对要求。近年来发生的网络危机舆情事件，大多通过网络传播开来，地方政府由主导地位退变成被动应付、被监督状态。公共危机在网络环境下被不断催化、传播和发展，容易演变成社会群体性事件，严重影响社会的稳定和谐。

当前，各地方政府都构建了相应的危机预警机制，这些危机预警机制能够对危机信息进行收集、分析、处理、上报与发布。然而，随着网络环境的不断变化发展，这些危机预警机制已难以满足实际工作的需求。当前我国仍缺乏覆盖全行业、各部门的危机预警联动体系，各地区政府之间、部门与部门之间缺乏统一的协调管理机制，各种危机预警体系处于单独运行的状态；当前很多社会公共危机具有重叠性，不同公共危机之间往往具有关联性。因此，现有的危机预警管理模式已无法满足网络环境下社会公共危机预警的需求。各地方政府现行的危机预警机制难以有效获取、分析和整合危机舆情信息，信息获取效率较低。此外，传统危机预警体系不具备对网络信息进行分析与处理的功能，网络舆情被危机预警排除在外。在危机预警信息发布上，某些地方政府公共管理部门基于利益、政绩的考虑，责任感缺失，通常只对外公布好的部分，封锁对其不利的信息。这导致网络上的信息早于预警系统信息的情况时有发生。

移动互联网的高度普及，互联网环境进入了“微时代”，这一环境下，互联网危机舆情呈现大异于以往的传播方式。舆情的载体不再是门户网站下的新闻评论，内容也远远复杂于传统论坛。类似于微博、博客和微信等信息复杂程度更高、表达繁复性更明显的新型互联网平台的出现，使信息抓取的难度上远远高于从前。在载体日趋多元的今天，网络环境下的危机舆情呈现出更复杂、更深层次的变化，舆情言论的特征更难掌握，这是网络环境下发生舆情危机却难以治理的

重要原因。例如，近年来发生的互联网舆情危机，很多都是先在微博、微信等新媒体平台上蔓延。换言之，新媒体平台近年已经成为互联网危机舆情最重要的载体。在这一环境下，地方政府部门的预警机制、预警技术及预警所必需的监控重心没有及时进行调整，导致当前的互联网舆情危机预警及研究变得更加困难。随着移动互联网发展层次加深，一些地方暴露出在互联网舆情危机预警能力上的不足。

第二节　网络环境下地方政府公共危机预警能力提升中存在的问题

一、危机预警意识仍需加强

当前，我国正值社会转型的关键时期，人口、环境、资源和民生等社会矛盾多发。在这种环境之下，社会各界应加强防范意识，强化危机观念，做好应对突发性公共危机的准备。但我国公共危机预警机制建设尚处于初期阶段，个别政府部门与民众危机意识淡薄，无法适应当前公共危机预警的时代要求。

（一）社会主体缺乏预警意识

食品药品安全危机、自然灾害、交通事故、化学爆炸事故和敏感物质泄漏事故等，都在向公众警示：危机总会在人们意想不到的情况下出现，务必在心理上、物资上做好预防公共危机的准备。具体来说，在危机发生之前，公众对危机预兆不够敏感，往往是预兆已经十分明显的情况下，仍然没有察觉，更无法将有关信息传达给地方政府。另外，公众对公共危机缺乏足够的预防意识。根据新浪微博与人民舆情监测室的调查显示，超过80%以上的民众并不关注可能发生的公共危机。如在家里加装家用型粉尘灭火器、煤气浓度检测器、火灾高温警报器等国际上比较流行的预警方式，在我国的受众面并不广。[①] 民众的预警意识较低，意味着公共危机爆发后，公众心理容易出现波动。在毫无准备的情况下面对严峻的危机情况，容易惶恐、慌乱，不仅影响自身的危机应对能力提升，还会对地方政府的危机应对工作造成阻碍。

（二）公务人员对预警工作重视不够

政府部门是开展公共危机预警管理工作的主要组织者与执行者，为促进公共危机预警管理工作的有效进行，提高危机预警管理水平，参与及管理人员就要具备较高的危机预警素养。但在实际工作中，部分政府工作人员对公共危机预警缺

---

① 人民网舆情监测室. 2015年互联网舆情分析报告［EB/OL］. http://yuqing.people.com.cn/n1/2015/1224/c401685-27972434.html.

乏认识，敷衍了事、工作拖拉现象较为严重；有些地方虽然建立了专门危机预警办公室，但往往流于形式，危机预警成效不高，难以为危机处置部门提供切实可靠的参考信息。近年来，公共危机事件多发且呈现复杂化与交叉化，尽管我国逐渐加强对危机事件的预警力度，加大对危机预警的投入力度，但仍有一些地方尚未充分认识到危机预警的重要意义。有些地方在危机爆发之后才紧急出台处置方案，致使危机应对滞后，最终造成更大范围的损失。危机事件过后，由于缺乏对危机预警的充分认识，一些地方政府通常抱着得过且过的侥幸心理，不善于总结与分析，没有建立长期、高效的公共危机预警体系，更谈不上危机提前预测。

（三）未能倡导危机预警

思想意识决定行动，如弗洛伊德所说："改变行为最好的办法是改变你的观念。"只有真正意识到对公共危机预警的价值，各级地方政府才会真正重视危机预警，才会真正运用危机预警机制来预防危机的发生。要真正让公众重视危机预警、对危机有最基本的预防意识，就要开展危机教育工作。目前各地在这项工作上尚存在一些问题：一方面，学校、机关单位虽然每年都举办模拟火灾、应对袭击等危机情况的演习，但这些预防演习并未真正得到参与其中的教师、学生及单位职工的重视，甚至一些危机应对单位如消防局等，都不会将危机意识教育作为重点工作。另一方面，地方政府并没有真正重视面向公众的危机意识教育，公众要得到关于预防危机、互相救治或是自救的相关知识，一般只有从互联网上查找，而网络上的信息都是碎片化的，难以为公众提供完整知识体系从而难以使公众清晰辨识危机预兆、对危机预兆敏感的危机意识，这使我国公众普遍不具备应对危机事件的辨别与判断能力，更无力根据危机预兆提前做准备。尽管近年来各地区危机教育活动逐渐增多，但各地方政府的相关宣传力度仍然有限，从而制约了公众危机预警意识的培养。

二、法律法规不成体系

当前，我国虽已制定实施了多条有关公共危机处置、管理的法律法规，包括《突发公共卫生应急条例》《防洪法》《防震减灾法》《安全生产法》《突发公共卫生事件应急条例》等，在公共危机预警上发挥了重要作用；但仍存在各法律法规之间独立、分散等弊端，法治建设的滞后与网络时代发展脱节。

（一）缺乏专门的预警法律法规

对于公共危机预警而言，因其预判性质较强，并没有其他危机管理环节那么依赖法律，但并不意味着不需要一部专门法律，为其奠定制度基础、提供制度保障。与发达国家成熟、健全的危机管理体系相比，我国有关危机预警的法律法规建设仍存在较大差距，且发展速度明显落后于网络环境的发展变化。目前我国已出台了多项有关公共危机管理的法律法规，这些法律法规当中的确有一些关于公共危机预警的内容；但这些法律法规的内容散见于各部法律法规当中，并未形成体系，且更多将注意力放在公共危机处理上等，加上许多法律法规的制定年代已经比较久远，并不能有效为公共危机预警提供充分支持。以《突发公共卫生应急条例》为例，没有对公共危机预警工作做出相关规定。[①] 与此同时，当前的相关法律法规中原则性规定较多，缺乏实践工作中为危机预警工作者提供指导的内容，对危机预警工作的支持效果有限。当然，法制与立法工作是一个时间跨度较大、影响深远的工作，不是短时间内就可以完成的。但我国危机预警工作在制度保障上的空白，仍然要求地方政府制定出台一些合乎本地需求的预警法律法规，为本地的危机预警工作提供制度保障与实践指导。

（二）责任分配缺乏法律依据

地方政府是危机事态最重要的处置主体，仅就危机预警而言，从信息监测到利用监测结果预判社会危机风险，再到判断危机风险后的决策反应，所有环节都涉及地方政府各具体职能部门及工作人员。然而，目前法律法规没有明确各职能部门与工作人员在危机预警中的职责与权力边界。正因为如此，在近年来危机预警及处置、决策过程中，个别公职人员滥用职权甚至利用危机预警信息谋取私利，这些行为严重伤害党和政府的形象与公信力。另外，目前我国法律法规没有明确危机预警中各环节的责任部门，甚至没有法定的协调主体。目前的危机预警，主要根据类型明确责任部门，例如，地质灾害由地方地震局负责，气象灾害由气象局来负责。这种责任分配方式表面上合乎地方政府部门的职能分工，但一旦出现综合程度较高的危机风险或是社会化程度较高的危机风险，这种预警责任分配方式就容易出现纰漏；加上各部门之间的预警责任不存在交叉共管区域，一旦出现了客观上交叉的危机风险，这种危机预警的责任就会在各部门之间被来回推诿。

（三）立法存在滞后性

可以说，《中华人民共和国戒严法》是我国在公共危机领域的第一部应对法律，是专门针对突发事件制定的法律法规。近年来，我国陆续出台了一些针对公共危机的法律法规，然而针对公共危机发生前后相关问题，相关法律法规还存在一定的缺失、缺位。尤其在网络环境下，信息传播、收集和监测环境不断变化，相关工作手段需要与时俱进，但缺乏相应的法律法规支持，而各地方法规不可避免在内容上存在冲突，这让危机预警合作遭遇屏障。

---

① 李一行. 突发公共事件预警的法律机制研究——以地震预警为例［J］. 湖北社会科学，2013（5）：141-143.

三、预警机构尚待完善

要促进公共危机预警体系的高效运行，就要有一个完善、系统的组织体系予以支撑。危机预警机构是公共危机预警体系充分发挥作用的基础，当前各地危机预警组织体系仅是信息传达的机构，不具备危机信息监测、预警、分析和处理等功能；各部门在危机处置过程中独立操作、缺乏联系、配合不当，导致工作成效不高，预警组织机制匮乏，具体表现为：

（一）缺乏专门的组织协调机构

对于危机预警的协调，发达国家确有值得参考、借鉴的地方。例如，美国因国内跨州犯罪率上升、犯罪级别提升而建立联邦紧急事务管理署，因“9·11”恐怖事件成立国土安全局；[①] 日本针对战后越来越多的国内地质灾害、海洋气候灾害成立“中央防灾会议”，20 世纪 90 年代成立内阁安全保障危机管理室等。这些危机预警机构都是针对大范围、高复杂性公共危机而建立，自建立之日起就发挥了重要预警作用，积累了大量多方协调经验与预警技巧。我国虽然 2005 年就成立了国务院应急办公室，专门负责危机前的预警、危机中的处置、危机后的善后以及整个危机生命周期中的协调工作。然而一方面，由于公共危机的预警责任具体落实到地方政府的职能部门，中央人民政府很难在风险出现后立即了解当地的人力、技术、财力等资源配置，协调配置工作最终还是需要由地方来完成；另一方面，由于针对危机信息协调工作不够，信息节点过多导致失真等，各地通过协调危机风险信息实现危机预警的效果并不理想。

（二）缺乏专业监测机构

整体上我国公共危机预警机构建设有了非常大进步，但仍然没有专业公共危机风险监测机构。近年来各地公共危机事件爆发频繁有所增加，尤其是源于网络环境下的公共危机事件增多，我国公共危机处置工作与危机后的善后工作已经引起各地方政府的高度重视，开始将各类公共危机的处置预案衔接到危机预警工作中，包括组建领导机构与指挥中心。但因缺乏专业监测机构，各地在面对危机预警工作时，仍显得力不从心。因为专业监测机构的事前处置能力、信息处理能力远远优于临时成立的危机处置机构。事实上，近年的公共危机事件处置实践经验表明，以往在危机发生后才做出反应、成立的传统处置机构在现代耦合度较高的公共危机面前已经不合时宜，亟须专业的信息监测机构开展危机预警工作，做好事前的应对处置准备。

---

① 袁春阳，杜跃进，周威，李欣．美国政府《国家网络应急响应计划》及其借鉴意义．[J]．保密科学技术，2012（5）：35－41．

四、危机预警信息系统建设不到位

危机预警机制中的信息情报系统是危机处置的关键环节，公共危机预警机制对信息进行获取、筛选、分析、发布和处理之后，通过严谨的分析与甄选提炼关键信息，判断危机信息源；并及时传达危机处置部门，做好应对公共危机的准备工作。然而目前，我国仍然没有建立完善、高效的公共危机预警情报信息系统。公共危机爆发后，相关部门无法在第一时间获取到准确、有用的信息，甚至会出现信息中断的情况；难以及时整合、协调各方资源，最终延误危机事件的解决。

（一）地方政府缺乏与民间沟通的信息系统

公共危机之所以是现代人类文明中最受瞩目的公共事件类型，就是因为其危害性与公共性，使公众承受生命与财产上的严重损失。地方政府作为基层社会的一线管理者，应该在日常管理工作与服务中与公众保持良好的沟通联系；在可能导致公众遭受生命与财产严重损失的危机事态下，应该尊重公众的知情权、满足其知情需求。地方政府如果通过信息监测系统察觉到存在危机风险，就应该以权威姿态面向公众发布危机风险信息，以坦诚姿态安慰公众，避免公众在不良信息与虚假谣言的影响下做出错误判断，增加危机风险，甚至遭受更多损失。但从目前情况来看，许多地方政府部门出于各种原因，并没有建立专门负责与公众沟通的常设信息机构。公众与政府之间的信息互动在很多情况下是临时性的，缺乏情感认同与理性认可。久而久之，这种沟通上的缺位，就会导致危机事态下，尤其是网络环境下政府公信力的下降。

（二）政府间未建立有效预警交流信息系统

目前我国各地方的公共危机预警体系，各政府部门之间分享信息、传播信息的主要方式，还是沿袭传统分级管理机制；地区性信息管理主体如信息中心、统计局都是直接由当地的最高级别政府管理。如果出现危机风险信息，由基层逐级上传；但因为各级政府部门在级别与职能上存在一定差距，上传信息过程中很可能因为缺乏必要的沟通，导致信息出现失真。换言之，信息节点越多、节点之间的差异性越大，信息失真的概率就越高。所以，地方政府部门之间如交流与沟通不畅，就难以在一方出现预警相关信息时及时告知对方。如果从全局高度来看，实现信息共享，就能保障地方政府部门之间在预警上更好地合作，提高预警的实效性。遗憾的是，当下已经完成预警信息共享系统建设的地区寥寥无几。

（三）传统媒体预警能力下降

信息对地方政府公共危机预警工作的重要性不言而喻，而传统媒体既是重要的信息源，又是影响力广泛的预警主体之一。但从近年来互联网及其他领域的舆论倾向来看，传统媒体的预警能力不容乐观。传统媒体的预警对象一般以公众为主，而有效预警的前提是：传统媒体必须要取得公众的信任。然而，近年来传统媒体的公信力遭遇低潮，虽然时至今日，传统媒体依然是公众最重要的信息来源；但一旦传统媒体上出现一些与大部分人的普遍认知相悖的信息时，公众对传统媒体的信任度就会下降，而坊间的各类传闻就有了生存空间，进一步削弱了传统媒体的预警实效性。[①] 近年来针对社会上出现的谣言，个别传统媒体不但未指证谣言的危害性，反而在未经查证的情况下轻率传播。可见地方政府开展网络环境下危机预警时，加强传统媒体监管是一个重要命题。

五、危机预警缺乏运行保障

我国现行的公共危机预警机制仍然沿用传统运行模式，预警方案设计落后、预警信息传达滞后、资源浪费、工作成效不佳，这些情况集中反映了我国公共危机预警机制在技术、设备、人才和资金等方面的滞后性。

（一）缺乏技术保障

我国在公共危机预警机制建设上，缺乏应有的技术保障。截至目前，各地方没有能够构建起具备专业信息反馈能力的信息处理系统，缺乏危机预警所需要的硬件条件。如需要保障各个预警程序稳定运行的服务器与小型机，保障通信顺畅的区域专网光纤线路等。软件上虽然已经有部分发达城市将数据处理外包给了专业公司，但这些企业的水准不一、信息处理的侧重点不同；对同一个危机事件的舆情判断也不一致，难以实现同步预警。[②] 这就意味着，在公共危机发生前，地方政府没有能力迅速就可能发生的危机情况做好应急预案，也很难在第一时间做好危机处置工作，更无法在危机发生后迅速对相关舆情进行引导。危机预警缺乏技术保障，还将导致危机出现后从公众到地方政府部门都缺乏必要的心理缓冲空间，情绪容易短时间内受到严重冲击，社会秩序很可能陷入混乱。

（二）缺乏物质保障

在公共危机预警的物质保障方面，很少有地方专门为了公共危机预警设立独立预算，物质保障很不稳固。就近年来公共危机案例而言，我国各地方的物质保障主要依靠三种途径：上级政府部门在危机发生后的临时性物资调拨、民间的临时物资募集及社会各界的踊跃捐助。但这些途径都不具备长效性，无法对公共危机预警提供长期有效的物质保障，无法有效支撑公共危机预警的常态化、日常化。与此同时，部分通过上述三个途径转移支付到公共危机预警体系中的资金，缺乏有效的监督管理，因管理不善而导致物资账目不清等情况，非但不能支撑、满足危机预警管理的物质需求，还严重打击了公众捐助、援助的热情。所以，各地方政府需要从两方面着手：一方面，要构建为公共危机预警提供物质保障的财

---

① 人民日报. “纸”在求变 报何以存？[J]. 人民日报，2014-05-15.

② 董坚峰. 基于Web挖掘的突发事件网络舆情预警研究 [J]. 现代情报，2014，34 (2)：43-47.

政体系及物资调配体系；另一方面，该体系必须专款专用，账目必须向社会公开，让公众、企业和事业单位等社会力量积极捐助，为公共危机预警工作提供充足的物质保障。

（三）缺乏人力资源保障

要确保公共危机预警工作顺利展开，必须要有一支专业水平高、应变能力强且能够适应高强度工作的高素质复合型人才队伍。可以说，队伍建设是公共危机预警能否发挥其应有作用关键所在。然而，不少处在预警岗位上的人员，虽然组织能力比较突出、沟通水平也很不错，但缺乏危机管理、危机公关及危机预警所需要的知识，并不能够根据危机发生前的各种信息进行研究、分析，并预先对可能发生的危机进行类别判断、风险评估。[①] 目前一些高校虽然有相关专业学科设置，但教材与时代脱节问题比较严重，无法为实际工作提供有效参考。加上地方危机管理者面对公共危机的复杂性、风险性与专业跨度决定了其素养水平要求远高于一般政务工作者。然而，目前各地方并没有把公共危机预警人才队伍建设制度化、常态化，导致危机预警缺乏人力资源保障。

六、未能关注网络舆情预警

《中华人民共和国突发事件应对法》，对公共危机基本应急原则及监测预警做出了规定，并根据灾害严重程度给出了四个等级，使地方政府能够在第一时间向外公布危机规模与危害性。然而，《中华人民共和国突发事件应对法》发布已近十年，依然没有一部关于网络环境下舆情危机以及公共危机应对的法律法规。网络环境下，所有发生在现实中的公共危机都有可能通过网络扩大影响力、引发舆情危机；加上公众通过互联网表达意愿日趋强烈，互联网中的舆论甚至可以引发次生公共危机。所以，针对互联网舆情的预警工作非常必要。

（一）技术运用不到位

鉴于网络环境下公共危机预警的特殊性，各地方政府部门的信息技术运用能力很大程度上决定了其实际预警的准确性。近年来公共危机案例中，危机爆发前已在网络上出现相关信息的情况屡见不鲜。从纯粹的技术角度来看，利用计算机自动收集、判定网络信息中存在预警风险信息并告知操作者是完全可以做到。但就目前情况而言，我国在公共危机事态下的信息监测、采集与处理技术比较有限，在关键词查找上虽然比较准确，但在破解网络用户隐喻上做得并不如人意。这种技术运用上的缺失，使各地方政府部门在开展网络环境下的危机预警时，不得不采用大规模人工排查办法，效率与能力都有限。即便能够完成对门户网站、新闻 APP 的排查及检测，却无法完成新媒体平台的信息监测、收集与判断。无

① 周小倩．完善网络舆情预警机制［J］．军事记者，2014（4）：69.

法发现网络用户的隐藏情绪，更无法判断这些情绪背后的公共危机风险。事实上，近年来多起公共危机事件中，当事人或相关人都已经在新媒体平台对危机进行了一定程度的“预告”，可惜相关地方政府部门未能及时收集监测到相关信息。

（二）舆情信息运用不科学

开展针对网络环境下的公共危机预警工作，最关键的一点是要正确运用既有的舆情信息。在完成信息收集后，对舆情信息进行筛选、整理以及分析研究。从近年来各地方公共危机处置情况来看，运用舆情信息的主要方式为两种：工作人员的直接运用及通过计算机运用舆情信息。通过计算机运用舆情信息，就是根据网络环境下的公共危机舆情特点，编写具有针对性舆情程序，其中包括有关键词的自动筛选、自动判断、自动屏蔽及分析出舆情信息报告等。从当前情况来看，一些地方政府部门并没有很好地利用计算机技术来监测舆情信息。各地方目前运用舆情信息的方式主要还是依靠人工监测、阅览、理解、判断及研究。人工运用舆情信息有较大的局限性，判断失误风险、错漏关键信息收集的风险都远远高于计算机，效率远低于计算机。因为舆情信息运用能力较差，即使在网络环境下出现与危机有关、可以作为预警关键资源的舆情信息，一些地方政府部门也往往难以把握；导致公共危机得不到有效预警，从而失去危机处置的最佳时机。

（三）预警指标体系不完善

要开展好公共危机预警工作，就必须以一定的预警指标作为标准及参考。公共危机预警指标的作用，在于真实反映公共危机状态下公众的情感反应，从而了解对公众情绪产生影响的因素。然而，从近年来各地危机案件处理情况来看，预警指标体系并没有在预警过程中得到充分运用。当然，公共危机类型繁多，公众情绪随时变化，要做好公共危机预警，除了前瞻性审视现有的危机信息，还要利用好预警指标，评估、判断当前公共危机的类型及发展程度。虽然近年来学术界在互联网情绪及公众情绪上取得了不少研究成果，但并没有成功转化为网络环境下公共危机事件的预警与评估指标。这使一线工作者无法根据预警指标来指导自身工作，失去判断公众危机情绪的重要参考。对网络环境下的公共危机进行预警，是为了在最短时间内了解危机的类型、发展态势、影响范围及风险程度，从而帮助地方政府部门做出科学决策；在预警指标体系不完善的情况下，这种作用也就无从谈起。另外，网络环境下的公共危机是处于动态发展的，而目前已有的预警指标体系并没有展现出这种动态性特点。①

---

① 朱亚军. 浅析我国公共危机预警系统的构建［J］. 价值工程，2014（23）：325-326.

第三节 网络环境下地方政府公共危机预警能力提升对策

公共危机预警既是公共危机管理的首要环节，又是关键内容。公共危机预警是决定我国公共危机管理水平的重要因素，是防止、遏制、减少公共危机发生，降低危机损失的有效方式。健全系统的公共危机预警机制，能够在很大程度上推动我国政治、经济、社会文明的发展，当前我国对各种公共危机防治已从被动应对转变为积极主动预警。但是，公共危机预警机制需要经过长期、系统、烦琐的过程，需要政府、社会组织与公众的共同努力。为此，要针对国内公共危机关于预警机制的实际情况与存在的问题，参考国外管理经验与先进管理技术，积极探索适应我国社会发展，具有针对性与可行性的有效提升我国地方政府公共危机预警能力的路径。

一、强化预警意识教育

理性的危机预警意识有利于推进危机意识的建立。危机预警意识是社会文化的组成部分；营造浓厚的社会危机预警氛围，有利于加强公众对危机预警的认识，强化危机预警观念。危机预警意识是一种客观、理智的认知态度，它能促使人们积极应对公共危机，在危机面前做到从容应付、不恐惧不慌张。具有较强的危机预警意识，能够促使人们有效防御与规避风险。在涉及民众切身利益的就业、住房和自然灾害等问题上，政府与民众都应保持高度危机预警意识。①

增强危机预警意识能够有效提高公共危机预警管理的工作效率。在网络环境下，地方政府要重视对全社会危机预警意识的培养，通过各种渠道和方式提高全社会危机预警意识。全面调动非政府组织、公众参与到危机预警管理中来的积极性，进一步完善危机教育体系，从而不断提升全社会的危机意识。一是从家庭层面上着手，加强家庭危机教育。家庭是培养意识的重要场所，家庭具有稳定性与长期性，极其有利于危机预警意识教育的开展。因此，父母等长辈应注重自身对危机教育方面知识的充实，在潜移默化中影响孩子的价值观；家庭成员之间要相互学习共同进步，父母在不断增强自身危机预警意识与预警能力的同时，还要重视给孩子灌输这方面的知识，引导孩子树立正确、理性的危机预警意识，提高孩子对危机预警相关知识的认知能力。二是从学校层面上着手。学校是培育社会公众危机预警意识和巩固公众危机预警观念的重要场所。学校生活是孩子成长的关键时期，他们在学校中增长知识、学会为人处世，对其思想价值观的形成具有关

① 程德慧. 公共政策防范现代危机的公民个人支持分析-基于文化教育的视角［J］. 广西社会科学，2015（3）：133－137.

键性影响。对此，地方政府应重视发挥学校的优势作用，设立与危机教育相关的专业课程，定期开展危机模拟实践活动，从整体上提高学生的危机预警意识与危机应急能力。三是从社区层面上着手，将危机预警教育提上社区日常工作议程。加大对危机预警知识的宣传，开展心理咨询、消防演习、危机意识培训等活动，营造良好的危机预警知识学习氛围。使公众在危急情况下懂得自救与互救，减少公共危机带来的损失。

（一）加强青年人预警教育

首先，要让青年人树立危机预警意识，让青年人了解究竟什么是危机，危机会带来哪些危害和影响；让青年人警觉危机的隐蔽性，明白并不是只有看得见、已经出现的或是对自己有直接影响的才属于危机，公共危机的危害性非常大。认识除了天灾之外，还有许多社会非理性情绪导致的公共危机，这些应作为青年人危机意识教育的重点。其次，要让青年人正确意识到公共危机是综合性的，而不仅仅是关乎自身权益。与此同时，要让青年人正确认识到，危机预警是一个需要多方力量共同协作才能完成的工作。高校、政府及家长应该教育青年人，积极向地方政府提供危机风险的相关信息，从而避免公共危机影响。最后，无论是学校的教育工作者还是地方政府部门，都应该首先树立预警意识，为青年人提供更有价值的预警教育，从而使青年人面对危机时，做好相应的心理准备。青年人作为社会的支柱，必须扛得住、经得起危机考验。

（二）在民间倡导预警文化

社会习惯来源于社会文化，社会习惯对人们的工作生活、思想观念具有直接影响。因此，地方政府在开展危机教育的同时，还要加强对危机知识的宣传，在社会中创建危机社会文化，增强公众的社会危机意识与应对公共危机的能力：首先要全面发挥政府的资源优势。政府是公共危机预警的管理者与组织者，拥有执政权力，能够根据实际情况制定法律规章制度、构建危机预警体系与预案，制定危机预警科研项目、下拨科研经费等。通过上述措施，促进公共危机预警工作开展，提高社会危机意识。其次是要加强危机科学知识的普及教育，专业的公共危机知识是进行风险评估的基础，公众对专家学者通常持较高信任度。对此，地方政府可印发一些关于公共危机知识的科普手册分发给公众，以加强民众对危机爆发原因、防御方式、应对措施等的认识，创建浓郁的危机知识学习环境。再次是全面发挥新闻媒体的传播优势。网络环境下，公众大多数通过微博、微信和论坛等方式获取社会信息，了解社会时事。对此，网络媒体应借助自身的优势，以公众易于理解的方式宣传危机预防预警知识与应对策略，促进民间预警文化建设。最后是加大专业培训力度，各地方政府要定期开展公共危机预警培训教育活动，鼓励各部门人员积极参与公共危机预警知识学习，不断增强自身的理论知识储备与实践工作能力，从而提高政府决策的科学性与可行性，从整体上提升公共危机预警的水平。

（三）鼓励公众共同预警

在开展公共危机预警过程中，仅依靠政府的力量是远远不够的。要促进公共危机预警有序、高效地运转，就要联合社会组织、企业、公众等各方力量，共同参与到危机预警工作中来。从政府层面上来看，地方政府要借助多种途径来传播社会预警意识，完善相关法律机制，畅通公众参与渠道，为公共预警工作得以规范、正常进行提供保障；扫清阻碍公共危机预警工作开展的因素，优化参与程序；针对表现出色的个人与组织给予相应奖励，从而提高社会组织、企业与个人参与的积极性。从社会组织层面上来看，地方政府要加强对社会组织的培养，进一步扩大公益性组织的发展规模，放宽审批条件，为个人参与公共危机预警创造良好的环境。致力于建立以政府为主导，个人、社会组织、企业共同参与的公共危机预警团队。不断提高个人的危机知识技能水平，充分发挥社会组织在集中、整合、协调社会各方资源上的优势作用，为政府进行公共危机预警、救援处置提供后盾保障，从整体上提高社会应对公共危机的能力。总之，要强化政府组织与公众的危机观念，就要做到下面四点：一是树立忧患意识；二是增强危机认知能力；三是提高危机防御能力；四是提高危机应对能力。借助网络教育引导公众树立危机意识，加大公共危机预警知识普及力度，营造浓厚的危机预警氛围；对公众形成潜移默化的影响，进而提高全社会参与公共危机预警的积极性。

二、完善预警法治建设

建立健全公共危机预警机制，有利于推进公共危机预警管理规范、高效开展；以法律形式进一步明确政府与公民在公共危机管理中的权力、义务范围，赋予政府在公共危机预警管理中的最高权力，实施有效措施来保障国家安全、社会稳定，维护公众生命财产不受侵害。近年来，我国先后颁布了一系列有关应对公共危机事件的法律条例，很大程度上推动了公共危机管理的发展，提高了我国公共危机管理的规范化与法治化。

（一）强化预警法治建设

网络环境下，要深入推动公共危机预警法治化建设进程，提升地方政府预警能力，就要将综合法与单项法运用相结合，管理上将非常态管理与常态管理结合起来。2004 年，我国颁布了《全国推进依法行政实施纲要》，强调要构建一系列完善的预警与应急机制，不断提升政府应对公共危机的能力，有效解决各种类型的公共危机事件，保障社会的安定和谐，维护国家、集体、个人的根本利益。①

---

① 中华人民共和国国务院. 全国推进依法行政实施纲要［Z］. 2004.

2007 年，我国颁布了第一部专门用于危机管理的法律法规——《突发事件应对法》，附有总则、预防、应急准备、监测与预警、应急处置与救援、事后重建、法律责任和附则等多项内容。具体包括构建联合、统一的应急管理机制，进一步完善公共危机防御与应急准备机制；同时还明确了公共危机预警信息获取、传送、监测与预警发布机制，制定了各地方政府应对公共危机的分级响应责任与工作程序。[①] 与此同时，国家还制定了《水法》《消防法》《突发公共卫生事件应急条例》《森林法》等单项配套法律。但当前综合法与单项法之间尚未建立相应的联系机制，导致条款规定重复与矛盾的情况时有发生，实际工作中可行性较低。对此，应进一步健全综合法与单项法之间的各项法律机制，加强两者的配套使用；通过综合法规定公共危机预警的各项措施，单项法则在符合综合法相关要求的基础上，按照各领域的实际情况做出相应规定；使综合法与单项法能够相辅相成，不断完善与优化，提高公共危机预警法律机制的可行性、科学性与全面性。

（二）将响应责任作为立法重点

问责机制是公共危机预警机制的重要组成部分，是促进危机预警机制正常、高效运行的有效保障；合理可行的问责机制能够提高危机管理人员的工作积极性，强化部门人员的责任意识，提高公共危机预警管理效率。对此，国家应重视对公共危机预警问责机制相关法律的完善，通过法律方式将危机预警机构设置、部门职责、职能范围和经费使用等明确下来，使公共危机预警管理更加规范化与科学化。立法要重点强调以下几点：一是清晰界定公共危机预警的责任主体，详细规定各部门人员的责任范围，将责任落实到个人，明确实施事项的集体或个人，并制定责任追究细则。二是清晰界定公共危机预警的问责主体，当前很多责任主体将个人与集体统一起来，形成"同体"问责，如责任落实不到具体个人或集体，责任制度就会流于形式。对此，应加强单位主体对责任主体的问责与监督，从而保证责任制度的有效实施，提高公共管理预警机制的运行水平。三是详细界定问责程序，包括开启问责程序的方式、问责内容、问责过程和问责结果处置等内容，都要通过法律形式予以明确，将问责工作纳入法律法规之中；使问责工作有章可循、有法可依，促进问责工作的有序进行，提高问责机制的权威性。

三、完善危机预警机构

公共危机预警机制组织体系是促进公共危机预警有序、高效运行的重要保障。在组织的统一领导与规范下，保障危机预警工作的正常开展，健全与优化各地方公共危机预警组织体系；致力于建立一个责任落实到位、组织严谨、应对快速、信息通畅、社会各界积极参与的公共危机预警组织体系。

---

① 全国人大常委会．中华人民共和国突发事件应对法［Z］．2007．

（一）为危机预警构建组织协调机构

在公共危机预警机制的管理上，很多国家都为公共危机预警设置常设机构，将危机预警作为政府管理的一部分；将其打造为危机监测与预测、分析与发布、政策发布与实施的专职机构，为公共危机应对处置、防御公共危机、降低危机损失发挥重要作用。对此，我们应参考国外先进管理经验，对传统的危机应对模式进行调整与改革，建立公共危机预警常设机构，使危机预警工作走上规范化、日常化和制度化轨道。

建立能综合协调各部门的公共危机预警综合协调中心。当前各公共危机管理部门之间缺乏必要的交流，导致危机预警管理混乱，信息传播受阻。为改变这种情况，就必须在各部门之间建立一个能够统一管理的综合协调机构，打破各部门封闭、互不干涉的壁垒，给予这个综合协调机构绝对的领导权与指挥权；将各领域公共危机部门收集到的信息进行整合、分析，建立公共危机预警综合协调体系。利用公共危机预警综合协调机构将各部门的资源进行汇总、分析，加强各部门之间的信息共享，推动实现各领域公共危机部门积极协作，营造企业、社会组织、公众主动参与的公共危机文化氛围；使各部门信息得到畅通、有序地传播，部门之间的合作联系更加紧密。在统一管理与指挥之下，公共危机预警机制得以有效、高速运转，从而为公共危机处置奠定坚实基础。

（二）设立专业监测机构

地方政府应该与专业机构合作，建立覆盖整个社会的危机预警监测专门机构，针对特定领域的互联网舆情实行 24 小时全天候舆情监测。要构建公共危机预警体系，仅仅依靠网宣办或信息协调中心完全不够。因为该类机构的主要职能是协调各方工作、保障预警与信息监测的物资供应不受影响；对于专业领域的信息监测既不具备专业知识，也不具备监测技能，更缺乏专业人才队伍。所以，网宣办或信息协调中心应下设针对政治领域、经济领域、文化领域和民生领域等危机信息监测单位，通过招聘、聘请高校学者兼任顾问等方式，输送充足专业人力资源力量。只有专业人力资源得到保障，技术支持问题才能得到解决①。在专业团队的带领下，各领域都应配备专门舆情信息监测力量全程收集、处理、研究信息，并按照不同的危机事态提出建议拟定备选危机预测、处置方案；同时要在第一时间将信息传达上级部门，以满足地方政府各部门的决策需求。

（三）扶持民间预警机构

要引导协调社会各界共同参与公共危机预警，积极扶持相关机构或单位。在

---

① 孙志香．地方治理的“双轨共治”趋势［R］．当代中国政治研究报告第 12 辑，社会科学文献出版社，2014：114－119.

公共危机预警上，鉴于地方政府相较于其他主体的资源优势与权威，应是主导主体。但单单依赖政府的力量无法圆满完成公共危机预警任务，因为政府部门在全面性、专业性上存在短板。将企业、社会组织甚至是普通公民纳入公共危机预警体系当中，是公共危机预警体系建设的重要环节。从近年来我国各地方公共危机预警与处置工作实践不难看到，当前仍缺少能够引领社会各界共同参与公共危机预警的专门机构。该机构的主要职能就是协调公众、社会组织及企事业单位，整合各方信息反馈，结合地方政府的危机决策做出细致的预警安排，及时面向社会各界公开危机监测情况，鼓励社会多方力量共同协作完成危机预警任务。只有社会各界共同协作，才能够实现网络环境下公共危机预警的“无死角”运作，才能够真正实现公共危机预警体系的建设目标。在这一点上，可以向发达国家地区学习，如美国联邦政府启动的“市民梯队”计划，充分宣扬志愿者精神，号召市民、社区与政府一起行动，共同应对犯罪、灾害的威胁。① 可见，充分调动社会力量的参与将极大推动我国公共危机预警机制的构建。

四、健全政府危机信息预警系统

要充分体现公共危机预警的作用，地方政府还需要建立专业性与实操性兼备的危机预警系统，如及时判断信息指标、信息的风险等级、可能需要的决策信息等，以便对危机信息进行监测与预警。地方政府作为公共危机的一线处置主体与预警主导主体，需要为公共危机信息预警系统的判定指标、层次标准及信息的收集处置与反馈提供一个整体框架，并由专业人士根据地方政府需求负责设计具体细节，同时还需要具备及时向公众公开预警信息的多元化渠道等。地方政府的公共危机预警信息系统是整个公共危机预警工作的内核，是以信息换取处置与决策时间的“危机瞭望塔”。通过信息收集及数据建模等方式对潜在危机进行监测和预防，并给出合理、准确的判断，以求规避危机或降低危机的负面影响。

（一）利用新媒体构筑政民合作预警信息系统

预防问题是解决问题的最好方法，公共危机也不例外。如果在公共危机发生之前，主动对可能发生的危机设计应对预案，不但可以在危机发生后迅速做出正确决策，而且可以降低因公共危机带来的社会失序风险，提高地方政府的公信力。

首先，地方政府需要厘清思路，做主动性危机预警。如果地方政府在推行和民生息息相关的方针政策时，最好事先通过微博、知乎等新媒体平台征取公众、相关专业领域的专家学者意见，了解公众的意见和建议。这样一来，地方政府的决策与方针政策的落实阻力将大大减少，而且可以有效规避可能的舆情危机风

① 张英菊. 发达国家如何提升公众危机应急能力［N］. 学习时报，2015－11－27（A2）.

险。即便引起舆情危机，由于事先已与公众进行沟通，从而更易得到公众的理解与支持。

其次，在公共危机出现之后，地方政府需要利用新媒体及时对公众做出回应。一方面，地方政府的迅速回应可以让公众的关注度集中到政府设置的议题与议程中，为政府下一步公共关系工作奠定基础。地方政府利用新媒体做出及时回应，不但能够挤压谣言的生存空间，而且更容易将舆情危机导向理性、冷静。因此，地方政府要坦然面对、及时公开信息，有效提高正面舆论的影响力，赢得公众的信任。另一方面，地方政府应在危机发生后及时利用新媒体平台，完成公共危机预警与舆情引导工作。

（二）利用信息技术构筑部门合作预警信息系统

当前，各地方政府在引导与管理公共危机舆情上取得了一定成果，但仍存在公共危机防御意识落后、危机应对方式不明确、职能界定不清晰、管理模式滞后等问题。对此，各地方首先应加大对公共危机舆情监控预警的组织领导力度，对现行处理公共危机的方式方法进行优化完善，进一步健全公共危机舆情监控预警体系；其次，还要正确处理关系，明确各部门职责范围，健全组织结构体系；详细界定政府部门在公共危机舆情监控上的权利界限，加大行政管理力度，创新管理理念，优化管理方法，不断提高地方政府在应对公共危机上的管理控制能力；最后，应充分发挥网络媒体的优势，加强对网络资源的管理控制，提升技术监控水平，不断完善法律与管理体系。与此同时，地方政府还要加强与民众之间的交流，及时引导、疏通网络舆论，获得公众的支持与认可。

随着互联网信息技术的快速发展，网络技术促进地方政府行政管理工作的作用越来越显著。对此，为联合各部门共同参与到公共危机预警中来，加强各部门之间的沟通互动，地方政府应借助信息技术构筑合作预警信息系统，使各领域各部门之间的信息得到畅通有序地传播，为公共危机决策制定提供更多有用的参考信息，提高危机决策的科学性与可行性。

（三）为传统媒体指明网络环境下预警任务

媒体是社会分工精细化的产物。随着时代的不断发展变化，媒体所肩负的社会责任随之增加，政治、经济、文化、娱乐和社会预警等作用逐渐凸显出来。社会预警功能是媒体的核心，也是其优势所在。当突发性危机事件爆发后，媒体的事前预警与信息报道，能够为民众与社会机构争取必要的时间，有效防止各类危机事件所造成的恐慌、混乱，降低危机带来的损失。然而，就当前现状而言，传统媒体未能充分发挥这一社会功能。

随着我国法治化建设的推进，一定程度上提升了媒体的预警能力。媒体预警虽然不能从根本上解决贪污受贿等社会问题，但通过预警可以给不法分子施加舆论压力，借助舆论对之约束。

2015 年 1 月召开的十八届中纪委第三次全会强调，要加强对干部不作为管理和监督的预警，防止腐败及利益纠纷的发生。媒体要做到积极回应国家政策，及时为政府监督、问责处置提供预警信息。媒体的监督预警具有及时性、跟踪性和超前性等特点，能够在问题发生之前或初见端倪时进行曝光，提前处置，为相关部门提供依据。传统媒体要明了网络环境下的预警任务，加强媒体之间的协作联系，积极构建良性互动的合作关系，建立畅通、有序的联系机制。要对政府的工作进程全面了解，汇聚社会各方意见，及时发出预警信息；政府要对媒体议程予以一定的了解，发现不足，及时纠正，不断提高危机预警能力。

五、加强危机预警的各项保障

资金、技术设备和人才是维持公共危机预警机制正常、高效运转的重要保障。缺乏资金的支撑，危机预警机制就失去了推动力，危机预警机制就难以正常运行；预警技术设备落后，难以满足复杂危机事件的处理要求；人才匮乏则会导致公共危机预警机制停滞不前，形同虚设。对此，各地方政府应进一步加大对资金、技术设备的投入，重视人才的培养教育，不断强化危机预警的各项保障。

（一）加强危机预警技术支持

公共危机预警过程中，技术设备是开展危机预警工作的重要前提。危急情况下，技术设备是危机预警与危机救援处置能否正常、有效开展的保障，是民众生命财产安全保证的基础。对此，政府部门应不断加大对技术设备的引进与投入。在做好日常基础通信网络的同时，通过计算机信息系统、地理信息系统、遥感技术、空间监测卫星系统、地面监测预报系统、电脑软件、电视会议、可视电话、多媒体电子邮件、图文检索、视频检索和视频点播等先进技术设备辅助危机预警工作开展，[①] 并做好这些设备的日常维护工作。不断加强危机预警的技术支持，为公共危机预警管理提供技术保障，最大限度地满足日趋复杂的公共危机预警需求。

（二）加大危机预警的物质投入

充裕的资金是危机预警管理工作高效开展的重要基础，全面、科学的资金储备计划是保障危机预警机制有序运转的保障。目前我国正处于社会发展的关键时期，相较于发达国家，我国经济发展水平较低，区域间经济发展水平不匀衡。基于这种社会形势，国家应构建专门的危机预警财政机制，设置专项资金用于公共危机预警，设立专门机构进行专项资金管理。由国家审计部门审核考察款项，保

---

① 晁亚男，毕强，辛立艳．政府危机决策中信息预警机制研究［J］．情报理论与实践，2014，37(6)：63－67.

障资金得到充分、合理地使用。[①] 同时，还应构建完善的公共危机预警资金区域合作体系。地区经济发展的差异性，致使各地区在危机预警上的财政预算各不同。沿海发达地区拥有资金上的优势，中西部地区资金储备能力较低。地理环境上亦有差别，突发性事件发生频率也不尽相同。基于这种情况，建立健全公共危机预警资金区域合作制度有利于实现各地区优势互补，各地区之间的合作协调，充分发挥各地区的资源优势，不断提高应对公共危机的能力水平。从社会角度分析，危机预警关乎国家、集体和个人的根本利益，关系民众的生命财产安全。因此，社会组织与公众都应主动参与到危机预警管理中来，社会组织则应优化其类别划分，设立用于公共危机预警管理的专项基金；公众则要在日常生活中积极参加公益活动，加强对公共危机知识的认识，提高公共危机应对能力。

（三）加强专业预警队伍建设

随着时代不断发展变化，公共危机日趋复杂化与多样化，从单一型逐渐向多样型方向发展，增加了地方政府开展公共危机预警管理的难度。对此，地方政府应加强公共危机预防预警，充分认识到人才是促进危机预警管理有效运行的重要抓手。挑选具有专业知识与技术能力的优秀人才，大力引进危机预警专业技术方面的人才，组建专业预警队伍。当前我国针对公共危机管理的研究尚处于初级阶段，相较于发达国家而言，仍存在较大差距。因此，政府应不断加强对危机预警管理专业人才的引进，参考国外先进管理经验，建立专业危机预警队伍；根据我国公共危机预警管理的需求，进一步扩大公共危机预警队伍。要加强对公共危机预警人才的培训教育，定期开展公共危机预警专业知识与预警能力的专职培训活动；不断提高危机预警管理人才的专业水平，将危机预警知识与网络危机预警相结合，不断增强公共危机预警机制的科学性与专业性。此外，政府应加强与高校的协作，设置公共危机管理相关专业，依托高校培养更多专业型危机预警人才。应建立公共危机预警专业咨询团队，专门针对涉及危机预警方面的统筹设计。协调利用社会各方面资源，对可能的危机源头进行研究预警，保障公共危机预警信息的准确性与时效性。

六、加强网络舆情预警

（一）以先进技术构建检测预警系统

对于网络环境下的公共危机信息预警系统而言，通过专业技术构筑互联网公共舆情追踪检测系统模块非常关键。因为通过信息及信息痕迹去反向追踪危机风险，是网络环境下公共危机预警最重要的工作思路。通过对已发生的公共危机的事后总结研究发现，危机爆发前多半出现相关的风险信息，但通常是非常隐蔽

① 高壮伟. 新形势下政府危机管理的预警机制［J］. 天水行政学院学报，2012，13（5）：19－21.

的，容易被淹没在海量信息当中。随着互联网普及度越来越高，公众开始习惯于通过互联网表达负面情绪。通过互联网催生的公共危机越来越常见，甚至超过了一般舆情危机。因此，为了及时实现网络环境下公共危机预警，对网络舆论中的各类风险信息进行追踪监测是非常必要的；同时为了保障追踪监测的质量与效率，必须推动信息技术与社会科学成果有机结合，高质、高效地完成网络环境下公共危机信息监测工作。从目前情况来看，最核心的技术当属互联网信息特征提取与辨识、互联网信息判定等。当然，即便是基于先进信息技术的监测程序也不可避免地存在缺陷，来自预警队伍的人工监测仍然是整个公共危机预警中不可或缺的重要组成部分，如 IM 工具、微博等即时性较强的网络平台，目前依然无法单纯依靠信息技术完成监测与风险判断。

公共危机预警系统的互联网公共舆情追踪检测模块要真正在整个预警机制中发挥应有作用，就应该通过指标设定、特征安排等方式来为模块的运作进行引导，即监测追踪指标。第一，互联网信息发布方面的指标，地方政府应按照国家标准，判定信息发布内容的情绪是否理性、是否存在不良信息等；为了追踪与监测更高效，模块的主要目标应该放在那些有一定影响力的网络用户身上。第二，公共危机预警系统的舆情追踪检测模块还应该对舆论进行实时监控，因为通过关注网络对某一公共事件的态度，可以判断该事件的风险。具体来说，就是寻找发帖数量最多、评论最新最快、点赞最多的相关事件。如果这类事件的帖子中存在大量负面情绪，那么就可以认定为一种公共危机风险的预警信号。这种预警信号对于监测工作者而言，必须是一目了然的“红灯信号”，工作者应该在第一时间对其风险性做出判断。第三，相关工作者还应该利用信息技术模块，将各类不同的公共危机风险进行划分，如是由公共危机导致的舆情危机、影响公共安全的危机、影响公众生命财产安全的危机，还是由公共部门失范行为导致的公共危机等。例如，住房安居名额分配的纠纷、大学生就业创业税费优惠的落实、农民工子女受教育权、新农合养老、医疗等都是民生类公共事务，与这些事务有关的公共危机同属一类。另外，鉴于近年来各地暴力恐怖袭击事件有所上升，所以在公共舆情追踪检测模块当中，还应加入民族语言及外文的过滤、抓取、判定功能，如维吾尔语、藏语、阿拉伯语等。在下一阶段的技术升级中，地方政府应重点考虑少数民族语言与外文的信息筛选及监测。

（二）充分运用好舆情信息

在完成公共危机预警系统互联网公共舆情追踪检测模块建设之后，就应对该模块监测、追踪过程中抓取到的重点信息进行仔细处理与整理。第一，要对需要进行判断的信息进行粗加工，尽量标识信息的重点内容，从而让负责地方公共危机预警工作者能够在短时间内判断信息背后的风险及研究价值。要将工作重心放在信息整理过程中的分类环节，判断信息的影响力及影响范围，直接屏蔽互联网中容易判断、浅显的不良信息与谣言，将垃圾信息排除在整个信息系统之外，提升系统的运行效率。第二，公共危机预警系统的舆情追踪监测模块建设，最主要的目的是要通过监测、跟踪相关信息，通过整理、处置找到舆论背后的现实问题、公众情绪。信息技术的发展，让地方政府部门的舆论工作者可以通过技术对公共舆论、社会情绪进行迅速、准确判断。通过对舆论当中表现出来的公众情绪、态度及倾向，了解公共危机处于什么阶段、影响范围及影响程度等，从而对公共危机的风险度、风险范围进行全面判断。事实上，如果仅就公众舆论背后的社会问题进行判断来说，信息技术虽然已经十分发达，但仍然不能够处理好非理性的问题，信息者的思考能力仍然十分重要。

当然，如果单纯依靠地方政府部门的工作人员，做好网络环境下公共危机的情报分析工作是不现实的。因为无论是专业素养还是研究能力，工作人员再认真，也存无法弥补短板。所以，地方政府应与当地高校、专业机构合作，引入专家咨询机制。近年来，由于互联网的普及，涉及商业的危机公关业务不断增加。客观上，相关从业者的经验远比政府部门丰富，他们的判断更为精准。要对网络环境下的公共危机预警开展信息研究，就必须真正了解网络用户语言背后代表的情绪。对于地方政府部门的舆情工作者而言，如果没有丰富的经验，很可能会出现误判。只有依靠专业人士的判断，并将预警报告转交给相关部门进行舆情引导，地方政府部门才可以更有效地通过预警系统收集、处理信息资源。

对网络环境下公共危机舆论进行监测、收集、追踪并经过专业人士处置，才可得到真正有价值的危机风险信息。危机预警与决策的下一步就是利用这一有效资源，判断信息背后的危机风险，对其进行评级并对外发布。在这一环节上，是否需要发出警报公告，需要相关专家与地方政府部门事先制定相关标准。整体原则是：为了保证社会秩序的平稳，如果危机事态或风险是可控的、可以引导及解决的，原则上不应该对外公布警报；反之，如果危机的风险预测已经超过地方政府部门可控范围，就必须在危机真正对公众造成伤害、损失之前，向公众发布预警报告。参考目前国际上比较常见的危机预警分级制度，可以将风险等级分为轻警级（非常态）、中度警级（警示）、重警级（危险）和特重警级（极度危险），并按照蓝色、黄色、橙色和红色来加以区分，以便公众能够迅速判断警报等级，并着手准备应对危机。这种警报对地方政府的危机公关而言是非常有效的止损手段。

（三）健全预警指标体系

为全面掌握公共危机事件中公众情绪，进一步明确公共情绪的发展方向，政府要重视对预警指标体系的建立健全，使预警指标具备以下几种功能：

第一，指导公共情绪监测工作的开展，对获取的有效信息进行全面整合应用；掌握信息的来源，传播方式与事件发生的区域，作为公共危机预警管理工作的依据，有效化解潜在的问题。准确掌握公共危机事件发展方向是有效实行预警监测的重要方面，有利于进一步提高地方政府的危机处置能力。

第二，全面掌握公共危机事件在各个阶段的特点与发展方向，科学、客观地对公共危机中的公共情绪进行判断与分析，为预警的有效决策提供准确、全面的信息参考，使公共危机得到及时、有效的处置。降低公共危机事件带来的损失，保障民众的基本利益，维护社会稳定和谐，提高公众对政府预警管理的信任与认可，为政府开展危机预警管理工作奠定坚实的群众基础。

第三，预警指标体系的完善有利于创建良好的网络环境、维持和谐的网络秩序，从而进一步推动社会主义和谐社会的建设进程。健全预警指标体系，为促进预警机制的有序运转、促进危机事件的有效处置奠定基础。在社会中营造浓厚的危机预警文化，引导民众遵循网络规范，为创建良好的网络环境提供保障。公共情绪监测跟踪系统与民众生活的各个方面及国家安全、民众切身利益息息相关。因此，应加强对公众情绪监测指标体系的研究，将公共危机事件作为研究主体深入探讨。重点监测公共危机事件在发展变化中反映出来的公众情绪数据，通过切实可行的方法进行整合分析，保证指标体系完整，内容真实客观。

第六章　网络环境下地方政府公共危机响应与决策能力提升

随着微博、微信、Instagram 等社交新媒体的出现，公共信息渠道日益多元化、活跃化和扁平化。这就要求地方政府必须更快地响应危机、做出更准确的决策。目前我国地方政府公共危机响应与决策能力，与过去相比有不小进步，但仍存在一些不足和问题。

第一节　网络环境下地方政府公共危机响应与决策现状

一、已组建舆情响应队伍

一是建立网络舆情工作小组。网络环境下，部分地方政府组建了网络舆情工作小组，小组成员主要包括相关部门领导、办公室与相关技术人员；专门用于预防与处理舆情危机，负责对外宣传政府政务信息，并在日常工作中加强与各大网络媒体、社会组织之间的交流联系，以便将各方面力量集合起来，形成合力。同时负责对涉及危机事件进行跟踪调查，对舆情涉及人员情况开展深入调查。根据查找内容，分类储存，尤其是重要信息，及时上报，为制定政策提供有效参考，提高决策的科学性与针对性。

二是组建网络舆情监测调研工作队伍。为适应网络环境的发展需求，许多地方政府组建了网络舆情应对工作小组，设立组织部长、分管部长，负责总体统筹协调与实践调研工作；并从安监科、办公室与调研科抽取知识能力水平较高的专业型人才来担任舆情信息发布、网评编辑、网络咨询等相关岗位，监测网络舆情的发展动态，为决策制定提供信息依据。其他政府部门与乡镇组织委员可兼职做舆情管理人员，不定时关注网络信息，了解网络热点话题，及时发现舆情危机苗头，掌握舆情的发展动态，并在第一时间上报上级部门。

三是组建舆情响应队伍。当前，很多地方都组建了舆情响应队伍，主要负责监测网上论坛、微博和微信等新兴媒介的敏感信息。对于敏感词汇及时发现、快速关注，做好日常监测工作总结，并向上级部门汇报详细情况。在上级领导的统筹安排下，各部门舆情监测小组一致对外发布政府权威信息，便于公众了解，从而有效引导网络舆论，遏制谣言的传播，保证社会的安定和谐。

二、逐步完善的法律体系

公共危机的负面影响非常大，处置过程中，必须要有法律法规作为制度保障，才能规范、高效地完成相关工作。依法治国是我国的基本方略，建设现代化法治国家是我国的重要目标。对于危机处置工作而言，有针对性的法律法规是危机决策的合法性基础与指导规范。早在新中国成立伊始，为稳定社会局面、抗击国内外反动分子，我国政府颁布了《戒严法》；为了有效应对自然灾害，我国又相继颁布了《防洪法》与《防震减灾法》，这些法律为应对危机提供了有效指导。2003 年，为应对 SARS 疫情，国家出台了《突发公共卫生事件应急条例》。2007 年，我国出台了针对公共危机的专项法律法规《突发事件应对法》。该法律的问世，表明我国危机管理法制工作取得了阶段性成果。该法律覆盖了大部分公共危机类型，内容上首次涵盖针对突发公共危机的预警、检测、应急预案及救援救助、灾后重建等细节。近年来境外分裂势力与民族极端分子接连制造暴力恐怖案件，我国于 2015 年出台了《中华人民共和国反恐怖主义法》，以法律加强反恐工作的规范性，使国家安全、公众生命财产安全有了制度性保障，对维护我国领土完整、民族团结和社会稳定有着重要意义。

三、危机信息发布机制初步成型

危机发生后，主动向公众发布危机相关信息，可以有效改善政府的公共形象与公信力；反之，则会导致谣言四起，影响社会和谐稳定。在第一时间主动让公众了解危机的性质、影响及具体情况，更容易得到公众的谅解、支持，从而为地方政府的危机公关、危机处置工作提供良好的社会环境、舆论环境。根据我国《突发事件应对法》第五十三条的规定：“履行统一领导职责或者组织处置突发事件的人民政府，应当按照有关规定统一、准确、及时发布有关突发事件事态发展和应急处置工作的信息。”这给地方政府危机事态下的信息发布机制建设提供了制度保障。目前，地方政府已经建设完成并投入实践的信息发布机制有市长电话、政务门户网站、广电网络、手机信息以及政务微博、政务微信等，而政务微博是现今影响力最大、最有潜力的信息发布途径。2016 年 5 月 12 日，新浪微博加入北京地区网站联合辟谣平台，并联合公安部推出“全国辟谣平台”。网络用户既可以在该平台上获取最新信息，又可以参与辟谣活动，为危机处置与公关提供良好的社会环境。

四、建立了分门别类的响应预案

应急预案是制订危机处置方案的重要基础，也是提高危机决策科学性的有效手段。应急预案能够对风险进行识别、掌握危机的规律与方向、界定救援范围、明确救援方案，从而促进救援工作的有序、高效开展。危机事件爆发后，快速启动应急预案能够争取救援黄金时间，及时将事件控制在初始阶段，对危机事件快速做出响应，防止事件进一步扩大，减少事件带来的损失。与此同时，应急预案的确立，能够进一步强化各级政府部门与领导，以及广大民众的危机意识，加强政府部门对危机防治的重视，从而做好各方面的准备工作。我国应急预案的编制工作始于20世纪80年代，最初是在参考国外应急管理经验、结合我国实际情况的基础上，建立了核威胁应急处理方案、较强地震应急预案等。2003年“非典”疫情暴发之后，我国逐步重视对应急预案的编制，将应急预案编制提上国家议程，并取得了突出效果。之后，预案数量不断增加，预案囊括的危机事件类型范围不断扩大，预案设置逐渐趋于完善。截至2012年底，我国建立的应急预案类型包括自然灾害、社会危机和交通事故等多个领域，工矿企业与化工厂等高危行业也根据相关要求制定了相应的应急预案。2013年10月25日，国务院办公厅颁布《突发事件应急预案管理办法》，对应急预案编制工作进行了补充与优化，为构建完善、全面的应急预案体系奠定了基础。[①]

五、建立了决策问责追责制

危机决策是危机管理的重要内容，是进行危机处置、保障社会安定、维护公众基本利益的有效途径。能否合理科学地使用危机决策权，是危机管理活动能否取得成效的关键。如果决策权行驶过程缺乏程序化，往往会导致监督力度不足而出现滥用决策权、公权私用、不负责任的行为，最终导致决策出现差错，直接影响危机事件的处置成效，严重损害国家和公众的根本利益。对此，要利用法律与制度明确危机决策的相关事项，使决策有法可依、有章可循，使决策工作趋于合理。

2003年“非典”疫情过后，我国开始加强对公共决策责任追究制度的建立。决策问责追究制度的建立，进一步规范了决策者的决策行为，提高了决策的有效性，促进了公共危机的快速、高效处置，保障了公众基本利益。

六、具备了一定社会协同响应能力

政府是公共政策的制定者与落实者，负责统筹协调各方面资源，促进社会的有序正常运转，在公共危机管理中处于主导地位。公共危机爆发后，地方政府如能快速响应、高效处置，有效控制危机蔓延，降低事件造成的损失，减少事件带来的不良影响，就能提升维护政府公信力。公共危机爆发直接影响到公众的基本

---

① 陈建安，刘建波，吕红频. 全面加强应急预案管理 着力健全公共安全体系——《突发事件应急预案管理办法》解读［J］. 中国减灾，2014（11）：16－19.

生活，损害公众的基本利益；作为利益相关方，公众应该为地方救援工作提供支持，参与公共危机的应急处置。地方政府亦要重视群众的力量，充分发挥公众在推动危机事件有效处理方面的重要作用。危机事件发生后，公众往往都是事件的直接接触者，其提供的信息能够作为政府决策制定的依据。在危机处置过程中，公众的配合与支持为政府开展应急救援创造良好的工作环境，提高危机处置的效率与水平；此外，在特定情况下，地方政府可以允许公众参与决策，或接纳公众的建议。

与此同时，各级政府以培训、演习的方式加强公众对危机知识与自救技巧的掌握，进一步强化了公众的危机观念。地方政府还重视与各大网络媒体建立协作互动关系，充分发挥媒体在联系政民、拉近官民关系上的平台作用。一是媒体将公众的诉求意见传达给政府；二是政府通过媒体发布政务信息、危机的处理情况，鼓励公众积极参与到危机处置监督中来，及时安抚公众情绪，维护社会稳定。

第二节　网络环境下地方政府公共危机响应与决策中存在的问题

一、危机信息管理水平较低，难以支撑危机决策

（一）危机信息管理理念滞后

当前，一些地方没能正确认识到信息基于国家管理、社会治理及危机决策制定上的重要作用，对危机信息来源、信息公开、信息共享等缺乏必要的认识。

1. 政府信息管理法治化不够

信息发布是危机公关及危机决策最关键的环节，而当前相关制度建设却因缺乏法理依据而相对滞后。在信息公开上，相关法律法规缺失，这主要归因于一些地方政府思想理念上没有充分认识到信息管理法治化的重要性。为了遏制一些地方在信息公开方面的负面倾向、促进地方信息管理工作科学化、民主化和规范化，应该促使地方政府部门强化信息管理法治化理念。

我国的政务信息公开工作不及日本、美国及欧洲发达国家，比起东欧的一些国家也存在差距。信息公开的法治化程度较落后，2007 年才出台了第一部有关政务信息公开的法律法规——《中华人民共和国政府信息公开条例》，该法规虽然让地方政府的信息管理——尤其是信息公开——工作变得更具规范性、原则性，但在实践中却因细节不完善缺乏应有的指导价值。随后我国相继出台了《突发事件应对法》《国家突发公共事件总体应急预案》以及国务院各专项应急预案，对危机事态下的信息管理工作做了原则性要求。但随着公共危机日趋复杂敏感，相关法律法规已经难以满足信息管理具体需求，在政务信息公开、主体公

开、特例公开和程序公开等重要环节缺乏细节规定。

2. 政府信息管理弹性不足

在网络环境下，多媒体、多途径信息传播成为大势所趋，危机状态下的信息管理，必须合乎这一发展趋势。特别是危机爆发后，信息发布越晚，危机公关的风险就越大。因为信息发布的速度与政府的危机响应呈现正相关关系。当前部分地方政府由于没有利用好多元信息发布途径，信息管理比较僵化，信息的预警工作很难开展。

就目前情况来看，地方政府部门的信息管理工作仍然以传统行政模式下的垂直管理为主，响应速度慢、灵活度低。因为信息管理活动必须通过不同层级的审批报请才能开展，这就意味着当政府的审批工作结束时，很可能已失去了信息管理活动的最佳时机，导致公共危机负面影响扩大、危机公关难度增大。[①] 尤其当公共危机与公共利益密切相关时，迟缓的响应速度显然无法满足公众的信息需求。所以，当地方相关责任部门无法及时做出信息响应，就有可能为谣言的扩散提供机会，从而降低信息管理的实效性，还可能成为公共危机事态下的公共关系隐患。

（二）信息管理手段落后

1. 缺乏专职信息管理部门

地方政府构建的多个信息机构，在保障决策合理性，化解公共危机上发挥了积极作用。但随着网络环境的不断变化，现有的信息机构与决策机制已无法满足危机处置的实际需求。信息管理体系需进一步健全与优化，建立专职信息管理部门已成为当务之急。

政府的信息机构通常采用纵向分级管理模式，接受各级政府的指挥与领导，尚未设置统一、专职信息管理部门。信息系统的主要作用是发布与传播信息，随着网络技术的不断发展，信息单向传播依然是信息系统的主要特征。信息机构通常按照上级部门的指令对所需信息进行搜索、查找，这种信息管理方式使其长期处于被动地位。工作人员积极性不高，缺乏对危机信息的预警能力，对上级部门没有下令的指示，没有主动搜索的意识，信息搜查严重落后于信息管理的现实需求，从而降低了决策的时效性。此外，由于缺乏专门的信息管理部门，各部门信息收集工作较为混乱。部门之间交流联系不足，信息流通受阻；各部门所收集到的信息不能得到全面、合理利用。

2. 信息报送主体结构不合理，报送渠道单一

网络环境下，信息发布主体与信息发布途径日趋多元，所以在公共危机发生

① 黄涛. 我国政府垂直管理部门地方化：成因与治理［J］. 领导科学，2015（20）：15－17.

后，相关信息的报送主体与渠道也应是多元的。对地方政府而言，《突发事件应对法》已经明确了危机发生后信息报送主体及各主体的职责。报送主体有地方政府部门，也有学术机构，还有一些危机风险较大的企事业单位（如矿区等），甚至包括作为监督者的社会组织及普通民众。这些信息主体有能力、也有必要在危机事态下收集各类危机信息，传播有利于减小危机负面影响的信息。信息本身没有倾向性，是传播信息的主体通过选择报送方式、报送程度、报送时机，才让信息有了倾向性。只有多主体、多倾向的信息报送，才能在相互印证或相互制约的情况下，确保信息的完整与客观。然而，目前地方政府在危机信息管理过程中，基本只将报送主体限定为政府部门，其他主体报送的信息在没有得到权威部门证实之前，难以发挥作用。

3. 信息机构人员构成不合理，专业人员数量不足

从当前情况来看，地方上的信息机构类型与数量不少，但科班出身、信息传播与危机公关知识丰富、能够在工作中运用信息技术及传播理论者不多；能够通过研究判断信息性质、信息背后公关风险的高级人才更是凤毛麟角。[①] 在实践过程中，专业人员的缺乏，已经对地方政府的危机决策、公关决策造成了较大影响。

（三）决策信息机制不完善

1. 信息发布机制不完善

公共危机事件的信息发布，是政府根据法律法规、遵循法定程序对外公布政府在危机治理过程中已经获知的信息及获知信息的过程。政府公告、政府官方网站、新闻发布会、宣传单、手机推送信息和向媒体发送新闻专稿等，都是公共危机中使用频繁的信息发布途径。

政府是危机事态下，最具权威的信息发布主体。根据应急预案的需要，危机爆发之后，政府需要第一时间对外发布最权威的信息，向公众及时公布关于危机处置、受害群众救助的最新消息。目前个别地方政府仍然存在一定的官僚主义作风，信息发布不够及时、到位，危机处置为此走了不少弯路。另外，虽然我国已经颁布了《中华人民共和国政府信息公开条例》，但相关实施细则仍未完善，信息发布仍存在一定的随意性、不规范性。地方政府虽然有对外发布危机相关信息的法律义务，但个别地方政府由于担心造成社会恐慌、影响社会稳定，不敢或不愿及时对外公布相关信息，或是选择部分对外公布。然而，如果公众第一时间无法从最权威的地方政府部门得到确切消息，就会凭空猜测危机情况，这正是谣言

---

① 王鹏远．基于科技人才管理信息系统的设计及建设研究［J］．电子技术与软件工程，2014（18）：110.

产生的根源。尤其是在网络环境下，一旦舆论高点被谣言所占据，后续的公关工作将变得非常艰难。

与此同时，传统媒体在网络环境下并没有配合好地方政府，没有发挥好传统媒体引导舆论的作用。如果地方政府不发声，传统媒体也不及时发声，虚假信息与谣言更容易乘虚而入。

2. 反馈动力不足

危机信息反馈对地方政府而言，是最重要的一个公共危机治理环节。如果没有危机信息反馈这一环，地方政府之前所有的信息管理工作包括信息的收集、公开及传播就没有任何意义。事实上，信息管理的最终目的，就是为了将信息运用到危机处置工作当中。如果反馈工作不到位，就不能真正了解当前的舆论情况，也就不能针对舆情的动态开展危机公关工作。在实践当中，一些地方公众并没有充分参与到信息反馈当中，也缺乏主动反馈危机信息的意识；个别地方信息反馈渠道并不畅通、反馈者的隐私与信息安全得不到保障，公众即便有反馈意向，也没有可行的途径。

3. 技术运用不充分

就目前情况来看，信息技术已成为地方政府处置危机不可缺少的重要手段，也是网络环境下开展危机公关的必然途径。但当前我国部分地方政府在处置危机的过程中，仍然依仗过往处置危机事件的经验，仍然以领导班子碰头会为主要决策方式。信息技术、人工智能及领导科学、社会科学、利益主义博弈论等理论及技术工具、决策方法运用并不多，很难得到地方政府领导班子的重视。①

二、响应主体过于单一，多元响应水平不够

"全能政府"模式下的地方政府很难应对网络环境下的公共危机，而部分地方政府号召社会各界共同响应的能力比较差。一些地方在危机响应上处于较低水平，无论是在法律法规的制度保障还是在实践体制机制的保障上仍然存在较多缺陷。

（一）多元响应缺乏制度支持

一是法律机制不健全。当前，有关公共危机管理的法律不断完善，公共危机管理法律体系逐步健全。多年来，我国针对重大自然灾害先后颁布了《中华人民共和国防震减灾法》《中华人民共和国防洪法》《中华人民共和国环境保护法》，针对安全事故颁布了《中华人民共和国安全生产法》《中华人民共和国矿山安全法》等，应对公共卫生制定了《中华人民共和国传染病防治法》等法律条例。但就实际情况而言，这些法律法规都是针对某一特定领域而制定的，独立性与专

① 师容，李兆友. 论政府决策知识的配置［J］. 广东行政学院学报，2015，27（3）：16－20.

门性较强，各领域的法律条例之间缺乏必要的统筹协调。[①] 公共危机通常会涉及多部法律法规，但不同法律执行主体往往存在利益冲突；各部门之间缺乏必要的协调，导致多重管理、重复工作；耽误危机事件救援的最佳时间，影响危机处置效果。

就我国现有的法律体系而言，要推进应急管理法律体系的全面落实，政府就要颁布相关法律法规进一步明确实施细则，尤其要清晰界定各主体的法律责任，建立相应的沟通互动机制。但当前我国危机管理法律体系仍不完善，地方政府对危机管理法律条例制定没有足够重视，现有的法律法规存有漏洞亟待完善。法律法规的不健全，一方面，会削弱公众参与公共危机管理的主动性。公共危机爆发后，由于缺乏相关的法律法规，公众出于风险考虑，通常会采取观望的态度，不会采取紧急救援措施。另一方面，因为缺乏相应的法律法规予以约束，地方政府很多指示只能以行政命令的方式传达。相对于法律条例而言，这种传达方式权威性较弱，且容易发生变化，不利于建立长久和谐的协作关系，公众的主体性得不到有效发挥。

二是危机响应预案实践指导性不强。应急预案是为应对重大突发性事件，第一时间快速、有效地开展应急处置工作，降低事故损失而设置的具有计划性与针对性的方案。应急预案的制订进一步明确了危机事件事前、事发、事后实施主体、处置方式、资源协调等内容。当前，随着网络环境的不断变化，我国现有应急预案已经无法满足实际工作需求。虽然很多地方政府都制订了各自的应急预案，国家也针对高危行业建立了相应的应急预案体系；但各部门应急预案内容存在较大的重叠性，各项应急预案缺乏针对性，方案内容较为空泛简单。大多数是对指导理论的阐述，没有详细具体操作论述。一旦爆发公共危机，预案的落实显得尤其艰难；加之预案没有明确各主体的职责范围，应急预案的实施缺乏协调性与一致性。每次危机发生都要经过大范围讨论与修改才能启动，致使应急救援不及时，影响了整体处置效果。

此外，各地方政府现有的公共危机应急预案体系都没有社会与社区组织等参与主体职责的界定。公共危机的应对系统应包括政府系统与社会系统两个方面。然而就现有的应急预案体系而言，政府是主要也是唯一发布应急指令的主体；而电力部门、通信部门等部门开展的工作由于没有得到政府的授权，通常会受到群众的质疑，群众支持率较低。

---

① 陈光，王君．论地方政府重大决策法律风险评估——以法治政府建设为背景［J］．辽宁师范大学学报（社会科学版），2016，39（1）：30－36.

（二）多元主体与政府间响应能力差距过大

首先，政府在危机响应当中负担权重过大。地方政府在危机响应上大包大揽，负担权重过大。追根溯源，导致这种形势的原因主要有：一方面，政府在信息资源上具有绝对控制权。政府部门从信息源到信息传播渠道具有控制权，能够控制发布什么、什么时候发布。虽然短期内这种信息上的优势的确能够迅速安抚社会情绪、避免公众陷入惶恐，但政府部门不是全知全能，地方政府部门的信息资源更是有限。一旦信息发布迟缓或片面，就会错失危机应对的最佳时机。另一方面，政府掌握危机物资供应。危机事态下，政府对物资的分配有绝对控制权；若缺乏监督，容易导致物资分配失当。

其次，社会力量有限，难以真正成为危机多元响应的主体，没有发挥应有的作用。

目前公益组织的发展水平仍有较大差距。一方面，公益组织本身缺少可靠、稳定的筹资途径，困扰各地公益组织的难题就是难以筹集活动所必需的资金。[①]在法律法规层面，当前仍然不允许社会自行建立公募型公益组织，部分公益组织需要依赖来自海外的捐助才能够保证最基本的运营资金。另一方面，资金上的困窘让公益组织的专业水平受到了较大制约。公益组织因缺乏资金支持，不能对组织内成员进行大量专业培训。既缺乏资金，又缺乏专业能力的公益组织，很难成为危机响应主体，无法发挥应对危机的作用。不仅如此，因为公益组织的工作基本是无偿的，很难在市场经济环境下吸引专业人才加入。目前公益组织在我国基本依靠专业人士的热诚来维持。

再次，公众缺乏危机响应能力。公众个体虽然力量单薄，但作为公共危机直接影响对象，是否以群体形式对公共危机做出响应，直接体现了公众危机响应能力的高低。这对公众的组织性、秩序性提出了较高要求。目前公众危机响应能力较差主要表现在：公众参与无序性较突出，被动性较强。如果组织者本身没有经过危机响应的组织、演习培训就贸然行动，容易导致危机现场陷入混乱，为其他主体的响应带来不便。当然，当前公众危机响应能力较差，还有危机意识不足的原因，许多地方民众都不曾接受危机教育。

最后，地方传统媒体的响应能力不强。近年来我国互联网普及程度越来越高，传统媒体却在危机响应上日趋式微，响应积极性偏低，表现在危机响应中缺乏应有的责任感。危机事件发生之后，传统媒体虽然能够在互联网上收集大量信息，但信息的真伪判定工作非常复杂。信息即便属实也很难在短时间内找到权威

---

① 罗新琪，李伟：我国 NGO 组织与政府协同参与公共危机管理：角色定位、缺陷和对策［J］．中国科技博览，2015（43）：108．

旁证，加上地方宣传部门对传统媒体的严格把控，传统媒体往往很难在危机发生后第一时间做出响应。

（三）多元主体缺乏合作响应机制

地方上普遍没有建立起有效的危机合作响应机制，加之不同主体之间响应能力差距大，公益组织、社区及公众无法真正发挥应有作用。政府与公益组织、公众及社区之间合作经验少。虽然近年来各级地方政府在公共危机处置过程中积累了丰富经验，但对于公益组织及普通民众来说，作用很有限。有关社会组织参与危机响应的研究成果多集中于理论方面，对实践的指导意义也有限。①

多元主体的合作缺乏良好机制，一方面，目前我国相关法律法规尚未完善，没有法律条文明确危机事态下公益组织、公众及社区如何响应、响应程度及响应方式。公益组织、公众及社区等主体在危机发生后只能等待政府部门的指导或命令，这种等待往往会让危机响应失去了最佳时机。另一方面，目前无论在理论方面还是实践方面，各地方政府都没有总结与社会公益组织、公众及社区合作响应的经验。为了提高效率，地方政府往往不会选择将响应任务交给不确定性较大的主体；因长时间缺乏与地方政府部门之间的沟通协作，公益组织等主体也没有与政府合作响应危机的机制。

三、网络响应水平较差

（一）通过新媒体响应的能力不够

在互联网的交互性越来越强的今天，互联网信息传播比起从前已截然不同。以往，传统媒体作为信息发布主体，可以通过选择性信息发布实现议程设置与舆论导向，引导能力十分突出。这一响应方式在新媒体时代，收效已远不如从前。

随着互联网硬件与信息技术的不断升级，微博、微信、知乎等新媒体平台纷纷崛起，公共舆论逐渐向新媒体集中。这意味着互联网时代的危机响应，务必要利用好新媒体平台。但从目前情况来看，除了部分运营优秀、具备稳定资源保障的政务微信、微博外，地方政府在新媒体平台上的危机响应能力仍然比较弱，尤其在精英汇聚、常能切中危机痛点的知乎等新媒体平台上，地方政府部门响应能力弱。长此以往，这些具备一定影响力的新媒体平台，就会成为地方政府危机响应的一块短板，阻碍地方政府危机响应能力的提升。

（二）没有发挥影响力大的网络用户作用

从目前情况来看，一些地方政府即便通过互联网对危机做出了响应，也没能充分利用影响力大的网络用户的作用。今天，各新媒体平台都有影响力较大、社

---

① 覃志敏，雷文艳，魏万青．NGO之间应该加强相互借鉴与合作——第一届中国——东盟非政府组织（NGO）研究论坛综述［J］．中国社会组织，2016（7）：26－28．

会认知度较高且代表不同群体的互联网用户。这类影响力大的网络用户有来自草根，其意见与观点很多时候能够代表公众，且在新媒体平台上的影响力较大。这类用户很容易在互联网上引导舆论走向。

以往，这种角色通常由传统媒体及党政机关所扮演；而在网络环境下，能够引领舆论方向者更多是对社情民意有所了解、有真知灼见且具备一定专业素养的网络“大咖”，公众更易接受其危机响应号召。[①] 当前，不少地方政府不仅未能成为互联网舆论的引导者，而且面对危机响应时，也未能利用好在公众中有较高影响力的互联网用户。

（三）未能运用互联网思维响应

随着网络技术的不断发展，网络基于社会发展、群众日常生活的重要性不断增强。各地方政府逐步将电子政务运用到行政工作中来，通过互联网为广大民众提供更为丰富便捷的公共服务。就当前互联网应用情况而言，各地方政府未能充分运用互联网优势，具体工作中仍存在较多不足。

目前，很多地方政府网站只用来发布政府规章制度、新闻、办事程序等政务信息，网站功能较为单一。部分地方政府缺乏运用互联网思维，往往采取传统方式应对。缺乏先进的互联网思维，不善于通过互联网掌握危机舆情动态、了解民众诉求意见、疏通引导网络舆论。应对危机事件的成效较低，影响政府形象。

第三节　网络环境下地方政府公共危机响应与决策能力提升对策

一、提升公共危机信息管理能力，促进政府危机决策科学化

网络环境下，要有效提升公共危机的治理水平，就要以科学的方式开展信息管理工作；第一时间获取准确、全面信息，并及时对外公布，便于公众了解，保证信息畅通有序；提高政府决策的科学性与可行性，促进公共危机的高效处置，维护政府公共形象。

（一）创新政府信息管理理念

创新地方政府信息管理思想，树立先进管理理念，是促进管理工作有效开展的重要基础。观念落后，只会采取传统方式解决事情，自然达不到预期目标；推进危机信息管理各方面全面改革，完善危机管理的方式与内容，从整体上提高危机管理效率。

---

① 樊锁海，林妍. 关注微博网络，团结“意见领袖”［J］. 广东省社会主义学院学报，2014（1）：82-85.

1. 政府应树立信息管理法治化理念

法治是保障政府各项工作合法、合理的基础。推进地方政府信息管理法治化，将危机信息收集、分析、传播、应用、公布与反馈等环节纳入法治化程序当中，有利于防止由于主观失误而引发一系列问题。在信息管理方面，很多发达国家将依法获得信息权利纳入公民基本权利，美国、法国等国家为维护公民的合法信息权利，先后颁布了多项法律法规予以保障。我国可在参考发达国家成功经验的基础上，结合我国具体国情，不断推进信息公开法律法规建设进程；使公共危机信息的内容、程序与方式公开等得以合法化；建立健全危机管理法律体系，对地方政府的危机管理行为起到规范、约束和引导作用，保障危机信息管理的有序、高效运行。

2. 政府应树立信息管理弹性化理念

危机信息管理具有涉及范围广、利益主体多元，信息传播主体多样等基本特征。随着互联网技术的不断发展、网络应用的不断普及，衍生出自媒体等新兴媒体，公共危机信息传播日趋丰富化。对此，为提高信息管理的科学性与有效性，地方政府应形成信息管理的弹性化理念，实行弹性化管理。防止各网络媒体在信息传播上偏离事实真相，导致危机信息的传播偏离正确轨道，引发舆论危机，对社会造成不良影响。地方政府要时刻占领舆论制高点，拥有对舆论的控制权与引导权；借助各种传播途径不定时公布危机信息，保障信息传播的畅通、有序，并将新闻发布会纳入制度化管理体系当中。全面发挥网络优势，在政府与民众之间搭建起开放、便捷的交流平台。此外，地方政府还要加强与媒体之间的互动合作，合乎法律法规的前提下开展危机信息的弹性管理。

（二）创新信息管理手段

1. 建立专职信息管理机构

随着社会现代化程度的不断提高，公共危机基于国家管理、社会发展、公众生活的影响越来越大，公共危机信息的重要性不断增强。在进行公共危机信息管理过程中，各地方政府之间应加强合作交流。树立全局观念，系统规划，将公共危机管理置于整体层面，而非各自为政、互不联系。此外，地方政府之间要加强信息共享，互通有无，发现与分析信息的传播规律与传播特点，为危机预警与决策制定提供有力依据。地方政府要全面掌握公共危机信息的基本规律，根据其特征来实行常态化管理。建立专门管理部门，配备专业管理人员进行专职管理，更好地对公共危机信息进行采集、分析、整理、发布与共享等，提高信息管理的专业性。

公共危机信息管理具有连续性与系统性，要从日常工作中不断获取、收集信息，在拥有大量有用信息的基础上进行分析，而非简单截取、拼凑信息。网络环境下，公共危机的爆发带来的不良影响越来越大，处置失误容易导致很大损失。因此，可以参考其他地区或国家的管理经验，建立配套完善的公共危机信息管理部门。各级政府设立相应的管理机构，独立开展信息管理工作，由专业管理人员负责。地方政府要保持信息管理工作的长期性与连续性，为公共危机的预警与处置提供及时、准确、全面的数据信息。提高危机的处置效率，降低危机事件带来的损失，保障广大群众的根本利益。

要保障地方政府公共危机信息管理的常态化，制定相关法律法规予以维护；只依赖主观意志难以达到常态化管理的目的，成效较低，容易受到领导更换的影响。因此，要以法律的形式将其确定，把公共危机信息管理置于强制性状态中；利用法律法规进行规范约束，保障公共危机信息管理的连续性与有序性。

2. 加强公共安全教育，构筑多元信息报送主体格局

公共危机治理关系国家安全、社会稳定和人民的根本利益，也是政府行政管理的重要内容。各项制度主体与人员拥有足够的公共危机知识与较强的危机治理能力，是促进各项制度有效发挥的重要保障。政府应将公共安全教育纳入学校教育、企事业单位培训和非政府组织教育的重要课程内容，加强公众对公共安全教育的认识，提升公众的公共安全意识与危机观念。强化社会责任意识，使公众具备发现危机苗头及时发布危机信息的能力；促进危机的有效处置，避免因为公众无知而造成的恐慌，从源头上防止了谣言的产生与传播，维护社会稳定；同时使公众在信息准确、全面的情况下采取行动，从一定程度上遏制公共危机的扩大，为地方政府应对与处置公共危机创造良好的社会环境。

地方政府要不断增强公众辨识信息的能力，使公众能够积极参与公共危机有效信息的获取与传播，而不是在盲目无知的情况下充当谣言的发布者与传播者。地方政府要加大公共危机知识的宣传与教育，编制关于公共危机的资料，借助网络、组织活动等方式对公众进行引导教育，增强公众判断能力，强化其危机意识，理智、客观地看待公共危机信息。公共危机发生后，如公众产生极端情绪，极易助长谣言的传播，为谣言的滋生与发展提供便利条件。对此，加强公众对公共危机知识的了解，提高公众辨别力，使公众具备发现事实真相、辨别信息真假的能力。既助于公共危机的快速处理，又使公众不致成为不法分子的利用对象。依据事实真相发言，公众辨别信息的能力与公共危机意识得到不断提升，很大程度上为地方政府应对与处置公共危机扫清了阻碍。在公众的支持与信任下，进一步推动地方政府公共危机信息管理的有序、高效运行。

3. 招揽培育专业信息管理人才

公共危机信息庞多且复杂，在网络技术不断提高与自媒体迅猛发展的形势下，要有效应对与处置公共危机，就要有准确、充分的信息保障，这对信息管理

人员提出了更高要求。信息管理者要具备较强的信息筛选、获取、分析和处理能力才能全面适应网络环境下信息管理需求。公共危机具有的潜伏性、持续性与破坏性，决定了其对有效信息的大量需求。对此，对公共危机处置过程中，需要借助先进技术手段采集分析信息，对信息管理者的知识能力提出了更高要求。专业信息管理人才能保障信息获取与整理的有效性，从而为决策者提供更多有效、科学的信息参考，推动公共危机的解决。

公共危机信息管理人才的工作内容包括对信息的获取、分析、整理、共享，以及做好日常信息管理系统的维护、升级、更新；同时充当政府发言人角色，配合地方政府做好公共危机的处理与重建工作，适时对外发布公共危机有关信息；保证信息的真实性，安抚公众情绪、维护政府形象与社会稳定。对此，地方政府要强化对公共危机信息管理的自觉性与主动性，重视对专业人才的培养，提高公共危机信息管理的专业性。

专业信息管理人才是开展公共危机信息管理的关键。国家应为专业人才的培养提供更多政策与资金支持。当前，公共危机信息管理人才总量与需求存在较大矛盾，专业型信息人才严重匮乏，难以满足社会发展对信息管理人才的需要。高校中关于公共危机信息管理的专业设置较少，专门培养信息管理人才的专业少之又少。对此，国家应加大这方面的重视力度，设置相关专业专门培养更多优秀的信息管理人才，为社会发展培养出更高层次的专业型人才。同时，可以通过建立科研院所开展人才培养、理论研究与实践运用等工作。不仅可以实现培养人才的目的，还能够与高校的人才培养进行资源共享，为科研院所提供更多优秀人才。政府应加强与社会组织之间的合作联系，为人才培养注入更多政策、资金、设备资源，保障人才培养工作的长效运行。此外，政府应大力鼓励学生积极投入到学习研究中。地方政府、高校与社会之间要加强合作互动，深入分析当前大学专业热与就业难两者的矛盾，引导学生正确选择专业；避免盲目选择专业，导致学习过程中出现兴趣缺乏、学习不理想的情况，造成资源严重浪费。政府与高校要明确人才培养目标，制定相关政策引导有意愿、有兴趣的人员参与到公共危机信息管理研究领域，并通过专业的培训教育使参与人员具备较高的知识水平与实践操作能力。近年来，在政府、高校与非政府组织的重视、推动下，信息专业人才数量不断增加，逐步改善了公共危机信息管理机构人才匮乏的局面，为推进公共危机信息管理工作的专业化、专职化做出了重大贡献。人才培养与公共危机信息管理水平之间相互联系、共同发展。高素质专业型管理人才有利于推动信息管理工作的有序、高效运行，不断提升的信息管理水平又为人才培养提供了广阔的发展平台。

（三）创新危机信息管理机制

机制制度是保证危机信息管理有序、正常运行的基础。随着互联网技术的不断发展，网络应用范围不断扩大，网络信息日趋多样化、复杂化，由此产生的公关危机事件层出不穷。为有效应对与处置公共危机，我国先后制定了多项关于危机处理的管理制度。2003 年颁布的《突发公共卫生事件应急条例》，进一步明确了国家构建突发事件的信息发布机制，为日后公共危机处置提供了参考依据。之后，各地方政府也建立了公共危机事件及时上报机制与公开制度，在应对公共危机上发挥了积极作用，但仍有很多地方需要深入健全优化。

1. 建立健全公共危机信息传播机制

今天信息传播主体与渠道出现多元化发展态势，且发展速度越来越快，但在危机事态下，地方政府为了提高响应速度及响应效果，作为危机事态下的权威信息主体，必须构建更完善的公共危机信息传播机制，在满足公众危机事态下的知情权的同时，争取社会的支持与配合。从目前情况来看，地方政府首先应在现有的新闻发言人制度基础上，构建更多元的响应渠道。公众不但能够通过新闻发言人制度了解当前的危机情况，还能够通过新媒体、手机及传统媒体等多途径了解地方政府的危机治理情况。表明地方政府应对危机的态度与主要应对方式等，使流言、虚假不实信息失去滋生、传播的空间。地方政府需要同时构建以计算机互联网、移动互联网为主的现代信息传播途径，构建汇聚视频、音频、文字和图片的多媒体信息制作机制；充分发挥新媒体这一信息载体包容性强、传播方式多样的优势，减少地方政府与公众间信息传播阻碍。

政府在危机响应过程当中，需要充分利用好大众媒体的作用。大众媒体在危机事态下，作用非常重要。既能够成为政府危机响应的助手，又可能演变为恶化事态的推手。所以地方政府应根据现有的法律法规，构建地方性媒体管理制度。让大众媒体成为地方政府危机响应过程中的重要一环，成为政府与公众之间的互动平台，真正履行好自身“党和政府喉舌”的职责。在敦促政府满足公众知情权的同时，帮助地方政府完成危机响应，稳定社会情绪与秩序。

2. 规范危机信息公开制度与反馈机制

在传统媒体时代，为遏制公共危机的传播可以封锁危机信息等方式来解决，一定程度上可起到维护社会稳定的作用。但随着网络信息技术的发展，信息获取更为便捷，传播更为迅速，且传播方式日趋多样化，每个人都成为信息的发布者与传播者。网络环境下，采用强制性手段垄断、封锁信息已经无法做到。特别是在一些重大公共危机的处理上，政府如果掩盖真实信息，不采取切实解决措施，只会陷入被动，公共形象遭到破坏。对此，各地方政府面对公共危机时，应做好以下几个方面的工作：

第一，构建危机信息报告机制。公共危机发生后，各地方政府应在第一时间掌握危机的具体情况，为决策部门提供准确、全面的参考信息；以制度的形式将危机信息报送、报告途径、报告主体和报告时间等内容明确。政府部门与部门人员要严格按照信息报告的有关制度要求开展工作，不能瞒报、迟报、漏报和虚报等。上级部门接到信息之后，要快速协调各方资源，安排专业人员对危机事件进行核实；通过实施针对性措施开展应对处置工作，对危机事件的处理情况进行记录、分析，并上交相关部门对外发布。

第二，构建信息举报机制。个别地方政府为维护自身利益，或受一些错误政绩观影响，往往采取拦堵信息、瞒报、删除舆论的方式解决公共危机，最终导致危机事件愈演愈烈，对政府公共形象造成恶劣影响。对此，为有效处置公共危机，地方政府应在构建危机信息申报制度的基础上，统筹协调社会各方力量，建立健全公共危机举报机制，以便于上级部门及时获取准确、客观的危机信息。接到举报的其他部门要切实履行自身职责，对危机事件进行深入、全面的调查核实，掌握危机隐患信息。针对真实存在的危机信息举报要给予相应奖励，证实危机事件之后立即开展应对处理工作，并对不作为人员根据相关规定给予相应的处罚。

第三，构建信息披露机制。通常而言，有关危机事件的信息，地方政府都要对外公布，为公众所知，尤其是将危机事件潜在的风险与民众可能面临的威胁，第一时间发布。既保障公众的根本权利不受侵犯，又为化解公共危机奠定重要基础。

第四，建立健全公共危机信息反馈制度。信息反馈于决策制定、决策优化与危机善后评估等方面具有积极作用。一方面要构建信息反馈渠道，并以制度手段来保证反馈渠道的畅通有序，加快信息的流通、传播；另一方面要保证信息反馈的时效性。减少危机信息传播环节，提高信息报送效率，保障信息的准确性与客观性。

3. 充分利用现代信息技术，促进危机决策能力提高

在互联网高度普及的今天，危机的响应与决策要充分利用现代信息技术，通过现代信息技术开展危机决策活动。地方政府应将现代信息技术运用到危机信息采集、传播、危机情况解析等与危机决策有关的活动上。特别是要利用好移动互联网、现代电信器材及程序编译、信息自动筛选分类与研究、卫星即时通信、GPS 近场加密通信技术等。这些技术对地方政府的危机决策及危机响应提供良好支持。这些技术目前已在发达国家得到了广泛应用，这为我们提供了成熟的危机决策应用模板。从目前情况来看，一些地方政府已将信息技术应用在自然灾害的评估、地质与海洋危机的遥感以及互联网舆情危机的研究与评估上。

与此同时，针对当前地方政府部门信息采集、处理水平较低的情况，地方政府下一步要提高危机决策水平，就要提升电子政务系统技术水平，以便对公共危机的事态有一个科学、量化认识，有效地为地方政府的决策层提供支持。具体来说，危机处置的一线部门及工作者可以通过手机登录电子政务系统，将相关危机信息上传；决策者可以通过政务系统迅速了解一线处置情况，做出应对并合理配置资源。可见，在危机决策中，应用信息技术可以有效改善危机决策的时效性。

二、完善多元主体响应实效，改善响应水平

（一）加强制度建设

首先，要以制度形式明确不同危机响应主体的权力与责任边界。政府是危机管理过程中最权威、最具有资源掌控优势的响应主体，所以政府一般是公共危机管理的中心。及时准确地对公共危机事件做出响应，不仅是政府履职的表现，也是政府权威的基石。当然，社会多元发展趋势要求公共危机的响应逐渐多元化，参与响应的主体越来越多。但即便是在多元主体共同响应体系下，政府作为主要响应主体的地位仍然是不可动摇的。因为其资源配置能力及权威性仍然如故，这一点需要在制度建设过程中通过法律形式确立。当然，为了避免政成为唯一危机响应主体、充分发挥其他社会主体的响应能力，地方政府需要在法治建设过程中，明确主体响应义务、责任。如此才能在危机发生后，使各主体迅速找到自身定位，并按照法定责任与义务响应，将危机的负面影响及时控制在一定程度之内。

其次，在地方性法律制定过程中充分考虑其细节与实践指导意义。公共危机发生之后，各响应主体要在最短时间内做出反应，要求各方能够在细节与实践上得到法律法规的制度性保障。法治建设过程中，必须充分考虑确保危机事态下各主体通过科学响应救援减灾，指导各主体在危机事态下的响应行为；预防、威慑那些意图利用危机事件谋求私利、侵害公众利益的行为，使危机响应有法可依、奖罚有据。

欧美发达国家对各类危机事态下各主体的响应方式、响应行为都做出细致规定，这是各主体能够在危机发生后迅速做出响应的重要原因。这一点值得我们学习、参考。2007 年 8 月全国人民代表大会常务委员会通过了《中华人民共和国突发事件应对法》，明确了各级政府在危机响应中的权责边界，但没有为其他主体的危机响应提供法律性保障。所以各级地方政府应根据本地的实际需求，出台针对其他社会主体危机响应的法规。

（二）改善多元主体响应能力

首先，要提高地方政府的响应能力，突出政府在多元响应主体中的主导地位。政府作为整个社会秩序的管理者与最重要的公共服务主体，在公共危机响应

中责任最为重大、功能最为重要。政府价值取向始终以公众利益、公众生命财产安全为依归，确保社会经济活动与社会生活的正常进行。因此，提高政府的公共危机响应能力，已经成为政府改善自身执政水平的重要途径。地方政府在公共危机发生后往往能够找到响应的重点所在，不需要太多信息节点就能够了解危机的具体情况。为改善多元主体的响应能力，可从地方政府部门着手，通过建设地方性危机响应单位，在正常情况下总结各类公共危机响应的经验与教训，为各类公共危机构建应急预案、做好应对物资的筹备工作。在危机发生后以最快速度回应公众知情需求、开展危机处置与危机公关工作、协调各单位共同响应公共危机。

其次，全面提升各社会组织危机响应专业化水平，加强政府与其他危机响应主体之间的协作联系，提高各社会组织及个人应急处置能力。一是要正确认识政府与非政府组织之间的关系。政府与非政府组织之间属于指导与被指导的关系，而非管理与被管理的隶属关系。在政府的统筹协调下，社会其他响应主体有条不紊地开展救援处置工作，在非紧急状态不断加强自身能力建设。二是要提高社会其他危机响应主体的融资能力。资金是保障社会其他危机响应主体正常、长效运转的基础，也是当前很多社会其他危机响应主体面临的主要问题。政府与社会是社会其他危机响应主体资金来源的两个主要方向。社会其他危机响应主体应提高资金筹集能力，扩大资金来源渠道，使资金得到充分、合理利用。提升公众对社会其他危机响应主体的信任与支持，形成良性循环，保证社会其他危机响应主体的持续、有序发展。三是要增强社会其他危机响应主体的专业技术能力。我国针对社会其他危机响应主体的专业技能培训尚未建立长效机制，通常是通过讲座的方式对社会其他危机响应主体进行培训，甚少开展实践演练活动。对此，社会其他危机响应主体应加强自身自救与互救能力的实地演练，掌握正确的自救方法，提高自救能力。①

增强社会其他危机响应主体的专业能力，有利于提高社会其他危机响应主体在危机处置中的地位。在危机管理过程中，社会其他危机响应主体要主动配合政府工作。听从政府的协调安排，帮助政府收集危机的相关信息，对灾民的诉求意见进行收集分析，并及时上报政府部门，为政府决策制定提供可靠信息。社会其他危机响应主体要善于总结经验教训，努力改善自身存在的不足，不断提升综合素质能力，并将经验以文字形式记录下来，为下次开展公共危机救援提供参考。

再次，提高公众的危机意识，改善公众的危机响应积极性。公共危机发生时，公众的生命财产安全受到威胁，保障公众的生命财产安全是危机响应过程中

---

① 吴太胜. 多元共治：非政府组织参与社会治理的实践选择［J］. 中共山西省委党校学报，2016（2）：72－75.

最重要一环。公众遭遇危机时，如果不是直接遭遇危机的受害者，就是响应危机的救助者。公众个体力量是非常微薄的，能够完成的响应行为只有两种：作为受害者的自救及救助他人。本书中，将救助他人作为“公众响应”一部分。公众作为危机的直接接触者，如果能够在救援力量到达现场前先行救助受害者，就可以将危机的负面影响短时间内控制在有限范围内。所以，地方政府部门应有针对性地提高公众的危机意识，改善公众在危机事态下自救及互助能力，强化公众参与危机响应的自觉性。事实上，在特大灾害面前，公众是最容易动员，也是规模最庞大的响应力量。

公众需要积极参与到危机响应的监管当中，并将监管作为自身危机响应的重要方式。多元参与的危机响应体系下，公众对政府的监管，既可以让公权力真正落实到公共利益上，也可以避免无道德底线的逐利行为。公众响应危机，不仅能够控制危机的负面影响，还可以改善地方政府的响应水平。

最后，提高大众媒体的响应水平，尤其是要改善大众媒体的舆情引导能力。在危机未发生时，大众媒体就应充分利用自身的广泛影响力，以社会公共利益为基本价值取向，面向公众推广危机响应、自救及其他基本常识。大众媒体甚至可以定期采编特定类型的危机应对特刊，告知公众应通过什么方式应对危机，采取什么样危机应对手段；同时公开总结以往危机响应的经验与不足，让公众进一步了解危机与危机响应。大众媒体的危机响应可以为地方政府部门的危机响应与决策提供良好支持，如在采编过程中收集危机相关信息，为地方政府相应方案提供信息支持等。事实上，媒体尤其是一线媒体人往往是危机事态下最了解相关情况的响应主体，更应该成为公众与地方政府部门、其他响应主体之间的联系纽带，为各危机响应主体互通信息之有无。同时，大众媒体应自觉向公众宣传危机的起因、影响，公布政府的救援救灾进度，引导公共舆论向稳定、有序方向发展。[①]

（三）建立多元主体合作响应机制

在网络环境下，地方政府要增强自身的公共危机管理能力，就要注重对多元化参与体制的构建；在危机预警、应对、善后重建过程中全面发挥各参与主体的优势作用，提高危机的处置成效。

首先，构建多元参与的危机预警与资源协调制度。危机预警机制建设是公共危机管理的关键，也是提高政府危机管理水平的主要支点。各地方政府应设立公共危机预警的常设机构，专门管理；将各方资源统筹整合，使整个公共危机信息预警工作联系成一个整体，方便人力、资金等资源的调配、使用。与此同时，地

① 陈海陵．传统媒体公共危机事件报道异化的解决方案探索［J］．江苏第二师范学院学报（自然科学版），2014（4）：80－83．

方政府还要鼓励各社会公益组织积极参与到公共危机管理中来；聘请各领域的专家学者进行公共危机预警的宣传教育，并拨付资金用于开展公共危机预警机制的研究，加强政府与专业研究机构之间的协作，不断提高政府预测与防治公共危机的能力。政府还应加强对本部门人员的危机管理知识能力培训，强化各部门人员的危机意识，提高其应对处置公共危机的能力，全面建成公共危机监控、预警、反应和处置综合体系。

多元主体的合作响应机制，可以保证各主体在危机爆发后通力合作，共同应对公共危机。多元主体合作响应机制的建设，重点是为危机响应提供有力的物资保障。物资保障历来是各主体危机响应过程中的一大问题。要真正解决公共危机管理的资金问题。必须在政府引导的基础上，由社会民间力量筹款，由效益较好的企业单位出资捐款，为危机响应提供可靠的物资保障。根据国家现行法律规定，国务院和县级以上地方各级人民政府应采取财政措施，保障突发事件应对工作所需经费。这意味着公共危机响应的主要物资保障由政府承担。不过需要正视的是，单纯依靠地方政府部门完成危机响应的物资保障工作是不现实的。近年来各社会危机响应主体为地方政府分担了很大压力，特别是各社会公益机构在这一过程中体现出的灵活与专业性表明其有能力为多元主体合作响应机制提供一定的物资保障。

除了在危机响应期间筹集物资外，危机发生前的预防性储备也非常重要。当前我国地方政府部门与各地军区都建立了重要物资储备机制，这一物资保障机制确保了当地的救灾救援物资需求。

其次，要构建多元主体响应的信息共享与合作机制。信息共享是实现多元主体危机响应的重要保障。只有所有主体都能够及时在一个平台上共享信息资源，才能够让局部信息优势转化为整体上的信息优势，弥补各主体在某一个领域的劣势，避免在危机响应过程中因信息盲点而响应不及时、响应不到位。

构建多元主体合作响应机制是提高地方政府危机响应能力的重要途径，也是对危机迅速做出正确应对的机制保障。公共危机的多元主体响应，包括地方政府不同职能部门之间的协调、政府与其他影响主体之间的协调及各响应主体之间乃至公众的协调等。对于地方政府不同职能部门之间的协调，信息沟通和交流通常因垂直行政结构而遭遇瓶颈，信息经过逐级上报，不仅浪费了危机响应的宝贵时机，还容易因信息节点过多而失真。因此，在出现重大危机时，地方政府可以通过建立临时协调响应小组负责各部门的协调工作。无论是紧急情况还是普通信息都可以先传达该小组，由该小组直接向地方政府的最高决策者汇报，如此一来既可以规避因垂直行政结构带来的协调不便，又可以避免信息失真。政府与公益机构、媒体等协调过程中，地方政府也可以通过协调响应小组向公众、媒体公布危机情况，并收集、整理来自社会组织与媒体的一线消息。通过整合、筛选、处置相关信息全面了解危机事态与公众反应，杜绝不良信息。建立多元主体合作响应机制还可以对各主体可能存在的失范行为起监督、威慑作用，避免公众在危机事态下因信息劣势无法对各危机响应主体进行行为监督、决策监督，确保危机响应的合法性与科学性。

最后，构建多元参与的社会重建机制与危机管理评估制度。公共危机灾后重建需要长期投入与建设。公共危机之后，公共资源与社会秩序遭到破坏，公众情绪、心理受到较大创伤。在这种情况下，危机后重建工作就需要政府、各社会组织与公众的协同参与。

在对危机进行响应的各主体当中，社会公益组织发挥着不可替代的重要作用。这种作用在危机过后的重建与恢复——尤其是心理层面的重建与恢复——当中得到了充分体现。所以在多元主体合作响应机制当中，地方政府要对社会公益组织的工作给予充分支持，并在大方向与响应类型上给予指导。根据中国社会科学院社会政策研究中心及社会科学文献出版社共同出版的《慈善蓝皮书：中国慈善发展报告（2016）》数据显示，2015 年我国总共通过基金会、慈善会接受的物资捐助突破了 900 亿元大关，而政府机构（如当地民政部门）接收的物资捐助仅为56. 23亿元；公益基金会数量超过 4 800 家，登记在册的志愿者数量超过了一亿人，占人口总数的 7. 27%。实际参与志愿服务的活跃志愿者总量为 9 488 万人，2015 年志愿者捐赠率为 6. 9%，捐赠志愿服务时间为 15. 59 亿小时，全国志愿者捐赠价值为 600 亿元（包括时间成本转化数据）。[①] 具备危机响应能力的社会公益组织，可以成为地方政府与公众之间的联系纽带。既可以帮助地方政府提振公众信心，又可以通过实际行动帮助群众渡过难关，甚至还能在专业领域弥补地方政府危机响应的不足。

地方政府部门在前期响应基本到位后，应该成立灾后评估调查组，对危机的成因、危机响应效果、后续影响做出响应，做好调查研究并开展善后工作。从危机公关角度来看，危机响应不仅关系到危机发生后公众对政府公共部门的观感，还关系着危机过后的秩序恢复，而对危机成因的调查更关乎地方政府的公信力。因此，通过灾后评估调查响应公共危机，对危机响应而言是一个非常关键环节。在这一响应环节中，高校、研究机构和媒体应该成为该研究小组的重要力量，它们的加入一定程度上可以提高公众对危机后期响应的信任感。另外，这些多元主体同时具备专业能力与基层工作经验，可以及时配合地方政府的危机响应，发布直观的危机评估调查报告，便公众具备危机事态下监督地方政府响应的能力。

---

① 杨团．慈善蓝皮书：中国慈善发展报告 2016［M］．北京：社会科学文献出版社，2016：44.

三、提高地方政府的网络响应水平

对地方政府而言，网络响应水平很大程度上决定了其在网络环境下舆论引导与危机公关水平。优秀的网络响应水平，可以让地方政府对外公布信息时，效率更高、范围更广、影响力更大。不仅如此，网络响应水平出众的地方政府还能够从互联网舆论中收集更多有价值信息，通过与百度、新浪等网络运营商合作屏蔽、删除与危机相关的不良信息、谣言等。网络响应能力越高的地方政府越能阻止谣言与不良信息的传播，让互联网运营商及新媒体平台成为危机响应的信息“守门员”。从这一点来看，地方政府部门需要提高自身网络响应水平，与网络媒体、互联网运营商、新媒体平台建立良好的媒介关系。

（一）提高地方政府的新媒体响应能力

从目前情况来看，地方政府的新媒体危机响应已有了一定基础，大部分县级/城区级及以上的地方政府部门都开通了政务微信或政务微博。同时，鉴于当前许多地方政府新媒体响应平台在日常建设过程中存在与网友互动性较差、难以真正沟通响应精英网络用户等问题，应从以下两方面着手提高地方政府的新媒体响应能力。

一方面，要提高对知乎、果壳等新媒体热点平台的关注，加强对这些新媒体平台的舆论引导。

另一方面，地方政府加快微博、微信朋友圈信息发布的同时，应适当增加与网络用户的互动、交流。近年来越来越多的地方政府申请了微信与微博 ID，有不少能够及时发布危机信息，实现危机响应。但能够回复网络用户评论的政务微信、政务微很少。事实上，新媒体核心动能是分享、互动、交流。仅通过发布危机信息，不足以满足公众多样化的危机信息需求，这种响应是不完整的。正因如此，地方政府在建立危机响应与决策体系时，应增强与网络用户之间的互动，提高公众对地方政府危机响应的认同感，从而实现地方政府危机响应的目标。

（二）利用互联网活跃用户提高响应效率

地方政府可以通过培养互联网活跃用户提高响应效率。从目前情况来看，各大新媒体平台及门户网站活跃着一批用户，他们对公共领域热点话题十分关注。这些用户以公共利益为价值取向，有着浓厚的人文关怀理念，在专业领域有较高地位，有一批稳定的支持者。他们观点中肯、见解新颖，能够在一定程度上影响其他用户的看法与态度。

根据美国最权威的新媒体平台推特（Twitter）统计数据显示，推特中影响力最大的两万名用户，占据整个推特平台一半以上的影响力——换言之，有一半以上的言论是倾向于这部分精英用户的，或者说这部分用户可以主导一半以上的用户。这一情况在国内优质新媒体平台新浪微博中也有体现，新浪微博一千名左右的精英用户把握了议程设置权力，一定程度上对网络舆论有关键性影响。

所以，在互联网高度普及的今天，地方政府与其耗费大量精力通过技术手段屏蔽不良言论，不如与网络活跃用户良性互动，发挥其舆论引导作用。当然，利用互联网网络活跃用户提高危机响应效率时，应该有意识、有针对性地引导与沟通，引导其通过发表微博、博客、论坛和朋友圈等方式响应危机。让其拥趸认可地方政府的危机响应，配合地方政府做好危机响应工作。若是网络活跃用户能够成为地方政府发布危机响应信息的主渠道之一，那么网络活跃用户的支持者们就会通过与之沟通、交流，从而更高效地实现地方政府的危机响应目标。

与此同时，地方政府可以通过网络活跃用户设置议程，提高危机响应实效性。首先，网络活跃用户能够通过对某个公共危机的探讨影响公众对危机事件的关注程度、了解程度以及讨论热度。因为互联网网络活跃用户本身对公共危机的关注度较高，对危机事态的洞察力也较强。因此，网络活跃用户能够通过议程设置来影响公众对公共危机的影响方向。其次，网络活跃用户可以通过设置发布危机信息的先后次序来潜移默化地影响公众对危机的重视程度，从而实现影响公众关注的具体细节。对于公众而言，公共危机的严重程度、影响范围及政府的响应水平，很大程度上受互联网网络活跃用户的影响。所以政府应在危机发生后第一时间与网络活跃用户进行沟通，通过网络活跃用户影响公众的关注点，实现危机响应目标。

（三）用网络思维打造电子政务平台，提高响应的全面性

从目前情况来看，地方政府的危机公关通常是危机发生或发现存在危机风险后才陆续展开，这导致地方政府的危机响应与决策永远都落后于危机本身。当然，如果能够避免可以避免的危机风险、有效处置无法避免的危机风险，那么地方政府将赢得公众的信任，在危机处置、决策、化解过程中必将得到公众的良好配合。在互联网高度普及、许多公共危机原生于互联网或通过网络扩散的今天，地方政府更应通过网络思维打造电子政务平台，提升自身响应速度与响应全面性，寻找能够在网络环境下迅速、准确完成危机公关的有效途径。

首先，要在电子政务平台建设过程中运用网络营销思维。就网络环境下地方政府危机公关及危机响应、危机决策角度来看，运用网络营销思维建设电子政务系统，要求地方政府始终对基层民生与公众价值取向有较为深刻的了解；并在此基础上，将地方政府倡导的主流价值观念与公众认可的价值取向结合，产生协同的心理认可。有意识地建立能够表现这一结合体的形象，如政务微博或政务微信等，从而提高地方政府危机响应的效果。目前如新浪微博的“江宁公安在线”、腾讯微信的“武汉交警”公众号，都是相当优秀的电子政务平台。这些政务平台在建设运营过程中，运用了网络营销思维，建立了人性化、角色化、卡通化的

平台形象。对于居民而言，这些优秀的电子政务平台都可以方便地查看本地信息、获取信息类公共服务。

其次，要在电子政务平台建设过程中利用网络营销的定位法。对于地方政府而言，向公众提供优质公共服务、强此彼此的沟通互动，是突出电子政务平台特点的有效途径。为了做好服务供给与顺畅交流，地方政府首先需要明确“目标客户群体”。鉴于不同类型的民众互动方式、信息敏感点都不一样，地方政府应该充分研究各类电子政务平台接触者的年龄层、使用习惯与性格等。例如，对于交通服务类平台而言，目标客户群体一般为 35 – 50 岁青壮年，生活规律但空闲时间少，选择服务的目的性非常强。在建设电子政务平台时，要注意界面简洁、跳转逻辑清晰、用语准确务实等。而对于综合性更强的综合性电子政务平台来说，服务人群类型更多，生活习惯各不相同，但一般不会对可爱、活泼的事物或人物反感；所以在建设电子政务平台时，应该注重突出适龄面更广、更为生活化的平台网络。

最后，电子政务平台的建设与运营要因地制宜地运用网络营销手段。地方政府可以采用的网络营销方式多种多样。如通过优化搜索效率美化操作界面来提升用户的黏合度，通过多平台联动的方式实现互动式营销；通过转发、评论优质信息方式来建立平台口碑等。通过不同营销需求与场景下的营销手段选择，电子政务平台建设与运营将真正与网络环境接轨，存于互联网并引领互联网。

第七章　网络环境下地方政府公共危机媒体公关与舆情引导能力提升

随着互联网越来越普及，网络舆论对社会各领域的影响力不断提高，地方政府在网络环境下开展危机公关时，更需要注重针对新媒体的公关与舆情引导。从目前情况来看，地方政府已开始对危机事态下新媒体网络舆情有了一定忧患意识，初步形成舆论引导工作制度，部分地方政府部门及公职人员通过新媒体平台与公众建立了良好的关系。然而，当前地方政府网络环境下的媒体公关与舆情引导工作还存在部门权责分配不明确、回应水平不高、服务意识不强、对网络新媒体平台的舆情预防能力不足等问题。

第一节　网络环境下地方政府公共危机媒体公关与舆情引导能力现状

（一）具有一定忧患意识

在信息技术快速发展形势下，以微博、微信为核心的新兴媒体已经逐渐成为舆论传播的主要平台。社会热点的产生、传播，直至形成舆论危机事件，整个过程都通过新媒体完成。面对舆情危机事件，各级领导干部应充分认识到，拖延与回避，不仅无法化解问题，还会导致问题的扩大化，影响政府公共形象。

当前地方政府已意识到公共危机事态下媒体公关与舆情引导的重要性。在这一背景下，较为发达的城市纷纷加强忧患意识培养，开始注重日常工作中加强与公众沟通。地方领导干部有能力及时在突发危机事态下做出决策，在某种程度上标志着地方政府的忧患意识教育已取得一定成效，有了一定忧患意识。

从机制体制、舆情管理来看，不少发达地区在信息公开上表现了开放性，与公众的交流更为频繁。同时，目前大部分县级以上地方政府都成立了网络宣传办公室，专门开展针对网络文化建设、敏感舆情的疏通引导。在一些信息化程度较高的地方，还建立了不良信息举报中心，使地方政府在舆情管理、引导及媒体公关方面，有了一定的技术支持。这些大大提升地方政府对危机的响应速度、响应效果，确保地方政府从源头上解决舆情问题。

（二）初具雏形的制度

制度是保证工作有序、规范开展的重要基础。在网络舆情应对上，各地方建立了一系列法规制度，使网络媒体公关与舆论引导能有章可循、有据可依，应对处置起来井然有序。2013 年 5 月 1 日，上海市颁布实施了《上海市实施〈中华人民共和国突发事件应对法〉办法》①，根据上海的社会情况制定了危机事件预防、化解与重建等规范，以及政府、民众与社会组织应对采取的应急措施。相关法规制度的建立健全，为网络信息发布与监控创建了良好的运营环境，不仅能够杜绝虚假非法信息的传播，还为政府监督管理提供了制度保障。

（三）与网络媒体互动良好

在加强与媒体合作交流上，一些地方政府与媒体建立了和谐的合作关系，有效推进工作的有序进行，提升了工作效率，提高了群众对政府的满意度，提升了政府公信力。

（四）学会通过新媒体实现政民沟通

在网络科技日新月异的形势下，为适应时代发展，上海市政府与时俱进、开拓创新，开通了上海市政府新闻办公室官方微博“上海发布”。主要针对上海交通、教育、医疗、社保、住房和文化等关乎民众切身利益问题的咨询。微博定期更新，发布各类信息，民众可通过搜索功能查阅相关内容。上海市各级政府部门还设立了“廉洁上海”“浦东发布”“上海发展改革”等微博，“新浪上海”“上海市天气”等特色微博也相继开通，为民众了解政务信息、政府服务提供了便捷、高效平台。政务微博逐渐成为上海市政府发布行政信息、宣传政府工作、提供公共服务、拉近政民距离的有效途径。这些措施进一步增强了民众对政府的信任，政府为民办事的理念得到了切实落实。政府通过新媒体了解民众诉求、掌握民情，既为政府决策制定提供了依据，又有效防止网络不实信息的传播，维护了社会和谐安定。

（五）提升了对社情民意的响应速度

从某种意义上来讲，地方政府对待网络舆情的态度直接反映出其对民意的重视程度。对于网络舆情中不满、愤懑、极端言论，政府能否第一时间组织相关部门，及时引导疏导不实舆论极其关键。地方政府要及时回应民众问题，把握舆论主导权，使事件在短时间内得到了控制与解决，防止不良信息的蔓延与传播。②

---

① 上海市人大常委会法制工作委员会.《上海市实施〈中华人民共和国突发事件应对法〉办法》释义［M］. 上海：上海人民出版社，2013.

② 周凯. 论提高危机事件中政府的应对力［J］. 新闻爱好者，2012（18）：7-8.

（六）引导效果良好，频率较高

改革开放之后，沿海地区依托自然优势与国家的政策支持，社会经济、教育等各方面得到了快速发展，城市现代化水平显著提高。但与此同时，这些地区由于发展过快，城市化过程中出现的就业、医疗和住房等问题日益凸显；治安问题，民众诉求，环境问题日益受到关注。针对上述问题，广州市政府颁布“惠民66条”及“17条补充意见”，促进宜居城乡建设、推进保障房建设等，同时实施了《广州市重大行政决策程序规定》① 《广州市重大行政决策听证试行办法》。② 推动了政府信息公开化，掌握民情、解决民众诉求，有效缓解了很多社会问题。就近年来广州网络舆情的发展情况来看，群众较为关注的社会问题主要包括民生、治安、执法与利益维权等。

第一，民生方面。民生问题涉及群众基本生活，涵盖范围广，内容多样，具体有：健全医疗卫生服务、提高社会保险待遇、改善交通状况和完善城市布局等。民生问题关乎民众的切身利益，是民众关注度与敏感度最高的问题之一，如果长期得不到解决就会引发社会民众的不满，易衍生出社会矛盾。

第二，社会治安方面。治安问题直接关系到人民群众的生命财产安全，关系到社会和谐稳定、民众安定幸福。加大对各类违法分子的惩治力度、坚决打击破坏社会和谐的行为，为人民群众创造一个安定有序的生活环境，是增强公众幸福指数的有效路径。

第三，执法方面。执法涉及公安、工商和城管等多个执法职能部门。就地方政府网络舆情处置的情况来看，执法问题主要发生在公安与城管两个部门。民众对执法部门的执法程序、公正公开、规范、依法行使执法权力等方面较为关注。随着我国社会经济快速发展、各领域改革全面深化，一些深层问题逐渐显现，如社会贫富差距拉大等。弱势群体易对社会、政府产生负面情绪，尤其对一线执法者的负面情绪更为突出。

第四，利益维权方面。当民众切身利益受到损害时，会通过各种方式维护自身权利，当民众的诉求长期得不到回应解决，不满情绪易通过网络媒体宣传夸大。

（七）问责基本到位

地方政府对舆情工作高度重视，问责比较到位，但在舆情引导过程中缺乏深入分析，做出的决策往往不够及时有效，影响了舆情引导处置效力。

（八）逐步增强的引导能力

近年来，地方政府对网络舆情高度重视，主动应对网络舆情；有目的、有针

① 广州市政府．广州市重大行政决策程序规定［J］．广州政报，2010（22）：3－5．

② 法庭内外编辑部．公务员禁当听证会代表只是第一步［J］．法庭内外，2009（11）：41．

对性地开通政务微博、成立专门舆情监管机构等，对遏制舆情危机、提升公关水平有显著效果。地方政府的舆情引导水平逐步增强，不少地方政府建立能够与广大网络用户在线交流的官方门户网站。

从2011年开始，广州市政府及辖下各部门开始分批次申请开通认证微博。据《2015年政府政务指数微博影响力报告》显示，广州5个政务微博账号“广州公安”“中国广州发布”“广州地铁”“广州天气”“广州番禺发布”在6个榜单中挤进全国前10名，政府信息公开水平处于全国领先地位。广州发布的微博粉丝群数量超过两百万（多个群总量），未进群讨论但有关注“中国广州发布”的粉丝数量高达436万人。截至2016年7月16日，该微博共发布了37 714条微博，转发数超过1 000万，评论数超过百万，平均每天有11.3条新微博内容发布。[①] 广州市政府有目的性地提高自身的舆情引导能力，让包括市政府官方微博在内的政务微博更多地融入互联网；深入接触网络用户，了解最真实的网络舆论走向，获悉网络用户最细微的心理动态。一些地方通过总结经验教训，学会通过新媒体手段开展互联网舆情引导，并根据不同政府部门的具体职能制定有针对性的舆情引导策略。如一些地区的公安机关针对中心城区社会治安形势复杂，人流、物流、信息流密集的特点，建立宣传、网安和法制等部门联动机制，全天候、全时段监控网络舆情；一些地区针对微信微博、社区、论坛和贴吧等舆情较为集中的地区开展文明上网整治活动；在互联网运营商的配合下把握机会、引导舆情，牢牢掌控议题设置与议程设置等舆情的关键节点。

（九）部分地方政府部门开通政务微博

根据CNNIC公布的中国互联网发展状况统计报告显示，截至2015年12月底，中国网络用户达6.88亿人，全年共计新增网络用户3 951万人。互联网普及率为50.3%，较2014年底提升了2.4个百分点，其中移动网络用户规模达6.20亿人，较2014年底增加6 303万人。使用手机上网人群占比由2014年的85.8%提升至90.1%。[②] 这些数据表明，互联网已进入微时代。针对互联网最强发展趋势，各级地方政府陆续开通了政务微博。以2012年开通的甘肃省公安厅官方认证微博“甘肃公安”为例，截至2016年7月16日，关注数量已经超过252万人，发表微博数量达19 708条。其他类型的政务微博也陆续开通，该地区的政务微博体系建设初步完成。甘肃省地方新媒体建设情况不仅体现了甘肃省地方政府政务微博较高的应用率，也展现了全国各地政务信息化水平逐步提高这一趋势。

---

① 刘明远．政务微博四大传播策略—以“@中国广州发布”为例［J］．传媒，2016（11）：42-44.

② CNNIC．第37次中国互联网发展状况统计报告［EB/OL］．http：//www．cnnic．net．cn/hlwfzyj/hlwxzbg/201601/P020160122469130059846．pdf.

（十）新闻发言人制度得到广泛应用

21世纪以来，我国各地各级政府部门依次组建了新闻发言人工作领导小组，建立了专门的新闻发言人制度，并对新闻发言人制度进行了调整与优化。提高了新闻发布路径的便捷化与高效化，便于舆情事件爆发的第一时间进行回应。不少地方政府部门要求事件发生24小时之内召开记者发布会，对外公布事件的处置情况，以及事件的真实信息，避免谣言的滋长与蔓延。在处置大型突发性事件过程中，应在事发现场设立新闻发布区，由专门人员负责发布事件相关信息，做到既不逃避遮掩又不夸大其词。同时招录了具有专业新闻知识与操作能力人才，对全体干警定期开展知识培训教育，积极与民众、媒体进行交流。一些政府部门还建立了网络舆情机构，配备了专业人员进行管理，各地在舆情管理与舆论引导上的能力得到进一步提高。

（十一）制度建设初步完成

目前，不少地方政府已经就当地公共危机媒体公关与舆情引导需求，开展了机制体制建设。以甘肃省为例，为保障危机事态下各级地方政府能够迅速正确应对，甘肃省政府制定了《甘肃省突发公共事件总体应急预案》，为甘肃省各级政府及各类职能部门提供了旅游类、自然灾害类、土地纠纷类、民族类等类型危机的基本舆情应对与公关原则。各地公安部门，在该预案的指导下结合《公安机关涉警舆情处置规程》，构建了各类舆情信息的收集、研究、信息制作发布制度及公关、舆情引导制度。

（十二）舆情监管体系已现雏形

就当前我国地方政府舆情工作实践来看，省委、直辖市宣传部负责管理省级层面的舆情监管工作，公安、通信、新闻出版等各部门则协调负责各自的职责范畴。省委宣传部将舆情监管的职责具体细分给网络宣传处、网络管理处、互联网信息调研中心与省委外宣办，四个部门负责开展网络舆论的宣传、网络信息管理、网络舆情收集研究、网络应急管理协调与信息发布。其他部门则根据相应的要求做好各自工作，如省公安厅公共信息网络安全监察总队负责开展网络安全管理，省工业和信息化厅与省通信管理局负责行业与技术监管等，各部门各司其职，分工合作，共同推进网络舆情监管体系的不断完善。

大部分地市都按照省级党委宣传部门要求构建网络舆情管理模式，建立了市委宣传部网络管理办公室、互联网信息办公室、对外宣传办公室与信息中心等部门，加强与当地公安局等相关部门之间的合作联系，逐步建立系统、高效的舆情监管体系。

（十三）地方性舆情工作机制完成初步建设

在开展网络舆情监管上，各级政府主要从以下几点着手：第一，开展舆情日常监管。利用网络信息采集技术与分析处理技术对网络信息进行收集、整理、研究、评估。重点追踪热点话题，对舆情进行分析判断，对谣言进行过滤，掌握舆论的发展趋势；及时有效地引导网络舆情朝正面发展，维护网络环境的稳定和谐。第二，舆情危机化解。舆情危机事件发生后，相关部门要及时协调各方资源开展应急处置工作，第一时间对外发布事件信息，掌握舆论主导权，为舆情危机化解创造良好环境。第三，积极引导。各级政府按照本地实际情况，对各门户网站进行监督引导，协调好舆情信息的处理，指导各部门有效地对政务微博进行管理。

部分地方政府根据网络舆情管理情况，制定实施了一系列针对网络舆情的实施办法，在具体应用中取得了显著效果。例如，郑州市2010年11月设置了“郑州市网络舆情处置联席会议制度”①，要求郑州市委、市政府监管舆情信息部门、新闻管理部门、信访部门与相关部门人员每天召开会议，讨论分析当日的网络舆情情况；舆情涉及的部门也要参与会议，会议上要进行舆情判断交办，并监督落实到底。临颍县纪委发布了《关于建立网络反腐倡廉工作机制的暂行办法》，构建网络舆情监管机制，配备专门人员对网络舆情进行分析处理，并整理归类到档案，限定时间回复网络用户问题；若无法进行回复，则上报相关部门，督查落到实处，不断提高地方政府网络舆情事件的应急处置能力。这些机制制度能够有效保证地方政府的舆情工作有序开展，确保舆情发生时迅速根据其特点做出正确应对，还可以帮助地方政府提高舆情预警能力。

（十四）舆情管理队伍逐渐壮大、方式逐渐多样化

近几年，河南省各级政府充分认识到人才的重要作用，招录了大批具备专业网络知识与实际操作能力的专业型人才，从整体上提高了舆情工作的管理水平。2013年8月20日，郑州市开展了全国第一期“网络舆情分析师”培训活动，活动的目的是提高网络舆情从业人员在舆情引导与舆情监控等方面的能力，从整体上增强网络舆情监控工作的专业性与有效性。培训对象主要包括河南省各级政府部门人员及其他相关单位的人员。培训活动的开展有利于进一步提高河南省网络舆情工作人员的整体知识能力水平，促进网络舆情工作的有序、高效进行。

政务微博近年来已经成为最受公众欢迎、效率最高的政民沟通平台，这一点也引起了河南各级地方政府的关注，许多地方政府部门选择开通官方认证微博。根据2016年5月16日发布的《2016河南省互联网发展报告》，截至2015年12月中旬，经过新浪微博平台认证的河南省政务微博数量已达到11 761个，仅次

① 信息系统工程编辑部. 郑州市创新网络管理 网络舆情处置联席会显功效［J］. 信息系统工程，2011（10）：8.

于广东，居全国第二位。其中党政机关官方微博数量 8725 个，政府人员微博 3 036个。[①] 河南已经成为国内政务微博大省，其中平安中原、清风中原、文明河南、平安洛阳、豫法阳光等地方政府部门的政务微博已成为在河南影响力巨大，在全国有一定影响力的微博 ID；而“交警杨华民”等由公职人员开通并使用的个人认证微博，不仅在微博用户中知名度颇高，还与网络用户有较为频繁的互动交流；甚至还能贴心地为网络用户送上当地最新的交通信息，提醒人们出行注意事项，取得了良好的效果。

第二节 网络环境下地方政府公共危机媒体公关与舆情引导能力提升中存在的问题

（一）政府需要进一步加强忧患意识

地方政府——尤其是一线基层政府，需要有更强的忧患意识，因为永远无人能提前知晓突发危机的爆发点。2014 年 12 月 31 日，上海的夜晚灯火通明，无数人在外滩广场期盼新年到来，由于人群过于庞大导致了外滩广场发生了迎新夜踩踏事件。事件发生后半小时，一些网络用户在新浪微博上自行发起“今天不说新年快乐”哀悼活动。根据人民网舆情监测观察室统计，最早事件相关报道大约在 2014 年 12 月 31 日晚 11 点 50 分出现，24 小时内原创微博超过 10 万条，原创长微博超过 500 篇，大量社交网站纷纷讨论这一事件。[②] 上海市政府在调查处理结束后迅速在微博上发布了相关信息，但有关部门并没有第一时间对相关舆情给予充分重视。

（二）缺乏公开信息的主动性

地方政府如果不主动及时、充分公开信息，网络用户很可能会根据自己的判断与猜测描绘事件的全貌，导致负面影响不断扩大。2016 年 7 月 1 日，上海市某公司被曝将 4 000 吨垃圾运输到苏州太湖倾倒，此事一出立即引起轩然大波。根据人民网舆情监测室数据显示，从事件发生的 7 月 1 日到 7 月 6 日 16 时，“上海垃圾倾倒苏州太湖”事件网络媒体报道及转载报道量为 6 283 篇，传统报刊报道量为 333 篇。网络互动社区论坛帖文、博客博文分别为1 465篇、1 920 篇；自媒体方面，微博 1 223 条，微信 9 583 篇，造成了比较大影响。但有关部门没有及时注意这一事件的发生，也没有迅速就这一事件做出回应，导致舆论逐渐向不利

---

① 人民周刊编辑部. 政务微博“过气”了吗［J］. 人民周刊，2016（4）：8－9.

② 唐梦斐，王建成. 突发事件中政务微博辟谣效果研究——基于“上海外滩踩踏事件”的案例分析［J］. 情报杂志，2015（8）：98－103.

的方向发展。可以说，这一事件在某种程度上说明了信息及时公开的重要性。在传统媒体时代冷处理方式也许能够起到一定效果，但在互联网高度普及的新媒体时代，这种避而不谈、回应速度较慢的处理方式，必然会引起网络用户的公愤，扩大事件的负面影响。

（三）应对部门繁多、责任不明确

在信息技术与传播媒介快速发展变化的形势下，各地方政府在应对网络舆情上仍然相对薄弱。当前，各级政府虽设立了网宣办等部门，但在面对舆情危机上，各地方政府的处置方式往往是从有关部门抽取工作人员组成临时应急小组。临时小组只是临时针对舆情应急处置，很难积累相关经验。小组人员都是临时从各部门抽取而来，成员之间平时联系甚少几乎没有交集，缺乏必要的沟通，很难达成默契，降低了工作效率。此外，小组成员大部分不具备舆情危机处理知识能力。因此，舆情危机很难得到妥善、彻底解决。

（四）回应水平不高

地方政府不仅要迅速回应网络舆情事件，而且要得当。各地方政府回应水平不高，不仅对舆情事件的解决、引导没有帮助，甚至遭到公众和媒体的抨击，导致地方政府的公信力下滑，派生更多的舆情危机。

（五）服务意识不高

服务意识高低直接决定政府公共决策制定与落实的水平。部分地方政府不能做到统筹全局、公平公正，在化解社会利益纠纷过程中存在有失公允的情况；一些地方政府部门服务意识淡薄，没有积极贯彻“走群众路线”的指导方针，官僚作风严重，对待老百姓态度差，政府公信力受到影响。与此同时，由于地方政府服务意识较低，对民众提出的问题与诉求不能积极回应与解决，或是放任不管；在信息公开上未能做到及时有效，民众反映的问题与政府信息之间脱节，“信息失真”的情况时有发生，对政府形象造成不良影响；一旦爆发舆情危机事件，政府又未能在第一时间做出回应，就容易导致各种谣言的滋长，使民众对政府的执政能力提出疑问。2016 年 3 月，广州社情民意研究中心开展了本年度的“广东省政务公开城镇居民评价”。对广东珠三角地区的市县、城区进行了调查访问，并将调查重点放在居民对当地政府公共关系及危机处置的状况、方式、具体表现及后续效力的观感上。根据调研情况可以看出，目前虽然广州及珠三角其他地区的确在危机公关上领先于国内大部分地区，但珠三角包括广州在内的居民仍不是非常满意，政府危机公关虽有一定水准，但仍有很大进步空间。

（六）部分地区缺乏快速应急预案

缺乏快速应急预案同样困扰着地方政府网络环境下的危机公关。网络舆情本就有变化速度快、衍生问题多的特点，许多网络舆情在初期原本只是影响有限的话题，却能够在短时间内演变为人人关注的热门焦点问题。但目前各地在快速应急预案的建设与制定上仍然存在漏洞。尤其是对于那些非典型性、扩散速度极快的突发性网络舆情，缺乏快速应急预案，更容易让地方政府部门在舆情事件面前手足无措。对于市级、省级地方政府而言，或许还能够在较短的时间内制订出应对方案，但对于那些边远地区的地方政府而言，不仅应对网络舆情的经验缺乏，而且由于网络舆情发生的小概率性而未能提前准备应急预案，即使有也因为研判能力较弱而无法做出决策。

（七）普遍缺乏舆情预防能力

网络舆情信息监测工作是对热门话题及民众对热点的评论进行收集与分析，对极端、负面、虚假和违法的信息进行实时预警，遵循“快、精、全”原则做好信息的获取、分析和应用。其中，“快”是反映及时，快速收取有效信息；“精”是有突出、有重点地进行信息收集；“全”是对民众评论的收集要具有全面性，保证其真实性。2010 年开始，我国各级地方政府逐渐加大对网络舆情监测工作的力度；但依然沿用传统模式，监测方式缺乏多样性，成效不理想。对网络监测缺乏足够重视，尤其是区县部门对舆情监测的认识严重不足。此外，缺乏专门的网络舆情监测专业型人才。一些区县在网络监测工作上虽然取得了一定成效，但日常监测工作中没有将重点舆情与一般舆情区分开来，监测工作缺乏针对性，难以实现“快、精、全”的目标。地方政府部门既没有对各项舆情监测与预警工作进行完善优化，也没有对工作程序进行清晰界定，从而影响了整体工作效率，监测成效较低。对于网络舆情的发展方向与发展特点，政府部门难以进行全面掌握。如今，网络技术迅猛发展，网络信息日趋复杂与多样，对政府部门信息筛选、辨别提出了更高要求；通过对信息的过滤、判断，获取真正反映民情民意的信息；及时阻拦虚假、负面信息的传播。同时还应看到，网络舆情监测工作制度不健全，监测方式较为落后，直接影响了舆情监测工作的整体质量。一旦爆发舆情危机事件，舆情监测体系无法在第一时间收到预警信息，应急工作也就失去了最佳时机，容易造成舆论失控。

（八）决策速度不适应网络环境

决策速度慢，难以适应网络快速发展要求。信息量大、千变万化、复杂混乱是网络舆情的主要特征。政府部门要设立专门的网络舆情监测小组，使用专业网络监测技术软件，才能在大量舆情信息中获取有用信息。但舆情信息变化快，各种评论观点不断涌现，进一步加大了政府部门网络舆情监测工作的难度；尤其是具有迷惑性的网络谣言，地方政府如果不能及时发现并发布权威信息，任由谣言发展就可能升级成社会舆论危机。2016 年 7 月 6 日，人民网舆情频道通过对 100 家海内外传统媒体的报道与评论的研究，分析了 50 家主流论坛、新浪微博平台的舆论，整理并发布了“2016 年上半年度网络舆情分析”。[①] 其中“魏则西事件”“抗议高考招生指标调整”“女孩痛斥北京医院‘号贩子’”“雷洋案”“周口女生被顶替上大学”等事件排名靠前。其中，以医疗广告竞价排名违规导致的“魏则西事件”最受公众瞩目，该事件不仅揭露了搜索引擎竞价排名的弊端，还揭示了令人瞠目结舌的“莆田系资本承包医院科室”等医疗监管漏洞。但这一舆情的处置效果是令人满意的。2016 年 5 月 9 日，国家网信办会同国家工商总局、国家卫生计生委成立的联合调查组向社会公布了调查结果，责令相关责任单位立即整改，获得舆论肯定。

（九）思想重视程度不够

不少地方并没有认识到“舆情等于危机前兆”的正确性，更不认为网络舆情管理是地方政府需要投入的重要工作。思想上的轻视，使不少地方政府在面对网络舆情时手足无措，不知从何着手应对。与此同时，网络舆情的应对与处置，要求各地方具备一定的互联网应用知识与公共关系理论知识。然而在实践过程中各地方因为没有重视网络舆情的应对与处置工作，网络环境下的舆情引导技巧、舆情判断能力都存在不足。这种不足使其对网络舆情的预警与处置缺乏技巧性，容易错失处置的最佳时机，甚至会出现相反结果。

（十）公关机构不健全

从目前情况来看，虽然许多地区的省市级地方政府已经初步建立了危机舆情引导与公关机制，但这些机制在实践过程中存在缺陷：缺乏具备专门职能、功能明确的危机公关与舆情处置机构。通过研究不难发现，在专门性机构缺位的情况下，非直接相关部门往往会在危机发生后选择“明哲保身”，不去参与舆情的引导与危机公关工作。所以在最需要地方政府部门做出响应的时间节点上，地方政府常常会“失声”“无为”，错过开展危机公关、引导舆情的最佳时机。与此同时，专职机构的缺位，使舆情的预警、研判工作变得零散；不同层级、不同职能的地方政府部门无法集中力量、资源组织危机公关与引导工作。在面对影响范围较广、性质较为恶劣的危机时，难以在短时间内协调工作，导致相关工作滞后。

（十一）网络舆情处置效率不高

应对网络舆情时，如果能在大量信息中获取群众的真实诉求，选择恰当的时间切入，通常会取得事半功倍的效果。但个别地方政府在处理网络舆情过程中，切入时间不对、切入方式不合理，民众提出的问题得不到有效回复，从而导致网络舆情的恶化。

---

① 廖灿亮. 2016 年上半年网络舆情分析 网民心态渐趋冷静理性［EB/OL］. http：//yuqing. people. com. cn/n1/2016/0706/c209043 – 28530486. html.

事件发生后第一时间未能正确处置，网络舆情就容易酝酿就会降低地方政府的公信力与权威。

（十二）网络舆情应对方式失当

面对网络舆情时，部分政府部门往往采取无视或消极的方式来应对；对民众的咨询与建议，不能及时回复，不能就舆情事件做出相关回应。当网络舆论范围不断扩大时，政府部门不得已采取删除信息、封锁评论等方法；但这种处理方式不仅无法从根本上解决问题，反而会使公众产生不满、愤懑情绪，进一步扩大舆情事件的不良影响，加大舆情危机的处置难度。这种情况下，负面舆论不断产生，民众对政府的信任感下降，政府公信力受到严重影响。

从近年来的舆情案例不难发现，一些地方政府部门拖延、逃避问题，忽略民众诉求，冷漠对待舆情发展，往往将舆情事件恶化成大规模社会事件，对政府公共形象产生极其消极影响。某些地方政府在察觉网络舆情时，采取的应对方式并不得当。诚然，对于一些性质较为恶劣的造谣传谣，控制发帖人是非常有必要的；但必须遵循一定的法律程序，而不是简单地要求运营商删除帖子，甚至是在没有批捕的情况下直接跨省抓捕。这种做法很容易造成公共危机，在地方政府行为缺乏法理依据的情况下尤甚。

同时，应对除了要及时，还需要准确。如果地方政府在回应、应对的过程中，没有一定的事实依据支撑，一旦被公众发现，地方政府的公信力就会再次遭受打击，后续的公共关系工作将难以开展。事实上，一个准确、有事实依据为支撑的回应，即便表面上会对政府的公信力造成一定伤害，但公众对政府最基本的信任仍然可以保持。而不当的应对会导致公众对政府失去最基本的信任，公信力重建变得更为困难。

（十三）与民众缺乏沟通

在互联网日渐普及的今天，以微博为代表的各类网络平台已成为公众表达意愿、获取信息及宣泄情绪的主要途径。目前不少地方政府微博化解网络舆情的能力与现实需要仍然有一定差距。一些地方政府部门虽然开通了政务微博，但并不重视相关运营工作。日常宣传与沟通互动质量不高，政务微博的关注度不高，使政务微博发布的相关信息难以及时传播出去，失去了政务微博应有的功能与意义。在这一情况下，部分地方政府部门不仅没有选择加强政务微博的日常管理，还“重走老路”，希望通过传统媒体等惯用途径实现传播效果。如此，政务微博无法实现与网络用户的沟通，传统媒体的信息传播单向性始终让地方政府部门处于“唱独角戏”状态，难以真正体会民情、了解舆论动态、做出针对性决策。

（十四）网络舆情日常监测、引导与研究不足

公众的认知在舆情的裹胁下很容易被扭曲，而目前不少地方政府并没有通过

监测、引导与研究及时发现这些异常舆情的能力。一些地区甚至连基本的引导处置都难以及时到位。这种监测、引导与研究的缺位，很容易导致事态恶化。在一些别有用心者的推波助澜之下，政府的缺位很可能会派生出更多的舆情危机。

可以发现，部分地方政府网络环境下的舆情处置工作仍然存在网络舆情日常监测、引导与研究不足的问题。仍然将管理作为重点，没有将舆情引导、澄清谣言作为日常工作的重要环节；仍然将舆情危机发生后的应对作为重点，没有将舆情在危机前的监测列为日常工作；仍然将舆情危机发生后的决策作为重点，没有将舆情危机发生前的各类信息分析列为日常工作。舆情监管部门很多情况下未能就已经出现的舆情信息做出正确预判，也没有在公共政策发布后收集与之相关的公众意愿，对互联网环境下的信息资源利用能力不足。

第三节　网络环境下地方政府公共危机媒体公关与舆情引导能力提升对策

（一）提高舆情忧患意识、加强舆情监控

思想观念是行为的先导，只有具备科学的思想意识，才能有效指导实践工作。在面对与处置舆情危机事件时，地方政府要充分认识舆情危机的危害性，增强舆情忧患意识，加大舆情监控力度。当前，我国已建立包括人民网舆情监测系统、新华网舆情监测系统、中青在线舆情监测系统、谷尼网络舆情监测分析系统、中国传媒大学网络舆情研究所网络舆情监测系统等在内的分析系统。它们都具有对舆情信息进行识别、判断和预警功能。能够自动获取、筛选、归类危机信息，并根据相应规则统计关键词数量。对各类信息的时间密度进行分类研究，获取某一时间段出现频率最高的关键词与热点话题。采用词条统计、信息归集整理的方式，发现热点话题、热门事件时，按照规则适度升级，并对其进行跟踪、观察；当出现有可能发展成舆情危机的苗头，立即对其进行处理。当达到计算机软件标识的程度时，计算机系统会按照规则向管理者发出预警信息，实现自动报警功能。

基于上述舆情分析系统软件的重要作用，上海市政府利用先进技术设备获取、掌握网络信息的发展情况，及时发现与跟踪一些较为敏感的话题与事件，全面掌握事件的发展趋势。采用历史数据研究热门话题与关键词，并做出准确判断，最后借助媒体在适当时机将信息发布出去，引导网络舆情向正面发展。

（二）主动公开信息，坦然面对公众

舆情危机发生后，地方政府应选择最佳时机公布事件真相，及时发布权威信息，占据舆论制高点。查明事实并第一时间公开，既能有效遏制不实信息的传播，又能一定程度上安抚民众情绪。面对危机，政府部门要从容面对，冷静处

置；既不能夸大其词，又不能歪曲事实真相，积极面对舆情危机。

地方政府应对舆情危机时，不可逃避遮掩，不能搪塞敷衍民众。实际上，积极面对、勇于承担是应对处置舆情危机事件的有效方式。危机事件爆发后，政府部门要让广大群众看到其勇于面对的决心和责任心，争取公众对政府的肯定与理解，从而有利于促进舆情危机的解决。

要加强与媒体之间的交流联系，建立良好的合作关系。共同引导网络舆论，引导网络用户的看法与态度，引导舆论发展方向。此外，政府部门要以积极的姿态应对舆情危机，不能抱有侥幸心理，积极与各大媒体进行交流合作，占据网络舆论的主动权。

（三）构建舆情引导机制，明确权责分配

网络信息发展变化快，复杂多样且更新间隔短，客观上加大了政府部门对信息筛选、辨识的难度，难以及时识别舆情危机的准确信息。

这就要求地方政府对网络监控模式进行调整完善，建立系统、高效的舆情引导机制，构建网络事务管理部门。这个部门主要负责跟踪监测网络信息，并对舆情信息进行研究判断；要清晰界定各部门权责范围，促进舆情处置工作的有序、高效开展。此外，各级地方政府官方网站应构建与媒体、民众交流互动的开放性平台，加强与媒体、公众之间的联系沟通，为各项工作的开展奠定坚实的群众基础。招录与网络技术、媒体相关专业的专业人才。设立网络舆情监测小组，及时发现、跟踪与研究网络热点、热门话题。正确掌握网络舆情发展方向，利用有效方式引导化解负面情绪。

与此同时，地方政府还要构建高效、系统的网络舆情监测机构，负责获取、分析、归类本地网络舆情信息，为舆情应对处置小组提供技术帮助；组建一支具有实践经验、能够熟练操作多媒体技术、拥有较强公关能力的专业队伍，加强对网络舆情的监控，及时发现负面评论，并对其进行纠正、引导。最后，舆情监控部门要及时收集舆情信息，构建网络舆情预警报告制度。按照热门话题、热点评论的发展动态，及时分析归类，第一时间阻止负面舆论的传播、恶化；通过有效方式对负面消息进行疏通和引导，并将舆情发展情况上报有关部门；在构建网络舆情预警报告机制的基础上建立舆情跟踪反馈制度，为后续实施监管措施提供制度保障。

（四）多元主体引导舆情，提升回应水平

首先，力邀专业人士加盟舆情引导团队。危机事态下的政府公共关系与舆情引导是一个年轻、前沿性课题，涉及多学科不同专业的理论及技能，这些是相关部门所不具备的。所以，发生涉及专业知识及技能的网络舆情，地方政府应将专业人士作为引导主体引入危机处置体系。

其次，让专业媒体、公关人员成为舆情引导的主力军。专业媒体对公共关系的理解深于政府相关部门，更懂得如何在危机现场进行引导、安抚公众的情绪，引导公众舆论，化解网络舆情。一般情况下，公共危机事件发生后，公众对相关责任主体非常关心。危机事件发生之初，地方政府即便一时不能明确造成危机的责任主体，也要进行回应，地方政府应勇于担负起首要责任。通过这种回应，公众在得到安抚之余，反而会因地方政府的态度而多一分理解。地方政府处置回应相关危机时，应学习尊重专业人士、利用好专业力量。

（五）加强舆论引导的组织性和服务性

网络舆情是互联网发展的产物，是社会问题在网络上的舆情反映。对网络舆情的管理上，各地方政府需处理好认知、发展和完善三者关系。地方政府部门在认识的基础上不断加强基础管理，重视网络舆情对政府管理、社会发展上的重要影响。地方政府要重视对网络舆情的监管，将网络舆情管理作为社会管理的主要内容，并纳入政府绩效评估考核指标当中。政府是开展网络舆情管理的主体，管理成效高低，取决于政府部门的重视程度。思想上要意识到网络舆情管理的重要意义，行动上建立各部门领导责任制度，并在部门之间建立联动、系统的责任机制；互相监督、相互配合，不断强化各部门的凝聚力与团队意识，从组织制度上将网络舆情管理落到实处。在统一组织管理制度的基础上，不断强化领导干部的责任意识及对舆情的重视度，明确网络舆情管理的角色定位，创新管理模式，从根本上改善“眉毛胡子一把抓”的问题。

首先，明确各管理主体的角色定位。在网络舆情管理上，各地方政府开展时间较晚，存在经验不足、认识不充分问题；对待舆情危机往往采取“事后”补救的方式，易陷入被动地位。网络舆情的管理需要多个政府部门参与，容易出现交叉管理、重复操作等问题。网络舆情的协同监管需要新闻、公安和信息产业部门等多个部门参与。因为各部门在管理标准、管理范围等方面的差异，部门之间如缺乏必要的交流，极易导致管理重叠、混乱。对此，地方政府应明确舆情管理主体，协调各部门有序进行网络舆情管理。明确各部门的职责内容与权力范围，组建具有组织性与针对性的网络舆情监管队伍，以促进舆情管理工作有序、高效开展。

其次，明确舆情管理对象。从狭义的角度分析，网络舆情管理仅针对网络传播信息监督与管理；从广义上看，网络舆情管理包括网络舆论、网络行业和网络行业运营等各方面内容。网络舆情是新闻学与社会学的一部分，地方政府要提高网络舆情监管的有效性，不能仅针对网络舆情的内容进行监管，还要加强对网络舆情所处的网络环境及其他相关内容监管，这样才能正确把握舆情发展方向。

最后，强化现代化管理理念。在网络舆情管理方式上，地方政府应通过构建电子政务、深入“触网”等有效措施加强与民众的交流互动。借助政务微博与政务微信等先进手段获取社情民意，及时回复与解决公众的诉求与问题，邀请专家学者开展网络舆情讲座与培训活动，创建积极向上的学习工作环境。例如，2012 年 8 月，广州市国土房管局举行系统新闻发布与舆情应对业务培训活动，邀请中山大学传播与设计学院张志安副教授讲授新闻发布与舆情处置的方式方法，进一步提高了政府部门人员对网络舆情的认识与应对能力。在网络舆情的管理上，地方政府不能一味沿用传统行政管理模式，要与时俱进，大胆创新，树立全局观念与现代社会管理理念。一旦爆发舆情危机，要能在第一时间统筹协调各部门形成合力，指导各部门有条不紊开展应对救援工作。及时对外发布事件信息，引导舆论朝正确、正面的方向发展。有效疏通与纠正负面舆论的传播，协调与组织基层组织与民众积极应对，推动舆情处理工作高效进行。

（六）构建快速应急预案与引导机制

对于网络舆情危机事件的应对处置，地方政府既要从思想上做好准备，又要协调分配好现有资源，构建快速、联动的应急预案与引导机制。对舆情危机日常监管，要不断完善监测机制与预警制度。一旦发生网络舆情事件，舆情监管部门要担当起应急指挥角色。快速反应，统筹安排处置工作，为应急救援工作赢得更多时间。具体要求如下：第一，快速掌握网络舆情的真实情况，第一时间启动网络舆情应急预案，迅速制定应对处置政策。网络舆情危机具有突发性与即时性，决定了相关部门要快速反应、应对，即时和本地媒体实现联系互动，利用政务微博、政府官方网站和民众即时互动。第二，清理不良信息，对谣言传播者予以严厉惩罚，肃清网络不实信息，创建积极、健康的网络环境。必要时启动网络舆情引导制度，对舆情进行正确疏通与引导。第三，网络舆情趋于平稳，舆情处置取得一定成效之后，网络舆情应急指挥部门应整理舆情事件的起因、发展、应对过程，对造谣者的处罚情况、事件处置过程等内容。通过政府官方网站与媒体对外发布，消除公众的怀疑与猜测。网络舆情管理应急指挥部门还要对网络舆情的发展动态时时追踪、监测舆情的发展方向，防止舆情“死灰复燃”。通过系列措施淡化与解决引起网络舆情危机事件，使社会发展重新步入正轨。

合理引导网络舆情是应对管理网络舆情，提高管理水平的有效路径。随着互联网的不断发展，网络为网络舆情的产生与发展提供了土壤，各种信息鱼龙混杂，这些信息既有民众的诉求意见，也有不良情绪与谣言。地方政府要促进网络舆情的有效监测与管理，构建完善、联动的网络舆情引导制度。一方面，要在第一时间对外发布舆情信息。在舆情危机爆发后，民众最关心的往往是事情的真相与处置情况等。网络舆情管理部门要快速掌握实情，借助政府官方网站、媒体等方式公开信息，让民众能够及时了解事件的处置情况及政府的工作安排，消除民众的猜测与疑虑，稳定民心。此外，要建立快速反应制度，争取在舆情危机发生初期就占据舆论制高点，拦截不良信息、阻隔谣言的传播，掌握与引导舆论的发展方向。网络舆情管理部门还要按照网络舆情在各个时期的特征，运用不同的引导技巧掌控舆论发展趋势。如在舆情危机发展到高点后，相关部门要不断更新事件信息，主动与民众进行交流互动，及时回复民众的问题，制订出行之有效的处置方案等。另一方面，加强与网络用户的沟通互动，共同引导舆论的健康发展。加大对网络媒体的监管力度，对网络媒体实行正面引导，强化其社会责任意识，使其能够理解支持政府的各项决策，对政务信息进行正面报道。

（七）构建舆情预防与预处理机制

近年来，各级地方政府逐渐加强了对网络舆情的监管，通过一系列措施实行深度“触网”，与民众进行交流互动。此外，还组建了专业化网络舆情监测小组，专门负责获取、分析与整理社情民意，回复与解答民众疑难问题，发现与清除违法、不实信息。不过，要更好地应对网络舆情危机，就要构建系统、高效的网络舆情监测预警制度。具体应从以下几点来进行：

首先，建立健全网络舆情收集机制。网络舆情监测部门可通过人工与技术手段监测与获取舆情信息，人工与智能技术两种方式侧重点有所差异，功能也不相同。人工收集的劣势在于工作量大、收集信息不全面；但针对性较强，对于重点网站、重点论坛及重大舆情事件的信息收集准确度较高。而技术手段主要是借助搜索引擎，在系统中对所要了解的信息进行获取与分析，较全面，但也易收集一些无关的内容。对此，将人工与技术手段相结合进行网络舆情收集，能有效获取民众所反映的社会问题及关乎社会民生的重要议题，从而有针对性地进行分析和汇总。对于民众所反馈的社会问题与意见，地方政府及网络舆情管理部门要及时转交有关机构进行解决，并在一定时间内制订解决方案，回复民众。

其次，开展舆情分析研判会，对可能导致舆情危机的信息进行全面研究。时刻关注网络舆情的发展方向，正确掌控舆情信息动态，分析舆情信息可能引发的危机情况、发展态势，在此基础上制定舆情分析研究报告。

最后，设置网络舆情预警流程。网络舆情监控部门要按照辖区内网络舆情的发展特点和实际情况，判定网络舆情的级别。根据网络舆情传播速度、级别与民众关注度三项指标制定网络舆情预警等级，具体为轻微预警、一般预警、重大预警与特大预警。在界定网络舆情预警级别的基础上，按照已设置好的网络预警方案逐步落实，为网络舆情的应对处置提供保障。

（八）以大数据加快舆情决策

网络舆情信息管理工作的开展，要顺应大数据时代发展的要求，将大数据应用纳入舆情危机处置工作，发挥大数据在舆情应对处置中的重要作用。为舆情应对提供技术保障，提高网络治理的现代化水平，不断提升政府应对公共危机的能力。当前，Hadoop 分布式计算系统基础框架是运用较为成熟的一项大数据技术，这个框架包括多种大数据技术开源项目，囊括分布式计算模型 MapReduce、分布式文件系统 HDFS（Ha－doop Distributed File System）、数据仓库工具 Hive 和分布式数据库 Hbase 等核心技术。MapReduce 分布式计算模型在研究舆情信息上发挥着重要作用。Hadoop 的工作机制主要是通过分布式计算模型 MapReduce 来监测、研究舆情信息，分析舆情发展动态，实现跟踪预警，提高数据获取与分析水平。利用分布式文件系统 HDFS 充分利用管理信息资源，增强信息存取能力，并借助 Hive 提高信息查询、挖掘的效率，通过 Hbase 实现多种信息之间的兼容和分布式存储。

相较于传统舆情监测手段与流程，基于 Hadoop 的大数据技术在处理、存取效率、灵活性和硬件系统通用等方面均具有绝对优势。可以实现在大数据环境下舆情信息获取、数据分析加工、信息舆情和信息报告等，能够最大限度地适应舆情信息处置工作的高难度与高要求。

大数据是先进的技术手段。地方政府开展网络舆情管理过程中，要注重分析当前舆情危机的特征，通过大数据创新工作方法，加强对舆情信息的监管。主要为：首先，进行舆情监测与信息收集，重点监测微博和微信等新型网络平台，从中获取有用信息；其次，对舆情信息进行数据处理，通过大数据技术兼容、分类、去重和转换舆情信息；再次，对收集的舆情信息进行分析预警，准确定位与辨别有用的信息，掌握舆情事件的起因与特点及与之相关的、潜在的特征与发展趋势，为舆情预警提供信息参考；最后，提高网络舆情信息传送效率，通过图表形式将舆情信息表现出来，扩大传送与发布途径，通过移动互联网将信息进行收集、归类与推送。

开展网络舆情分析的前提是要明确舆情危机的类型与发展规律，掌握舆情危机事件所具有的突发性、不确定性、社会性、易扩散性和周期性等特点，并将舆情危机的类型界定为自然灾害、事故灾难、公共卫生与社会安全等多种类型。

地方政府可以按照本地区突发性事件分类分级标准进行数据输入输出、设置特征参数，及建立数据分析框架，利用大数据舆情分析。既可以全面了解舆情所处的阶段，又可以为舆情危机的预警提供信息参考。既可以了解事件的发生背景、发展特点与具体情况，以及民众对事件所持有的观点和对政府的影响，又可以从事件中看到舆情危机基于社会的影响，现行法律制度存在的弊端等。

（九）思想上重视舆情

稳定是社会发展、国家富强和民族团结的基本前提，对一切影响稳定的因素都要坚决予以抵制。但各地方政府在处理一些社会问题时，通常行政手段用得较多，往往忽视民众的意见和诉求；虽然短时间内维护了社会稳定，但这种稳定只是暂时的，仍存在潜在的不安定因素。对此，在处置突发性公共危机时，各级地方政府应引导民众将不满情绪通过正确通道表达。提高政务工作的公开性，重视民众的诉求，为舆情危机的处置创造良好的环境。

各级地方政府要不断强化舆情意识，促进网络舆情监测工作有序、高效开展。明确网络舆情监测的定位，网络舆情监测的意义在于发现舆情，及时控制舆情，将潜在的舆情事件清除，防止衍生为严重的社会问题。提前发现危机苗头，快速应对与处置很有必要。能够在舆情危机的初期阶段对其及时控制，避免造成更大范围的影响，降低损失。要实现这一点，就要求各级地方政府具备高度敏锐的舆情监测意识。

（十）建立专门舆情管理机构

从目前情况来看，我国大部分地方政府已建立舆情管理机构，但这些舆情管理机构或挂靠于职能部门，或仅为一个办公室，在危机事态下并不能有效开展舆情公关与处置工作。为此，地方政府需要建立专门性舆情管理机构开展相关工作。地方政府可以根据自身需求，设置以下三类舆情管理机构。

第一类是传统公共部门类管理机构。该类机构与中央、地方的宣传步调一脉相承，组织结构一般与公共部门相仿，行政资源较为雄厚。在调动各方力量联合处置上具有较大优势，对影响比较大、已发生的舆情危机有较强的处置能力。该类组织适用于省级及省会地区的地方政府。因为其调研经费充足，研究的全局性更强，能够向地方政府及时报送舆情报告。可以帮助地方政府迅速做出决策，属于战略意义较强的舆情管理机构。

第二类是学术类舆情管理机构。该类机构虽需要来自地方政府的支持，但成员多为学术界人士，且学科背景繁多、专业理论水平较高。该类管理机构能够以专业眼光、科学研究方法分析隐藏在舆情及危机背后的深层次原因。能够梳理、总结各类舆情的发展规律，从而为公关预案制订、舆情预警提供理论基础。该类管理机构适用于沿海大中城市，这些地区高校科研能力较强、人才资源更为集中，如天津社会科学院舆情研究所、复旦大学传媒与舆情调查中心等。

第三类是媒体类舆情管理机构。这类机构一般依托于新闻媒体，将舆情监测、公关与媒体工作融合，是近年来发展较快的舆情管理机构类型。该类机构主要优势在于能够准确把握当前的舆情动态，可以通过舆情调查了解网络用户的观点，从中获得舆情数据。该类舆情机构的公关效能较为突出，但需要的资源既广且杂，适合由不同层级的地方政府联合当地媒体、区域性媒体共同建设。如人民日报舆情监测室和河北、河南、天津、宁夏等地区的地方政府进行合作，为其提供舆情监测及公关服务。

（十一）明确角色定位、提高舆情处置效率

第一，转变政府职能，实现管理角色转换。面对网络舆情，各级政府要将政府职能转变纳入网络舆情监管工作的范畴。社会现代化程度的不断提高，网络技术的快速发展，对政府行政管理工作提出了更高的要求。传统管理模式已无法满足现代社会发展的需求，特别是对网络舆情，原有的管理方式很难有效应对与处置。对此，要加快地方各级政府的职能转变，适度加大宏观调控力度，下放更多自主权力，促进监管者、控制者之间的角色转换；同时要创新执政理念，摒弃传统观念中落后的部分，明确“维稳”是网络舆情监管的最终目的。充分发挥网络舆情监管的作用，借助舆情监管获取更多社情民意，提高决策制定的科学性与有效性。

第二，清晰界定网络舆情监管主体，明确各部门的职责范围，加强互动协作。当前一些地方政府网络舆情监管工作，多头管理、重复工作，导致效率不高。各级政府要在党委宣传部指导下开展各项处置工作，合理分配各部门的管理责任，统筹协调好各项资源的使用。对于一些发生在地方，但影响范围波及全国的舆情事件，各级政府应尝试分级组织管理，必要时上报国信办进行统筹监管。以省级党委宣传部为主导，各级政府部门做好配合工作，推进网络舆情事件应对处置工作的有序、正常开展。

第三，落实各部门责任，建立健全责任追究机制。网络舆情危机一般经历萌芽、发展与爆发三个阶段，各地方政府部门只有敢于面对、积极应对，才能加快舆情危机的有效解决，降低危机事件的不利影响。网络舆情如果涉及具体某个政府部门，相关部门要在第一时间上报党委宣传部，在宣传部门的指导帮助下开展舆情处置工作；此外，要遵循“属地管理、分级负责”原则，切实落实好工信、公安、文化和媒体等部门的责任，合理分配各自的职责内容，加强各部门之间的协作互动；要以党委宣传部门为核心构建完善联动制度，在各部门之间建立联动、系统的信息共享机制。为政府处置舆情危机提供准确、全面的信息参考，推动舆情危机的处理进程。

各级政府部门要根据相关法律制度，全面、客观地报道危机事件信息，主动回复民众问题，逐步开展舆论危机的各项处置工作。针对迟报、瞒报和不报等行为要予以严肃处理，尤其是对于一些政府部门不作为的情况，要依据有关法律法规追究相关人员的责任。

（十二）依法开展舆情引导处置工作

高效而良好的舆情处置与管理工作，以有效的制度为基础。对于地方政府而言，舆情工作永远处于变化当中，永远不会有固定的应对之策。只有完善的制度

保障，在危机舆情出现时才能够快速做出正确决策。舆情监管工作需要的制度支持主要集中在两方面：一方面是工作制度，就是能够为互联网舆情的收集、归纳、判断、研究提供保障的制度，如应急制度、网络舆情引导制度，尤其是关于网络舆情的等级、判断的标准尺度、适用方式等详细工作制度。另一方面是从未来的舆情工作出发，健全现有的新闻发言人制度、构建强制性政府回应责任制度及互联网舆论责任制度等。加强地方政府与民众沟通的同时，通过制度来净化网络舆论空间。

（十三）加强沟通实效，以沟通带动引导

第一，开展网络新闻发言人制度建设试点工作。新闻发言人制度在促进政府信息公开、提高政务信息透明化方面具有重要作用，在网络舆情监管中同样适用。对此，各级政府应积极构建网络新闻发言人制度，通过试点逐步推广实行。网络发言人可由相关部门人员兼任，主要代表政府部门开展以下工作：一是快速公布舆情危机的相关信息；二是积极回应民众提出的关于舆情事件的问题与疑虑，虚心接受民众的问责；三是在舆情危机爆发的第一时间，借助网络、媒体等多种方式公布舆情事件的处置情况；四是要建立畅通、有序和公开的信息交流平台，拉近政民之间的关系，维护政府公共形象。

第二，加强对舆情信息的疏通引导。面对大量网络信息，网络用户往往会倾向于信任更详细、全面和权威的信息。对此，各级政府应充分发挥网络信息传播功能，及时发布政府权威信息，以实现舆论引导作用。适时公布热门话题的有关情况，及时发布准确、详细信息，消除民众疑惑，占领舆论制高点。通过客观、真实的报道消除谣言，创建健康、有序的网络环境。同时要重视网络宣传队伍的组建与培训，积极宣传政策、方针，引导民众正面、理性地看待网上舆论，保证网络舆论的健康向上。

第三，为民众搭建畅通、开放的诉求表达平台。要促进舆情危机的处置，将舆情控制在萌芽阶段。在政府与民众之间建立开放、畅通的沟通渠道，关注社情民意，积极回复与解决民众诉求，赢得公众的信任与认可。政府要利用好政务微博在数量上的优势，构建长效管理机制。维护管理好政务微博，将其作为获取民意、联系民众的重要平台。注重加强与全国各大网络媒体之间的互动协作，经常开展网络用户座谈等活动，扩大网络信息传播途径，使民众的不满、愤懑等不良情绪得到合理、有效地释放。各级政府要敢于面对公众批评，积极面对社会舆论，尊重民众意见，平等、和谐地交流，舆情的正面作用才能得到充分发挥。

（十四）提高监测、引导专业水平，构建专业人才队伍

第一，强化网络舆情管理人员的政治意识。在网络舆情危机处置过程中，地方政府要遵循“服务大局、关注大事、反映大势”的原则。在服务党和国家建

设的基础上，遵照中央指示，参考国内外各大网络舆情事件处理经验，根据社会发展局势与当地实际情况应对舆情危机事件，提高舆情应对的有效性。网络舆情对国家发展、社会稳定具有重要影响。随着网络技术的不断发展，互联网已成为治国理政的新型平台。对于地方政府部门的舆情工作者而言，应不断提高自身政治素养，增强政治敏锐性与信息判断能力，有效监测舆情的发展苗头，形成“大局、大事、大势”观念，推动网络舆情管理的有序、健康发展。

第二，不断强化网络舆情工作人员的危机意识。地方政府要重视对网络舆情管理部门人员的培训教育，不断提高他们的危机意识，尤其是地方政府部门领导，要形成正确的网络舆情危机管理意识。一是要全面了解网络环境的运行情况，掌握网络环境复杂多变的特点，认识网络舆情危机的破坏性与危害性，形成高度的忧患意识，时刻做好应对危机的准备；二是要形成终身学习的观念，时刻关注网络舆情的发展变化与发展方向、发展规律，做到与时代同步，开拓创新；三是要加强对网络舆情管理部门人员的培训，引导其正确认识网络舆情，提高网络知识水平与实践操作能力，使舆情监管工作者在实际工作中能够从容、冷静地应对网络舆情的挑战。

第三，进一步提高网络舆情管理部门人员的舆情处置能力。网络舆情监管人员尤其是有关部门领导应加强自身工作能力的培养，不断提升网络舆情应对水平。首先，正确看待网络舆情，冷静处理舆情事件，理智开展处置工作，充分发挥网络媒体的引导作用，在实际工作中不断进步。其次，网络舆情管理者要不断增强自身的网络应用能力，增加专业知识储备，熟知国内外网络舆情发展情况；对各大网络媒体进行深入研究，了解媒体的发展规律与发展趋势，不断提高对媒体信息的解读、辨识与反应能力。再次，网络舆情管理者要坚定意志，保持理智，提高舆情信息的判断能力及网络操作、舆论引导等方面的能力；确保在实际工作中能够准确掌握舆情的发展方向，采取针对性处理方案，提高舆情处置效率。最后，要从整体上提升舆情管理者的基本素质能力，不断提高其政治、文化、道德素养，使其在处置舆情危机过程中，能够做到考虑全面、应对周全、有的放矢。

第八章 网络环境下地方政府危机公关中网络载体的运用能力提升

近年来，通过网络载体开展危机公关，逐渐成为地方政府必须具备的公关能力之一。鉴于移动互联网的高度普及及移动 APP、新媒体平台的发展势头，本章主要选择微博与微信两个新媒体平台，作为网络环境下地方政府危机公关网络载体运用研究的主要对象，并根据网络载体的特点，着重研究微博平台的舆论引导能力、微信平台的服务供给能力。同时，本章就当前我国地方政府的网络载体运用现状、存在的问题进行深入研究，并提出相应对策。

第一节 网络环境下地方政府危机公关中网络载体的运用能力现状

一、地方政府微博平台运用能力现状

微博逐渐成为广大民众发表看法、倾诉不满和表达诉求的重要平台，政府部门与行政人员加入，进一步凸显了微博的功能，政务平台由此产生。截至 2015 年底，新浪微博平台认证的政务微博数量共计 152 390 个，其中包括机构官方微博 114 706 个，公职人员微博 37 684 个，相对于 2014 年增长了 2 万多个。[①] 2013 年以后，中国政府与最高人民法院依次在新浪微博上开通政务微博，引起广大反响。政务微博在地域与层级上朝不断扩大、深入的方向发展，政务微博日常运行逐渐完善，一定程度上促进了政府公共服务模式的改革与调整，向政府管理注入了新活力。

政府微博提高了政务信息发布的快捷性与时效性，尤其危机事件处置过程中，政务微博功能得到了充分发挥，逐渐成为地方政府应对危机事件的主要平台。政务微博为政府与民众搭建了畅通、开放的交流平台，进一步加强了政府与群众之间的关系，对塑造与维护政府公共形象、增强网络民主与监督水平具有积

① 人民日报．2015 年上人民日报·政务微博影响力报告［EB/OL］．中共中央网络安全和信息化小组办公室，http：//www．cac．gov．cn/2016－01/22/c_ 1116410449．htm．

极作用。随着网络的快速发展与公众民主意识的不断提高，微博的桥梁作用将得到充分发挥。要全面发挥微博的正面作用，政府就要不断增强自身的网络知识与网络问政能力，提高政府的行政管理能力与公共影响力。

（一）以微博平台了解前沿动态

微博产生的时间较晚，但发展态势相当迅猛。特别是最近几年，一些重大事件经过微博传播迅速成为社会的热点话题，引起大范围舆论关注，政府不得不给予足够重视。地方政府应充分认识到，微博带来的影响已逐渐渗透到政府行政管理当中，成为影响政府决策的重要因素。小到个人，大到集体，无不深受微博的影响。正确对待并合理利用微博，是如今我国地方政府必须重视与探讨的重要议题。

（二）以微博发布最新信息

微博平台的出现，使地方政府有了一个不需花费太多人力、物力，就能够有效向公众发布、传播信息的平台。相较于平面媒体、广播及电视等传统媒体，微博平台对社情民意的反应速度更快、信息传播效率更高。能够通过各种功能模块实现互动，且能够全面覆盖微博用户，不需要过多照顾用户的具体阅读时间与阅读环境。对地方政府而言，选择微博这一新媒体平台作为开展危机公关的网络载体，非常必要。

（三）以微博查访社情民意

以往政府部门决策制定很少进行民意调查分析，即使是对民众征求意见范围也较小。政务微博产生，为群众参与政策制定提供了广阔开放平台。政务微博既是政府对外发布信息的传声筒，又是促进政民交流的重要渠道，它创新丰富了政府倾听民众诉求、采集民众意见通道。人们可以在政务微博上发表对政府行政工作的看法，提出自己的观点，表达不满与诉求；政府部门则依据民众的建议对决策进行修改、完善，为广大群众提供更多更具针对性的公共服务。

（四）以微博实现政民互动

地方政府应正确认识媒体作用。媒体不仅是一个信息发布工具，帮助地方政府开展舆情引导工作；媒体同时能够安抚公众、平复公众情绪。作为公共媒体，其重要功能之一就是调整社会氛围与秩序，为公众提供发泄情绪的出口，满足其情感的宣泄需求，是社会情绪的“释放器”。微博平台为地方政府发布信息提供了“转发”“评论”等互动功能，使公众可以在政务微博表达意愿、诉求。在政务微博这一网络载体下，原本只能由政府主导的信息发布机制，转变为政民良好交流的互动平台。既能够有效缓解危机事态下的公众情绪，又能够为地方政府树立起开放、包容的公共形象，为地方政府危机公关奠定良好基础。

（五）以微博打击腐败

随着微博平台的不断发展，其在反腐战线上的作用开始得到体现。当自由度更高、影响范围更大、速度更快的微博出现后，公众通过微博监督公权力、打击贪腐分子的热情与能力不断提高。同时，微博平台的不断完善，使公众利用微博举报、打击贪腐分子的能力越来越强。2016 年 4 月 12 日，宁夏固原市西吉县检察院公开答复了微博举报当地干部贪污惠农资金问题，并根据网民的举报开始立案调查，这是第一例相关部门受理的微博举报的反腐案。①

（六）以微博塑造政府形象

微博平台能够有效发布消息、传播信息，是目前单次信息发布覆盖面最广、接受效率最高的网络载体之一。该平台既能够有效促进电子政务发展、提升地方政府网络环境下的民主监督水平，又能够为政府塑造良好的公共形象。虽然近年来各类新媒体产品不断推陈出新，相关技术不断升级，但相对于平台已比较成熟、各项前台应用逐渐丰富的微博而言，这些新媒体平台在政府形象塑造上的能力仍有待提高。在可预见的一段时间里，政务微博仍是地方政府与公众互动、交流的主要渠道之一。政务微博的出现，一定程度上淡化了政府部门因行政体制带来的官僚作风。政务微博以亲切、口语化的网络语言进行政民互动，提高群众对政府的认可度，树立民主、亲民的形象。与此同时，近年来各地方政府在危机事态下通过政务微博应对危机、疏导公共舆论，也使微博成为在危机事态下政府改善自身形象、赢得公众信赖的重要工具。

（七）以微博反击不实谣言

微博平台具有信息传播速度快、传播范围广等特点，一方面成为地方政府通过政务微博提升影响力、开展危机公关的优势；另一方面，也助长了谣言的滋生和扩散，对地方政府的危机公关造成阻碍。因此，地方政府在建设运营政务微博过程中，应比谣言更快一步，以真相打击谣言，澄清虚假信息，维护社会和谐、稳定舆论情绪。政务微博的出现，使地方政府的危机公关工作不再局限于 8 小时工作制，在危机发生后以最快速度回应公众，满足公众的知情需求、引导公共舆论。政务微博可以利用微博信息传播快、范围广、影响力大的特点，在危机发生第一时间占领舆论高地，使地方政府在危机公关中占得先机，将宝贵的时间投入到危机处置中，争取公众的信任与认同。

二、微信平台在地方政府危机公关中的作用

在党中央、国务院的号召下，各级政府开始纷纷建设属于自己的政务微信平

---

① 沈思宇. 全国检察机关第一例网络受理微博举报反腐案已立案［EB/OL］. 法制网，http：//www. legaldaily. com. cn/judicial/content/2016 - 04/12/content_ 6583169. htm？node = 80570.

台。通过微信平台发布信息、提供政务服务，已成大势所趋。2013 年，政务微信萌芽，截至当年年底上线的政务微信数量约为 3 600 家。2014 年政务微信进入发展酝酿期，上半年上线的政务微信数量突破 6 000 大关。从 2014 年下半年开始，政务微信平台建设进入高速扩张时期。截至 2014 年年底，我国政务微信上线数量已超过 13 000 家。这一势头在 2015 年继续保持，当年政务微信的数量突破 4 万。2016 年上半年，腾讯公司的数据显示，我国政务微信数量已经突破 10 万大关。如今，政务微信的开通与建设已形成多层级、多部门同时发展的全面发展态势。随着政务微信的数量增长，其服务功能与服务水平不断提高。目前，政务微信不再是一个单纯的政务信息公布平台，成为具备与公众进行沟通、为公众提供多种类政务服务的综合性电子服务平台。最早突出政务微信服务功能的“广东发布”，2014 年 7 月上线后就为广东地区居民提供了多达 21 项政务服务，这让“广东发布”成为广东全省最受欢迎的政务微信。短短五个月时间超过 3 000 万阅读量，至少为 300 万以上人次提供了有效服务。①

（一）精确发布官方信息

利用互联网发布政务信息、提供政务服务，早已不是新鲜事。在政务微信诞生之前，已有政府门户网站与政务微博。前者响应速度较慢、更新不及时，后者则跳出了仅能发布政务信息的局限，打开了政民互动又门。眼下，政务微博仍具有较强生命力，在危机公关中发挥重要作用。微信作为全新的新媒体平台，逐渐获得各级政府的关注。政务微博的成功，证明了新媒体有能力为危机公关贡献力量，甚至发挥关键作用；但政务微博仍然存在一定局限性，其信息传播方式仍然是传统的“以点推面”，即单一信息源无指向性地向公众传播。而有针对性、有目的地向目标群体推送特定信息的微信平台，逐渐进入政府的视野。政务微信关注者大部分来自辖区内居民，内容制作与发布更为精确有效。2013 年四川雅安发生强震，成都地区有强烈震感。当地政务微信平台“微成都”在震后 19 分钟就制作发布了紧急信息，内容包括地震的震源、震级、影响范围和影响程度，提醒市民避险过程中应注意的事项、应该前往什么场所进行避险等。② 这种本土化、针对性高的权威信息发布，是政府门户网站乃至政务微博难以实现的。

（二）有效提高政府部门信息水平

政务微信的出现，公众通过移动互联网获得政务服务得以实现，有效提高了

① 邱源子. 政务微博：危机应对的有效平台——以“广东发布”对超强台风“威马逊”的舆情处置为例［J］. 新闻知识，2015（2）：59－60.

② 雷怡安. 政务微信，你加了吗？［J］. 四川党的建设：城市版，2014（10）：42－43.

地方政府部门的信息水平。在政务微信公众平台管理端口，可以设置几个快速问答关键词，只要用户输入这些关键词，政务微信就可以瞬时回复，不像传统网站、微博或办公现场受场所、时间限制。如上海市气象局推出的政务微信平台“上海天气”，就是一个提供天气预报服务的微信公众号。上海市气象局制作上线该公众号，向上海市民提供随时随地查询即时天气预报服务，实现气象科普。在“上海天气”最新上线的版本中，用户还可以通过平台询问具体到城区甚至是街道的天气情况，可以预测未来 4 小时的天气情况，甚至可以了解雨云的运动轨迹。[①] 这些信息通过轻柔的语音、亲切有趣的图片传达，人性化、拟人化的回应带来更好的用户体验。

（三）提升政府公信力

根据 CNNIC 的调查数据显示，公众对互联网的信任程度越来越高。越来越多的人选择通过互联网支付账单，习惯于在互联网上发表生活感言，或对某一公共事件发表看法。互联网已形成了一个全新的公共领域，成为缓解社会矛盾的“安全阀”。加上各类 APP 应用场景广泛呈现，互联网的应用价值越来越高，越来越多的人已经离不开互联网，尤其是青年人。

在互联网成为社会信任新基础、公众对互联网依赖性越来越高的背景下，地方政府要提升自身公信力，可由互联网入手。据腾讯公司的后台统计，目前微信的活跃用户主要集中在 18～35 岁的中青年群体，他们是微信信息流量的“主力军”，恰好和当前我国互联网活跃用户群体相近，可以说两者高度重合。因此，地方政府通过互联网提升自身公信力时，可以微信平台为着力点，在微信上做好宣传与舆论引导，有效提升地方政府的公信力。具体来说，通过政务微信，地方政府能更好实现政务信息公开，以更开放的姿态展示地方政府的政务工作。通过微信这一依托于“熟人社交圈”的新媒体产品，扩大政府的影响力。

（四）满足公众知情需求

2008 年 5 月，《中华人民共和国政府信息公开条例》（以下简称《条例》）开始实施，《条例》指出要充分保障公民的知情权，提高政府管理的公开性与透明性。《条例》还重点强调政府要及时对外发布准确、时效的信息。地方政府要在第一时间发布真实信息、澄清事实，安抚民众情绪，维护社会安定和谐。[②] 当出现危机事件，应及时向民众发布政府决策信息，使民众了解政府的工作情况。

① 汤静，陈伟，肖卫国．微信平台在气象服务中的应用［J］．现代农业科技，2016（4）：342－343.

② 中华人民共和国政府信息公开条例．中华人民共和国政府信息公开条例［J］．湖北档案，2008（5）：19－22.

目前，手机已发展为我国第一大网络载体，是使用次数最高的网络媒介。政务行政管理要适应网络化发展要求，建立健全政务微信平台。利用政务微信平台传达政府指令、发布政府工作情况，全面维护公民知情权，使公民参政议政的权利得到更好维护。

（五）有效监督政府行为

《条例》指出，公民如遇到行政机关没有依法履行政府信息公开义务的情况，可以向上级行政机关等部门检举。相关部门接到检举后要高度重视，调查处置。但受行政层级、地域的限制，公民往往不知道该向哪个部门检举，耗时费力，积极性较低。政务微信的建立，为公民举报投诉搭建了一个便捷、高效平台。民众通过政府微信"举报投诉"功能，既方便又快捷，节约了大量时间和精力。政务微信能加强民众对政府部门工作的监督力度，促使政府部门为广大群众提供更多优质的公共服务，提高政府行政管理水平。加强与民众之间的交流联系，维系良好的政民关系，使政府工作公开化、透明化。

第二节　网络环境下地方政府危机公关中网络载体的运用能力提升存在的问题

一、政务微信缺乏权威性

权威性不够、公信力不足是目前政务微信存在的主要问题。政务微信是新兴媒体，是"微问政"式新型平台。政务微信的权威性与公信力相互依存、互相促进。政务微信得到官方认证，才具有权威性；权威性则是提高政务微信公信力的基础，而公信力是维持政务微信权威性的保障。政务微信只有具有了公信力，政府在政务微信上开展的网络问政才能得以正常、有序地进行。民众参与网络问政的热情才会高涨，政务微信的作用才能得到充分发挥。不同于政务微博，政务微信的认证主体是政府部门，政府官员不能认证个人政务微信，因此政务微信更具有权威性。当前，政务微信的用户已达6.5亿人。2014年8月7日，国家互联网信息办公室颁布了《即时通信工具公众信息服务发展管理暂行规定》，制定了十条微信管理措施，规范即时通信工具的公众信息服务。[①] 但就当前情况而言，公信力较低仍然是政务微信发展中存在的核心问题。

导致政务微信缺乏权威性的原因很多，以"山寨"微信账号对政务微信的伤害最大。按照网信办出台的《即时通信工具公众信息服务发展管理暂行规定》

① 国家互联网信息办公室．即时通信工具公众信息服务发展管理暂行规定［J］．全面腐蚀控制，2014（9）：57.

（也称为微信十条），任何 IM 软件运营商都应将平台账号实名制。但目前政务微信的认证机制并非没有漏洞，假冒的政务微信有了可乘之机。假冒的政务微信之所以可以大行其道，最重要的原因除了身份审核机制不健全外，还有名称格式的不统一。2014 年，一个名为“广州发布”的微信公众平台通过了认证，但其认证者却是无锡市某企业的一名员工，可见运营商目前对政务微信的认证还是不够严谨，使公众真假难辨。用户一旦关注了虚假的政务微信账号，不仅会暴露私人信息，还会成为垃圾信息的受害者。这让公众的负面情绪转向真正的政务微信，极大地损害了政务微信的权威性与政府形象。若是仿冒的政务微信公众号打着政府旗号散布不实信息、煽动公众情绪，问题则更为严重。

二、政务微信缺乏有效管理

由于目前我国还没有针对政务微信建设与管理的规范化标准，不同地方政府部门对利用微信开展工作、提供服务的认识程度不一。一些地方即使完成了政务微信平台的认证，也未真正发挥政务微信不受时空限制、互动性强的优势。从目前情况来看，一些部门摆“花架子”，架构建设完成无人管理，没有真正利用政务微信公开政务信息、宣传政策，与公众互动，为百姓提供政务服务。微信用户之所以关注政务微信，是为了获取信息或服务。如果政务微信缺乏专业技术力量支持，无人管理，用户的问题得不到解答、需求得不到满足，政务微信的权威性降低。与此同时，维护不好的政务微信很容易遭遇“山寨微信”的仿冒，给犯罪分子以可乘之机。

三、政务微信信息推送不科学

（一）推送时间不科学

一般情况下，政务微信通常以下列三种模式推送政务信息：每天推送、每星期推送、每月推送。采用每星期推送一次的运营方式，就要确保推送信息翔实、有价值同时具有趣味性，如此才能实现政务微信推送信息有效传播的目的。反之，政务微信的关注者不可能和运营者进行有效沟通，更无法转发政务微信推送的内容，用户的关注度及关注者的数量不断下降。根据观察，大部分政务微信推送时间为 9 时至 21 时。微信是用于及时沟通的工具，而微信以青年人使用为多。应在公众有余暇查看手机信息时进行推送，而不是在 9 点到 21 点这段最忙碌的时间推送。

（二）推送内容不科学

政务微信是伴随网络化发展出现的新型沟通载体，在政务微信的使用上，一些地方政府部门缺乏专业网络知识与管理经验。虽然相关部门严格把控政务微信内容，但仍然存在形式雷同、内容重复等问题，内容选择缺乏科学性。具体表现在：第一，政务微信的内容过于官方化，缺乏亲和力。政务微信内容形式化较为严重，大部分信息直接复制政府网站内容，较少有自创内容。久而久之，政务微信成了政府网站的复制平台，失去了原本意义。有的政务微信信息推送时间不固定，有的相隔很久才更新。政务微信后台管理不科学，关键字查询、回复等功能没有充分开发。第二，内容粗糙、服务不到位。政务微信的开通是为了给民众提供更多便利。当前一些政务微信提供的服务较为简单，流于形式，违背了政务微信建立初衷。第三，推送内容缺乏多样性。微信具有发布视频、文字、图片和语音等功能，但很多政务微信仅运用文字与图片发送，且微信的功能没有得到很好利用。

四、缺乏互动性

政务微信与政务微博在对外沟通交流中存在一定差异。政务微信的重点是通过移动互联网打破政务服务的时间与空间约束，让公众能够借助智能手机与移动网络获取政务信息、享受政务服务。如果不能实现信息共享，政务微信的推送功能就难以发挥作用。许多地方政府部门的政务微信尚属初建，未能完全把握好微信平台的特点及后台管理的基本规律。不少政府部门一开始没有真正重视互联网，在维护与运营上投入不足，导致政府门户网站乏人问津、政务微博更新不及时或无人评论转发。这样的问题，在政务微信上亦有一定体现。由于地方政府在政务微信运营上没有投入足够力量，所以难以迅速回应用户需求，尤其是难以满足用户个性化需求。与此同时，不少地方政府部门政务微信的内容推送没有根据用户反馈的意见制作，导致推送信息的阅读量不甚理想。这些问题的存在，均反映出当前地方政府部门政务微信互动性不足。

五、缺乏危机舆情应对能力、专业性不强

移动互联网与网络化的迅猛发展，衍生出微信舆情，对中国网络舆论格局带来了重大而深远的影响。从政府部门层面来看，微信传播所具有的真实性，使微信具备舆情应急的条件。在危机事件爆发之后，政府部门应充分发挥微信的信息发布与安抚民情等方面的作用。地方政府要将日常微信舆情管理与检测纳入舆情管理当中，加强对微信舆情的监管；充分认识政务微信作为现代新型媒介的重要载体，在引导与遏制舆情传播中的积极作用；抢占舆论制高点，正确引导网络舆情的发展，形成以交流与保障信息通畅为核心的移动网络舆情新格局。就当前微信发展情况来看，相较于微博而言，微信舆论引导能力较低。普通微信用户与政务微信之间交流互动甚少，地方政府部门还需加强引导与管理。

随着新媒体的快速发展，微博与微信逐渐成为“微舆论”主要场所。从另一个角度来看，微博与微信的发展促进公共服务水平不断提升。但当前地方政府“微互动”能力不足，微信利用空间有限，微信的平台作用没有得到全面发挥。

此外，技术是促进政务微信功能充分发挥的关键。相对于政府网站与政务微博而言，运用政务微信的技术要求更高。基于腾讯公司的技术支持，地方政府要针对部门情况进一步开发与探讨政务微信，开发满足政府行政管理工作需求的技术。要提高政务微信的运营技术，就要组建专业技术研发队伍，设立专门技术部门；但目前技术人才匮乏是地方政府开展政务微信管理存在的主要问题之一。

六、微博前台管理不到位

前台管理主要包括开通微博、认证微博、功能定位、信息发布和微博互动等。前台管理存在的问题主要有微博开通不合程序、功能界定模糊、内部发布不科学和交流互动少等。

（一）开通不规范

目前，政务微博开通数量不断增加，省级以下各级政府部门开通的政务微博高达20多万个。随着政务微博的快速发展，与此同时产生了一些问题。主要有：开通政务微博的政府部门、行政人员在行政范围、部门层级等方面上的差异较大，且政务微博的命名与认证形式缺乏规范；省市区域中的党政机关与行政人员开通的政务微博命名不一致，没有统一的认证方式；一些政务微博以机构全称来命名，有的政务微博则以职能来命名，且命名和政府部门没有直接联系，有些政府机构的微博名让人费解。很多行政人员的微博都是根据喜好来命名，或是真实姓名，或是网名，用户很难搜索。

此外，政务微博没有可靠的防伪标识，用户无力辨识微博的真假。不法分子趁机钻空子盗用账号，入侵政府微博发布不实信息，从而使政府公信力受到损害，降低政务微博的权威性。

（二）责任定位模糊

在政务微博管理方面，一些地方各部门职责不明确，尤其是在发展水平较低的地区，政务微博定位模糊、权责分配不合理等问题较为突出。有些行政人员的微博名与部门开通的政务微博混淆，给用户带来不便。此外，政务微博之间没有明确界定，一些行政人员的个人看法被用户当作是政府部门的发声；一旦行政人员发表过激或错误言论，就会被放大，进而影响整个政府部门，给政府部门造成极其不利的影响，加大政府开展社会治理的难度。

部分政府部门没有领会政务微博的意义，仅听从上级命令走过场，只用来转发上级部门发布的公文和通告，内容简单枯燥，完全体现不出本部门的工作性质。更有部分政府部门为满足网络用户的要求，吸引用户关注，无限制转发无价值信息。虽然能迎合用户口味，达到亲民目的，但没有实现为民服务的行政目标，政务微博的作用得不到充分合理利用。

（三）内容失当

对于政务微博而言，发布的信息是否科学真实准确至关重要，否则易引起公众的不满。一些地方政府没有就政务微博的发布建立审核机制，这一点从一些政务微博长期依赖转发、原创内容少且行政用语多、表述不够简明等方面可以看出。

相对于省级政府部门比较稳定的内容发布频率，市县、乡镇级政府部门在内容更新上显得迟缓，缺乏吸引用户的信息，转发居多、原创较少。与此同时，一些政务微博虽然兼顾规范尺度问题，却因惶恐“踏入雷池”，发布内容多是官话、套话。将上级决策与政策作为主要内容，鲜少在微博平台上与公众交流互动，没有发挥政务微博应有的作用。

（四）互动效果不佳

从目前情况来看，地方政府建设运营政务微博过程中，最大困难在于与用户缺乏互动沟通。部分政务微博多年没有更新，被网络用户讥讽为“进入无限期休眠”。一些内容局限于官方表态、传达政策的政务微博虽然更新频繁，但内容缺乏原创性，不对微博用户的评论与私信进行回应。这既说明了当前我国政务微博缺乏专业运营团队与回应机制，也暴露了一些政务微博在信息轰炸下失能失效，反映了政务微博的主管单位因为对政务微博的了解有限，不懂如何运营新媒体。不少地方政府部门仅将微博作为一个新的信息发布平台，认为政务微博和政府官网没有太大区别，没有对政务微博的互动性给予足够重视。当然，还有一部分地方政务部门害怕遭来网络用户非议，担心开放评论给本单位带来不必要的负面影响。

七、后台管理问题

当前政务微博在运营管理上仍然存在很多问题，依然缺乏相关机制和制度来对政务微博的信息发布、发布形式、信息审批程序、信息获取方式和用户交流等方面进行规范和管理。此外，政务微博的运营管理没有配备相应完善的硬件设施，微博管理人员绩效考核制度不完善，这些都是地方政府需要重视解决的问题。

（一）人力羸弱

微博是一个信息量巨大又以碎片化传播形式运作的信息平台，这意味着政务微博的管理者必须以最简单、最直白的语言完成内容表达。这是一项具备专业技能、优秀语言提炼能力及对信息舆论方向比较敏感的工作。然而就目前情况来看，许多地方政府的政务微博并没有具备专业技能与相关知识的人才队伍，仅由单位里负责计算机维护、硬件管理或宣传部门的人员来运营。这些人既没有政务微博的长远发展规划，又缺乏政务微博运营的专业眼光。

目前，国家并没有针对政务微博运营与建设建立专门人才方案，而地方亦少有自主出台关于新媒体运营人才的引入机制，体制内发掘专业人才的可能性较低。从现有政务微博的运营情况来看，大多数单位选择单位里的年轻人兼任微博运营，一些地方政府则将工作能力比较突出的宣传工作者放到微博管理岗位，轮流负责政务微博管理。

（二）缺乏新媒体素养

目前，大部分政务微博从运营管理到硬件配置，都缺乏基础支持。不少乡镇政府部门对微博的认识不够充分，计算机配置过低。无法流畅运行最新版本的 flash 插件，对基于 HTML5 的网页工具也缺乏有效支持，导致政务微博只能完成最简单、最基本的内容发布工作，如图片修改美化、视频制作等新媒体功能无法完成。由于专项资金不到位，负责政务微博管理的工作人员往往兼任，地方政府部门也没有针对岗位设置的科学考评机制与绩效管理体系，导致许多工作人员不愿意花费时间、精力钻研微博运营。政务微博的运营水平得不到提高，远远落后于快速发展的新媒体。

（三）管理机制不健全

目前党政机构对政务微博的管理没有完整运营管理规范。虽然部分地方政府出台一些制度规范，如北京市出台了《北京市微博发展管理若干规定》，但仅是针对微博内容审核和信息安全方面的制度规定。① 很多政府部门对政务微博的认识还不够深，整体上还处于摸索阶段，很难制定出高效规范的管理制度。

首先是传统的审核发布机制影响信息时效性。微博的受众面广且为裂变式传播，对政务微博信息收集与发布的及时性要求颇高。但是传统的审核流程需要各级层层审批，虽在一定程度上保障了信息的准确性，但大大降低了信息发布的时效性，限制了政务微博运营的能动性。由于各级对信息的判断存在差异，审核同一条微博信息可能会出现意见不统一甚至互相矛盾的现象，给政务微博的运营带来很大不便。

其次是尚未建立完善的投诉处理制度。政务微博开通的最初目的是为网络用户提供一个开放、便捷和透明的诉求平台，公众可以随时随地发表个人意见，表达自身诉求，政务微博管理部门则可及时回应与解决公众的问题。然而当前个别政府部门为遏制网络舆论传播，试图以回避、拒答的方式掩盖公众的负面评论，甚至删除网友评论，封锁公众评论途径，激发了公众的不满情绪，产生了恶劣的社会影响。

---

① 文俊．从把关理论视角解读《北京市微博客发展管理若干规定》［J］．剑南文学：经典阅读，2012（4）：215.

最后是没有建立科学合理的绩效考核机制。在政务微博的运营管理上，政府部门尚未建立系统、有效的绩效考核机制。相关人员虽然具有为民服务的意识观念，但因为缺乏科学的绩效考评机制，致使其工作积极性不高，工作程序缺乏规范性。

八、缺乏危机应对能力

当前，在应对网络舆论危机事件上，一些地方存在处置不及时、效率低、消极面对等问题。此外，危机意识薄弱，政务微博运用能力不足，不能有效通过微博平台发布事件信息。不能在第一时间安抚民众情绪、引导舆论朝正确方向发展，助长了负面舆论，加大了政府工作难度。

（一）无法正确回应负面信息

网络负面信息经过不断转发，迅速传播，影响范围就会不断扩大。政府部门要从根本上遏制舆论危机的蔓延，要及时站出来发布权威信息，回应公众质疑。澄清事实真相，化解公众的不满与愤怒，体现政府为民服务的决心，提升政府公信力。但当前一些地方政府部门由于制度、资源等方面的限制，面对舆论危机时，出现消极逃避等问题，引起公众不满。

（二）缺乏对微博舆论的监控能力

互联网舆情易呈几何式、发散式传播，给地方政府带来巨大的舆论压力。然而，当前却少有专门监测网络舆情动态的机构或部门，这给监测舆情的最新变化带来困难。在信息大范围传播可能只需要几个小时甚至几十分钟的今天，对微博舆论的监控能力很大程度上决定了政务微博的运营效果。只有有效对微博舆论进行监测，才能及时对其进行回应。如果地方政府部门不能够在第一时间监测舆情动态，就无法做出正确决策，导致舆论情绪快速蔓延。

同时，不少地方政府危机事态下，往往手足无措，不能充分发挥政务微博的新媒体优势，反而衍生出更多的负面效应。

（三）未能形成多部门联动

因为运营者的专业能力有限、不同地方政府部门之间的协调与工作机制存在差异，不少地方政府与职能部门之间难以实现联动。当面对需要多部门齐心合力解决的问题时，就会出现“踢皮球”现象，这一问题在危机事态下更为突出。地方政府部门政务微博缺乏联动，使危机事态下的舆情缺乏引导，严重影响了政民关系。让政务微博失去缓解地方政府舆论压力、引导危机舆情的条件。

要实现各地方政府部门政务微博联动，就要在政务微博运营管理后台建立资源共享机制，包括信息、人力资源甚至某些情况下的权限共享。然而，目前部分地方政府部门不愿意与其他部门构建共享机制，认为共享机制可能导致本部门的资源被瓜分。一些地方政府部门尽管意识到缺乏共享机制的问题，但受制于行政机制体制、各部门技术水平差异等因素，很难真正推动资源共享机制的建立与落实。与此同时，相对于当前政务微博数量激增的态势，各级政府部门没有真正建立起新媒体信息管理制度。在缺乏制度保障的情况下，各地方政府部门只能小心翼翼地“试水”政务微博，无法真正跨越部门樊篱，化解“条块分割”的问题。要真正实现地方政府部门政务微博联动，无论在制度上还是技术上，都尚存较多阻碍。

第三节　网络环境下地方政府危机公关网络载体的运用能力提升对策

一、提高政务微信权威性

（一）立足本土

建立在熟人社交基础上的微信更像是用户现实人际关系在移动互联网领域的延伸，生活氛围地域特点非常明显。从目前情况来看，大部分微信用户选择关注公众账号时，一般会选择本地的微信公众号，将公众号视为一种功能性较强的生活工具。所以，政务微信作为一种微信公众号，运营过程中相对开放性更强的政务微博，需要关注内容与服务的本土化。因为政务微信最终服务对象还是行政辖区群众，关注政务微信的用户多半来自本地。事实上，政务微信就是要成为为本地群众提供便捷信息与政务服务的工具。正因如此，地方政府建设运营政务微信过程中，需更多关注本地群众的政务需求类型及数量，进而有的放矢地为其提供政务服务。就当前微信用户对政务微信的期望来看，立足本土的建设理念已成大势所趋。当然，相对于高度开放的微博平台，政务微信对本土的重视，的确会在某种程度上减少非本地群众对公众账号的关注。这更要求地方政府部门进一步提高服务质量，吸引现有用户，提高用户黏度。同时，要转换运营思维，从重视大范围传播信息类新媒体建设，转化为针对性更强、更有实际意义的服务性新媒体建设。比如，“舟山政务”专注于舟山地区的相关信息，推送信息非常有本土特色，提供的计生工具发放、审计提醒等服务非常贴心，得到舟山百姓的高度认可。“南京发布”根据南京城市发展特点设计三个便民次级选项“探路”“询价”“城事”，在突出本土化之余，增加了政务微信的人文关怀，使南京百姓足不出户就能了解当天衣食住行具体信息，便于做好出行计划。

要实现政务微信的本土化，就要注重政务微信命名的规范性、地域性。首先，地方政府部门应该高度关注与本单位名称相似甚至是相同的名字是否被不法分子抢注；若发现有“打擦边球”的嫌疑账号，应立即举报，要求腾讯公司撤销认证并封停账号；使本辖区的居民能够关注到真正本土政务微信号，获取需要的服务。事实上，现有的互联网域名管理制度值得参考，如在认证姓名库中，先行预留政府部门的名称，同时对一些特殊的词条认证禁止，如税务、工商、法院等。规范的命名与认证能够展现政务微博的正当性，让用户能够直观识别。按照目前我国地方政府政务微信的命名情况，同一类型的政务部门根据不同地域采用相同格式进行命名。例如，公安部门可以为“平安××”“××公安”，在认证信息中详细解释单位名称、所在省份、城市、城区或县、乡镇。

（二）突出服务功能

虽然政务微信与政务微博同属于 WEB 3.0 时代的新媒体，但政务微信的建设与运营不能直接参照政务微博经验。因为微博更偏重于信息的发布与推送，而政务微信重点在于为公众提供实际政务服务，让公众通过智能手机获得便捷的服务体验。微信的特点在于点对点的精准推送，信息的传播范围与速度不如政务微博。但由于微信平台本身的强关系特点，新闻发布及信息推送并不能够充分展现政务微信的功能。在互动、服务及对突发危机公关上，政务微信的优势明显。政务微信下一阶段的建设与运营，需要突出政务微信的服务特点，真正发挥好政务微信的优势。

二、加强微信运营机制建设

（一）加强管理机制建设

首先，加强信息发布管理。明确发布主体责任，发布主体要对所发布信息负责，保障信息来源、信息质量及信息内容的准确。此外，要加强信息内容的审核，逐层审核通过后才可发布。分级管理政务微信发布，根据常态信息、突发信息与敏感信息实行不同管理。政务微信信息发布要通过信息公开保密审查程序，对信息进行严谨采集、编号、审核、发布。各地方政府要设立专门部门，安排专业人员负责信息的管理。遵循“谁发布、谁负责”的管理原则，明确界定微信发布的内容、获取方式与发布时限等。行政人员的个人微信要根据有关要求，转发、回复政务微信发布的信息，使个人微信与政务微信之间有一定的联系与互动。

其次，建立健全互动机制。相关部门要做到及时发现公众诉求、限期解决公众问题、及时解决公众疑问，使公众感受到政府部门为民服务的决心，拉近政民之间的距离。对于普通诉求，应做到立即处理，如无法即时处置，应马上向上级汇报或转办、交办，并限期予以回复。面对突发危机性事件时，相关部门必须在第一时间对外发布舆情信息；处置突发性事件过程中，安排专门人员及时公布事件处理情况，监控与引导网络舆论的发展。

最后，进一步完善监督管理机制。面对难以解决的问题时，有关部门、人员可以进行批转督办；各部门也可联合共同化解难题，并对转办、交办的情况做好记录，为日后的核查、绩效考核提供参考。

（二）强化资源配置机制建设

其一，配备专门人员管理微信。政府部门要从整体上对内部人员的配置、知识结构、信息协调性等内容进行评估，以此作为是否建立微信平台的依据。如果具备条件，就要配备技术、充足的运营资金、系统的信息支撑，不然搭建起来的微信平台也只是流于形式，政府公信力就会受到影响。各部门要配备专门人员管理与维护微信的日常运营，包括信息发布、审核和工作转办督办等；设置政务微信问政监督员，建立责任机制，明确责任主体，保证政务微信账号的安全性，提高政务微信信息发布的权威性。明确党政机关是政务微信的第一负责人，应把政务微信作为部门重要工作内容；而问政员则是政务微信管理的直接责任人，负责做好政务微信发展情况的评估与汇总，并纳入年终绩效考核。政务微信管理者要做到积极听取群众建议，及时解答公众疑问，为群众办好事，在公众与政府间搭建沟通桥梁，增强公众对政府的拥护与信任。针对那些缺乏技术力量与管理经验的政府部门，可与相关企业开展外包业务，授权其管理与运营政务微信。总之，各部门要深刻认识到，一旦开通政务微信，就要精心维护与管理，切实为民众办实事。对政务微信管理人员要进行定期培训，不断完善与优化政务微信配套制度。

其二，建立专门资金使用与管理机制。资金是维持政务微信开发、运营的重要保障，各部门要设立用于维持微信发展的专门资金款项。可将资金分成工作经费、补贴两种类型，对工作表现佳的部门进行补贴奖励，全面提高各部门运营政务微信的热情。资金使用与管理机制的建立，既为政务微信的发展与运营提供了后盾保障，又使资金得到充分合理地利用。

（三）强化绩效考核机制

首先，要创新评估理念，将运营商、舆情监测机构与民众三方结合起来。在新媒体时代，地方政府建设政务微信，必须以公众的需求作为第一要务。目前，我国微信用户量大概6亿，使用率较高、开通了微信支付的活跃用户大概4亿。所以，地方政府必须高度重视公众对政务微信的满意度、认可度，将公众的满意度作为建设的重要指标。为此，政府需要以“建设服务型政府”为理念，对政务微信建设运营开展绩效考核，通过绩效考核成果推动政务微信发展。在此过程中，地方政府应利用好腾讯公司为微信公众号提供的后台数据管理工具，以真实可信的统计数据、科学的评价方法，使政务微信的绩效考核工作更公正、客观。与此同时，绩效评价机制还应引入第三方机构的舆情监测评价，因为第三方的评价更直观、更有针对性。如果政务微信能够获得长期有效的专业性评价，可避免绩效考核主体单一带来的主观偏差与观察盲点问题，提高考核的全面性与科学性。

其次，构建量化的绩效评价指标体系。若要让政务微信的绩效考核更精准、到位，避免出现考核盲区，就要构建科学、行之有效的绩效评价指标体系，将政务微信的发展作为政府日常管理的主要内容。对政务微信的分析结构、互动情况、评论数量、回复率、业务咨询情况、业务回复率和微信使用情况等内容开展量化评估，调查了解民众的看法与意见。此外，在做好线上工作的同时，还要做好线下的跟进，提高群众对政府工作的满意度。当前，很多地方政府部门已经把政务微信作为衡量政府绩效的重要指标，绩效考核评价指标体系已趋于完善。

最后，要落实好“政务微信影响力排行榜”，长期对外发布。“政务微信影响力排行榜”以排名的方式突出那些做得优秀的政务微信，曝光那些做得不够的政务微信。在表彰那些优秀政务微信的同时，通过公共舆论向那些回应比较少的政务微信施加压力，从而改善政务微信的服务质量。使其有效回应公众，为公众解决实际问题，以勤勉的姿态建设运营政务微信，从整体上改善地方政府的服务水平。“政务微信影响力排行榜”所采用数据是人民网的“政务发布”统计资料及腾讯公司为各级政府提供的后台数据。这些数据分别以地方政府部门政务微信上对关注者的回应及收获的评价（区分为“好评”“中评”“差评”）等为指标，直观评价政务微信的实际服务能力。设立“政务微信影响力排行榜”的初衷，是为了督促地方政府部门做好政务微信建设，通过内容建设、优质服务为公众答疑解惑、缓和矛盾，使政务微信成为政民沟通的重要枢纽。从目前情况来看，按日发榜的方式相对于政务微信这种信息吞吐量大、内容繁杂的新媒体，可操作性比较低；但如果将考察期延长至一个星期，就可以通过信息推送数量、原创内容数量、关注者阅读量、点赞量、分享量和粉丝评价质量等指标来评价政务微信平台的实际运营水平。这些指标的权重可根据政务微信的类型进行灵活调整，但调整必须限制在一定范围内，保证排名的公平性。不仅如此，一旦发现“僵尸”“冬眠”政务微信，就在“政务微信影响力排行榜”上对其进行曝光。与此同时，该排名应将更多权重放在反映政民互动的评论数量、点赞量上。

三、提高信息推送科学性

（一）注重信息推送时间

不合时宜的消息推送，公众很容易产生厌烦情绪。所以政务微信的运营团队应对公众的阅读习惯进行深入研究，提高政务微信信息推送时间的科学性，提升政务微信推送的人性化服务水平，扩大影响力。从整体情况来看，绝大部分网络用户，喜欢不受约束地随时查看微信信息，而这种随意性、不受拘束的阅读体验正是微信能够获得广大用户青睐的重要原因。所以，政务微信虽然的确需要定时定点推送相关内容，但在具体时间段上，并不应完全一致。要根据关注者的碎片化阅读习惯来把握好信息推送的时机，使信息推送时机与用户的阅读习惯相契合。当然，更有效的推送方式要求政府部门能够及时制作好信息内容并推送，这一点对政务微信的管理运营团队提出了较高要求。不仅如此，政务微信的内容推送需要按照用户的热情进行调整，当阅读量激增、点赞数提高，就要迅速制作新的内容推送，以满足公众的阅读需要。另外，政务微信需要根据地方政府部门的具体职能判断科学的推送时间，如气象微信应该在早间与晚间发布两次常态预告，为公众的出行提供方便；而交通类的政务微信则可以在节假日前及工作日出行时间发布路况信息等。

（二）做好推送内容建设

微博与微信是网络发展的产物，其传播方式与内容表现形式都是全新的。对此，地方政府在管理政务微博与政务微信上，要遵循平等原则。重视民众的诉求建议，内容发布要注重创新，不能一味说教或“打官腔”，语气要适度，既不能过于生硬，亦不能过分迎合。调查显示，微信用户往往倾向于关注新颖独特的内容与表达方式，特别是将文字、图片、视频结合起来的表现形式。因此，政府部门应不断创新政务微信的表现形式，多方面满足用户的需求，提高政务微信的关注度、评论回复率与转发率。

避免使用过多的行政式语言，适应网络化表达方式。就目前情况来看，微信的深度用户群体主要集中在中青年用户，他们更习惯通过网络化语言表达。所以政务微博的内容推送如果采用行政式语言表达，就会与用户的阅读习惯相悖，难以实现有效互动。因此，要在不丢失政务微博应有严谨性的前提下，充分尊重用户的阅读习惯，发挥政务微信的互动效果。如中国地震台速报下的新媒体账号被网友们亲切地称为“震长”，在提醒并不严重的地震灾害时语言幽默诙谐，趣味性较强。但在严重的地震灾害预报时又十分正统严谨，准确告知公众各项注意事项。以图文并茂的方式宣传在地震灾害来临时应如何收集必要物资，做成“应急包裹”，还发布了地震避灾的教学视频。

四、加强微信互动性

（一）利用微信基础功能加强互动

与门户网站事先制作好内容，再通过互联网大范围传播运营模式不同，微信采用点对点信息推送。政务微信主动推送、推送针对性高的优势，能够确保公众及时接收来自地方政府的信息，信息的有效阅读水平较高。相较于传统大众媒体与微博的点对面传播，微信的信息传播是信息源直接向受众的点对点传播，在不需要节点的情况下，失真可能性可以忽略不计，有较高的私密性。用户通过政务微信享受服务、表达自身诉求与意愿，得到地方政府部门的回应。事实上，自从政务微信面世起，就收到大量投诉、举报及建议，给公安、司法及监察机关提供了宝贵的信息资源。政务微信的面世，让地方政府能够及时了解辖区内发生的违法、违规问题，迅速予以打击。以南京市纪委的微信公众号为例，在党中央发布“八项规定”之后，该公众号每天都会推送相关纪律提醒信息，同时接收大量来自群众的举报信息，有效打击了辖区内的违法违纪行为，充分发挥了政务微信的互动功能。

（二）通过微信朋友圈加强互动

腾讯 QQ 多年以来所建立的社交网络，以及民众的手机通讯录，为微信发展提供了充足的资源保障与信息基础。用户开通微信之后，只需要从手机通信录和 QQ 好友导入好友信息，就能立即形成新的交流工具，不用花费太多时间去建立新的社交网。将现实人际关系与网络关系相结合，将已有的社交网整合到微信中，能够进一步扩大社交圈子。微信朋友圈具有强关系、高信任度、点面结合的传播特点，传播范围虽然有一定的局限性，但传播效果是其他传播方式难以企及的。

在智能手机高度普及、新媒体使用率很高的今天，一旦出现危机事件，就会第一时间被当地群众通过朋友圈分享；事件的影响范围迅速扩大，地方政府的权威性、公信力就会受损。正因如此，地方政府应在危机发生后，制作容易引起朋友圈关注的信息，第一时间要求公职人员分享，利用公务员的朋友圈回应公众、粉碎谣言。与此同时，地方政府通过政务微信推送危机有关信息的同时，应在内容的显著位置设计“一键分享到朋友圈”按钮，引导公众主动分享来自地方政府的权威之声。诚然，微信是一个以强关系为基础的新媒体平台，通过政务微信展开回应范围可能比较有限。但如果地方政府学会通过朋友圈分享加强与公众之间的互动，那么在强关系影响下，就能够取得较好的信息传播效果。

五、提高政务微信专业性与舆情应对能力

在新媒体平台中爆发或由新媒体平台引发的舆情，已成当代公共舆论不可忽视的重要情况。平台社会影响力与日俱增、参与者越来越多。为避免公众在危机事态下因谣言参与舆情，地方政府应充分运用好微信的点对点信息传播功能，对公众在危机事态下的疑惑进行有效回应，提高政务微信对舆情的应对能力。危机爆发后公众有大量的疑问待回应，地方政府开展危机公关过程中，应通过本辖区权威性的新媒体平台政务微信回应公众，发布权威信息、澄清事实。为此，政务微信运行团队应不断提高自身专业水平，如为微信用户提供 24 小时全天候语音回应服务。舆情发生之后，政务微信运营团队应迅速将有关情况报请地方政府相关责任部门。每 12 个小时向地方政府通报一次，紧急情况下要做到 4 小时一次的舆情通报，实现政务微信回应公众的常态化。政务微信应不断提高专业性，成

为党政部门舆情应对重要工具，构建基于政务微信的危机舆情应对体系。

六、加强微博前台管理

（一）正确认识微博，提升定位科学性

是否重视微博的运作管理，直接影响政务微博的运营效果。要充分意识到政务微博基于新时代政府管理的重要性，全面掌握微博功能，针对微博的运营制订科学合理的管理方案。通过政务微博获取民意、掌握民情，为公众提供更有针对性服务。

开通政务微博之前，地方政府部门要明确微博的功能定位，全面认识政务微博在推进政府职能转变、加快服务型政府建设进程中的重要作用。此外，地方政府要不断提高各部门舆情应对能力，将政务微博作为增强政府信息透明性、加强政民交流互动、宣传本部门特色的便捷平台。总体来说，地方政府需要从以下几个方面来认识政务微博，提高微博定位的科学性：第一，微博的信息发布功能。政府部门可利用政务微博发布政务信息和最新工作情况，既能达到宣传的目的，又能使公众及时掌握政策讯息，方便政府开展基层工作。第二，微博为政民交流互动提供了便捷开放平台。政府在政务微博上发布的各类信息，民众可以通过转发、评论、私信等方式发表看法意见。政务微博管理者要针对用户的问题及时回复，实现政民之间的有效交流，改变以往单向交流模式。第三，服务民生，形成系统、完善的服务平台。将政务微博与政府服务互通起来，政务微博嫁接服务查询、行政预约等服务链接，既能方便群众，又能提高政府工作效率。第四，获取民情，提高政策制定的可行性与科学性。政府部门可以通过政务微博了解民众的想法、掌握民情。明确为民服务的根本目的与内容，从而制订出更具针对性政策方案，切实解决群众关心的问题。

应将政务微博与领导个人微博区分开来，明确各自职能。政务微博是地方政府部门的传声筒，是政府与民众互动的平台。政务微博要担当起信息发布、获取反馈、处理民众问题的责任，不可带有个人色彩。领导个人微博则要表现出自身风格，加强领导与群众之间的联系，建立良好互动关系，领导的个人微博仅代表个人观点。

（二）规范认证，方便检索

时至今日，国家尚未就政务微博的命名出台统一规范，但各地方政府部门政务微博已纷纷开通，从个人认证到机构认证、从党政机关到事业单位，存在许多雷同或表述不明的 ID。所以，地方政府在国家尚未出台相关规定的情况下，可以根据本地情况，出台相应政务微博命名及认证规范；要求地方政府部门开通微博时必须以统一格式命名，同时微博的认证信息必须注明行政级别、所属辖区及具体职务等。

要规范地方政府部门的微博认证，就要求有明确从属关系的地方政府部门在同一个运营商处开通微博。如南宁市政府在新浪微博开通官方微博，那么江南区政府作为南宁市政府的直属管辖机构，开通政务微博时也应该选择新浪微博。这样不仅能够实现信息资源的共享，还能够在微博平台上构筑明确的从属关系，合乎政务微博的管理要求。如此一来，用户可以迅速在微博页面找到需要的政务微博。不同层级地方政府部门能够在微博平台上实现联动，扩大政务微博的影响范围，提升危机公关效率。

（三）加强内容建设

新媒体时代，地方政府的形象与其新媒体 ID 发布的内容息息相关。政务微博作为地方政府新媒体平台中受众多、影响广的新媒体，应加强内容建设，以优质内容树立良好形象、引导公共舆论。就目前情况来看，许多地方政府部门的政务微博，每一条内容都需要经编辑审校后交由领导审查，并经多次修改才能发布，这让微博失去不受时空限制的优势。当然，避免政务微博内容失当是正确的，但如能将信息审核的流程简化，就能有效改善政务微博的时效性，给运营团队更多的发挥空间。同时，为了让运营管理人员主动做好内容，在编辑微博内容时，政务微博应建立一套专门针对内容的问责机制，将问责机制与公务员的绩效考核结合起来。另外，地方政府部门应将政务微博的内容考查纳入单位年度绩效考核指标，加强内容建设。

具体来说，地方政府加强微博内容建设时：首先，构建专业的信息收集体系，使微博的内容编辑能够在短时间内知悉最新公共信息，便于微博的内容编辑将最新消息迅速编辑发布。其次，构建精简有效的微博内容审查机制，摒弃烦琐的内容审查流程，将问责制植入到内容建设中，兼顾内容时效性与内容管理监督。在微博内容监管初步形成机制的情况下，微博的运营管理者尤其是内容编辑，应获得一定的自主裁量权与内容创作自由，将政务微博打造为亲民却不低俗的优秀微博。最后，政务微博应根据微博用户的阅读习惯，找到合适的微博内容推送时间，通过图文并茂、长微博、秒拍视频等工具扩展微博内容的信息量，改善政务微博的阅读体验。

（四）加强回应与互动

地方政府部门要把政务微博作为危机公关的重点，以微博构筑政民互动交流的桥梁。通过有效回应公众疑问、满足其信息需求，更好地开展危机公关工作。微博作为新媒体平台，最重要的功能就是让用户不受时间、场景约束，进行无障碍交流，实现良好的社交体验。

因此，下一阶段政务微博建设，地方政府部门首先要明确微博平台的社交属性。在公众提出诉求较多的私信功能区，根据本部门具体职能，效仿微信公众平台，设置问答区，加快回应速度。危机环境下，焦虑往往是导致事态恶化的催化剂。地方政府部门应通过政务微博加快回应速度，有效缓解公众的焦虑情绪，为危机处置打下良好基础。

此外，在回应与互动过程中，需要提高正面回应比例。目前政务微博在与用户互动过程中，正面回应较少；虽然语言风格逐渐网络化、姿态也比较亲民，但内容仍然是“官话”“套话”为多，这一点时常被用户所诟病。所以，下一阶段的政务微博建设，地方政府部门应提高微博平台的信息权限，对于公众急需要了解的信息，可以迅速做出正面回应；即便无法正面回应，也应诚恳说明情况，请用户静候。

七、加强后台建设

（一）加强团队建设

相对于传统媒体而言，政务微博在信息发布与传播上更具时效性，危机事件爆发的第一时间，微博就能迅速发布最新情况，及时跟进事件发展。政务微博要做到这一点，要求政务微博管理人员拥有专业的网络知识、应急处置能力与舆论引导能力。在危机事件发生的第一时间迅速做出判断、启动应急处置预案。但政务微博起步较晚，专业管理人才较为匮乏，各地方政府对人才培养与任用亦没有予以足够重视。对此，地方政府应对现有制度进行改革与创新，提高制度的灵活性与有效性，完善专业人才录用平台；建立健全部门人员的培训机制，积极借鉴其他地方政府的工作经验；或与企业、高校联合，协作开办相应培训课程，培训内容包括文案策划、传播技巧、应急处置技巧和舆情引导技巧等。舆情危机发生之后，地方政府与企业、高校之间可进行信息推送、互动。同时，地方政府还应加强与本地各家新闻发言人的合作联系。可在政务微博上设置“自动问政信息库”，定期推送政府服务的内容；设置“常见问题解答”，自动回复民众提出的各种问题。

此外，为提高政务微博信息发布的时效性、丰富传播方式，地方政府在加强团队建设的同时，还要重视对硬件设施的完善与优化，不断满足发展的需要。如创建畅通的网络环境，配备高配置的电脑与移动设备，全面提高微博管理水平，以免耽误信息最佳发布时机。在政务微博的运营管理上，运营人员不仅要注重提高网络操作能力、积累工作经验，还要主动学习其他部门的运营技巧。加快培养一支专业知识水平高、实际操作能力强的微博运营团队，明确团队内各成员的职责，推动政务微博有序、高效发展。

（二）加强制度建设

建立健全政务微博的交流互动制度。政务微博是个开放、便捷的交流平台，它能促进政府与民众之间的互动，改变传统媒体的交流模式，实现政府与群众近距离沟通。不仅改善了政民之间的关系，还提高了民众对政府的满意度，进一步提升了政府的公信力。

建设全天候响应的互联网舆情监控机制。从目前情况来看，我国层级较高的政府部门已经开始与第三方舆情监测机构合作（如云途舆情、人民网舆情监控中心等），对国内重大舆情风险进行监测与预判。对危机事件的影响范围、主要受影响的群体、事件本身的性质进行快速分析，并将分析结果交由决策者做最后应对。在地方政府层面，政务微博虽然可以有效收集舆情信息，但在实时监测及处置与引导方面，地方政府部门应将之交由第三方舆情监测机构全天候监测。作为一个授权者、决策者，地方政策部门在监控机制中扮演枢纽角色。

构建政务微博运营工作评估考核制度。为提高微博运营人员的工作积极性，相关部门应建立健全相关绩效考核制度。按照运营数据制定绩效指标，考核内容主要包括政务微博粉丝数量、转发数量与评论数量等。以此界定微博管理人员的职责内容，制定明确的工作目标，为建立科学合理的绩效考核制度奠定基础。

八、创新发展政务新媒体

（一）提供在线自助服务

人民日报与新浪微博联合发布的《2015 年人民日报—政务微博影响力报告》指出，政务微博呈现集群化发展特点，形成从中央到地方，覆盖不同级别、不同职能部门的政务微博矩阵。随着“互联网 + 政务”的推进，政务微博运营已成为政府日常工作的组成部分，运营水平的高低成为政府部门行政能力的“标尺”。政务微博运营对政府部门而言不再是“锦上添花”，也不再是简单的信息发布平台，而是提升工作效率、为群众解决实际问题的重要手段。随着“互联网 + 政务”战略的推进，政府部门的工作服务方式将加速向移动互联网迁移。微博的开放、互动、协同特性与这个趋势高度匹配，应加速其从信息平台向工作服务平台发展。这要求各级政府部门重新定位政务微博，通过微博公开信息，进一步强化微博问政和微博行政，使政务微博成为落实“互联网 + ”战略的重要载体。

目前已将自助服务功能上线的政务微博不少，得到用户好评，如“马鞍山交警”就为广大网友提供了在线举报超载、闯红灯、套牌和无牌驾驶等违法行为通道，减少了交通隐患。广东省政府新闻办公室微博“广东发布”也于 2015 年上线了“微办事”“微服务”频道。本省居民可以通过微博实现政务预约、医疗结算预约、天气预报信息查询、中高考分数及录取情况查询等。武汉市公安局也在微博“平安武汉”上为用户提供了警务地图，用户可以通过微博与智能手机的定位功能，找到最近的警务站、派出所、公安局、政务中心和各个单位的联系方式等，有效提高警务水平。

（二）依托网站，发展“双微”联动

为满足公众日趋多样化的政务服务需要，构建服务型政府，就要充分利用政务微博、微信等新媒体平台。从目前实际情况来看，利用好较为成熟的政务微博，促进政务微信进一步发展，让目前流量不高但架构完整、信息储备能力优秀的政府门户网站发挥余热，形成三位一体、联动性高的新媒体危机公关格局势在必行。政务微博受限于平台的内容限制，140 字的篇幅不足以表述清楚政策等政务信息内容；同时微博平台的信息碎片化严重，很难汇总为公众急需的系统信息；加之微博平台信息量大且更新迅速，许多民众需要的信息在用户终端难以显示。因此，政务微博要充分发挥自身优势，与其他新媒体平台融合，互补有无。

移动互联网覆盖全球，新媒体平台发展迅速，用户规模越来越大。根据腾讯公司 2016 年发布的调查数据，当前我国微信每月活跃用户数量达到了 5.49 亿，开通微信支付的微信用户超过 4 亿人。[①] 微信目前已成为装机数量最多的移动 APP 之一，活跃用户量甚至追上腾讯 QQ，可见其影响力之大。不仅如此，腾讯公司 2013 年正式升级了公众号，上线了今天的公众平台功能。政府部门能够在公众微信平台上推出更多的服务，如查询类、预约类服务及支付转账服务等。另外，微信还针对用户需求，为用户提供了导入其他平台数据的接口，为地方政府部门融合“双微”创造了有利条件。地方政府部门可以在政务微博中推广服务能力更强的政务微信，使更多人能够享受到便捷的政务服务；而政务微信也可以在推送信息中推广微博，让更多人通过关注政务微博获得更及时的政务信息。

当然，政府门户网站仍然有其存在的价值。鉴于其跨平台的适应能力最强、信息承载的体量最大，所以更适合于发布详尽的权威报告及数据。其完整科学的数据库管理，为微博、微信等新媒体平台的发展提供了良好的后台支撑。

（三）以微博构建多部门联动应对机制

充分发挥政务微博议程设置功能的作用，利用微博传播快、覆盖范围广的特点，在舆情危机事件爆发的第一时间占据舆论主导权，引导舆论朝正确的方向发展，防止舆情恶化。地方政府要在政务微博的基础上建立健全包括舆情监测、信息联动和舆情应对等内容在内的危机应急联动机制。

一是构建舆情监测制度。各地方政府部门应组织专业舆情监测团队，利用舆情监测平台获取危机信息。掌握事件发展态势，评估事件危害程度，安排相应的政府部门予以针对性处理。

---

① 奇智睿思. 2015 微信用户数据报告-中文版［EB/OL］. 微信. http://mp.weixin.qq.com/s?__biz=MjM5NjExMDE2MA==&mid=205885515&idx=1&sn=0f808c90914e1c75e79169405577de25&scene=5#rd.

二是建立联动的信息舆情预警制度。各地方政府部门要结合本地的实际情况，确认危机事件危害等级，以此为根据制定舆情联动应急预案。

三是构建舆情应对联动机制。将与危机事件相关的各部门联合起来，创建危机事件应对政务微博群，共同应对与处置舆情事件。不仅可以加快信息的传播速度，提高危机处置效率，还能防止多个政务微博重复报道。联动机制类型主要有：第一，同一个地区各政府部门之间的协作互动；第二，不同地方政府之间政务微博的协调合作；第三，危机事件后，政府部门与社会人士之间的互动。组织这些联动的意义在于：第一，由于单一部门拥有的职权是既定的，而群众提出的诉求需要多个部门联合起来共同处理。各部门政务微博之间信息传递互动能够及时、高效地化解群众难题。第二，微博信息的快速传播与分享，各政府信息联动，能够有效降低行政成本，提高工作效率。第三，各政府部门的联合，大众媒体与社会的参与很大程度上有利于加快化解舆情事件。

第九章　网络环境下地方政府公共危机善后能力提升

和谐安定的环境是开展社会主义现代化建设的基础与前提，而创建安全稳定的社会环境，需要政府部门做好预防与处置工作，尤其是做好危机事件的善后处置与恢复重建工作。对此，首先要理解地方政府突发事件善后处理机制，以及机制的内容与定义，并对此提出改进方案，增强地方政府网络环境下危机公关善后水平。本章从网络环境下地方政府公共危机公关善后能力现状、存在的问题入手展开研究，并针对网络环境下地方政府公共危机公关善后存在的问题提出对策。

第一节　网络环境下地方政府公共危机善后能力现状

一、善后物资的妥善落实

危机事件发生后，地方政府要及时调动各部门人员、协调各部门资源快速开展应急工作，在最短时间之内安置好受灾民众，解决好民众的基本生活需求。在开展物资救援过程中，地方政府积极做好以下几项工作：第一，保障物资充足且完善，制订合理有效的应急方案；建立健全物资评估机制，促进资金的科学配置，保障灾民的基本生活需要。第二，在物资配置过程中做到公正、公平，特殊情况特殊处理。政府相关部门权衡各方面利益，以公正公平为基本原则。根据需求合理配置救灾物资，并根据灾区受灾程度实施相应的救灾方案，如经济落后、文化水平较低的灾区，民众抗灾能力不足或老弱病残者分配更多救灾物资。第三，保障物资切实分配到灾区与灾民手中。安排人员专门监管救灾物资的发放、分配等工作，做好群众慰问工作，确保救灾物资得到按时按量发放。

2015 年 10 月 4 日的 22 号台风“彩虹”在广东登陆，广东省财政厅、民政厅紧急下拨 2 000 万元救灾应急资金，广西民政厅、财政厅安排 2 900 万元资金用于救灾。[①] 资金到位后，各地方政府开始有条不紊地将资金配置到灾区及灾民手上。短短 48 小时，广东省紧急转移安置灾民 17.04 万人，为灾民提供了充足

---

① 潘跃，邓圩.“彩虹过后”救灾有序进行［N］. 人民日报，2015 - 10 - 06（02 版）.

的临时活动板房、帐篷、食品及饮用水。278.2 万户因台风断电，在省减灾委的努力下超过半数（158.2 万户），于次日下午 5 时恢复用电，确保受灾地区人民迅速恢复正常生产生活。同时，联合商业保险等社会力量，为伤亡家属提供抚恤赔偿，安抚了灾民情绪。2015 年于福建登陆的 13 号台风“苏迪罗”，给当地百姓带来了巨大经济损失，尤其是莆田地区，许多房屋都毁于一旦。在当地政府的帮助下，灾民的房屋得到了重建，对没有能力重建的灾民，则由当地财政拨款建造集体房屋。

二、较为优秀的信息建设水平

信息公开是政府部门正确应对突发性危机事件、完善公开机制的必要环节。尤其是在危机事件的善后重建阶段，政府相关部门更要注重信息发布的全面性与准确性：第一，对重大突发性事件的应急处置经验进行总结与分析，以便在实践工作中不断完善与优化工作机制，制订更具针对性行之有效的抗灾方案，增强政府部门应急管理能力。第二，发布相关责任调查处理结果。政府部门应将重点放在健全责任追究制度上，清晰界定事件责任主体，以便群众对其监督，为奖惩工作提供依据。这是行政管理公正性与公平性的集中体现，对提高政府公信力具有积极作用。第三，对外发布恢复重建政策与损失补偿制度，保障公民决策权与知情权。恢复重建关系到公众的切身利益，必须将其纳入政府善后工作；公布恢复重建政策，公众可以根据自身的情况申请相应的补偿，体现了政府决策的公平公正。

例如，2015 年 11 月 13 日晚，浙江省丽水市莲都区雅溪镇里东村发生山体滑坡，山体坍塌量高达 30 多万立方米，导致该村 27 户房屋被埋、39 名人员失联。[①] 灾害发生后，丽水政府当晚立即向上级请求出动军队援助。2015 年 11 月 14 日上午 9 时，第一集团军接到军区救援命令后，迅速成立救援指挥部开展救援。同时，当地政府及时抽调区直相关部门 160 多人，成立接待组、疏导组、后勤组和联络组。及时做好失联人员身份验定工作，与部分失联对象家属取得联系，安排专人结对上门做好服务工作。另外，召开多次新闻发布会，通过大众媒体对外发布最新灾情信息与救援情况，将谣言遏制在萌芽状态，体现了地方政府较为优秀的信息建设水平。

三、较好的政策保障

重大突发性事件对社会经济建设和民众生活带来较大影响。为有效处置危机事件，最大限度降低危机事件产生的损失，地方政府要在善后恢复阶段出台与落实行之有效的解决措施，尽快使社会经济、民众生活步入正轨。各地方政府在制

① 杨锋，林斐然．浙江丽水山体滑坡已致 9 死 1 伤［N］．新京报，2015－11－15（02 版）．

定调整处理政策的过程中，主要从以下几个方面进行：第一，地方政府设立就业援助站，提供多种类型就业服务，向受影响民众提供小额贷款服务，倡议企业优先选择困难人员，通过以工代赈方式引导民众参与善后重建工作。第二，给受损企业提供生产设备经费补助，恢复生产经营，通过经济调控方式，针对企业具体情况制定相应税收减免政策。第三，在公共设施建设上，政府遵循全面管理、突出重点救援原则，将重点放在生活基础设施的恢复重建上，如交通设施恢复、水电供应恢复等方面。短期之内，政府将公共卫生与安全服务建设作为善后恢复重建的主要内容，不仅为民众提供基本生活服务，还为恢复重建工作提供基础保障。

第二节　网络环境下地方政府公共危机善后存在的问题

一、调查评估存在缺陷

善后重建评估报告主要包括危机事件的危害程度、影响范围和灾难等级等。制定善后处理报告有利于从整体上了解危机事件产生的危害，为开展恢复重建工作提供依据。就当前各地方政府善后重建工作来看，地方政府在善后评估方面仍然存在一些问题，主要表现在：

（一）缺乏调查评估制度

危机管理绩效评估是评估政府管理能力与管理效率的有效手段，一旦缺乏相应的体制支撑，危机管理绩效评估的作用就得不到充分发挥。相较于发达国家而言，中国地方政府绩效评估机制建设仍处于初级阶段，既缺乏完善的制度标准，又缺乏专业性、全面性评价机构。主要体现在：一些政府部门法治观念不强，责任体系不完善，缺乏健全、系统的权力监督体制与责任追究制度，规章制度难以得到切实落实；政民交流渠道不通畅，政务公开程度低，公民参与政治决策积极性不高；公民监督作用得不到充分发挥，绩效评估缺乏透明性等。

（二）调查评估主体较为单一

目前，地方政府危机管理绩效评价多半由上级机关负责，以上级部门评估下级部门的形式开展，少有部门进行自我评估，社会群众参与度不够。政府危机管理绩效评价工作多由政府内部组织进行，缺乏专家、媒体等社会主体的参与。政府决策制定易忽略公众诉求，决策缺乏客观性。当前，我国地方政府绩效评估机制多半以上级评估为主，这种评估模式评估主体较单一，不符合公正公开原则。

（三）调查评估方法不合理

目前，政府绩效评估方法主要包括定性评估与定量评估。定性评估是以质量高低为主要评价标准。管理与服务是政府工作的主要内容，其生产与提供的服务是无形的，这决定难以采用定量方法评估政府工作。因此，我国地方政府通常采用定性方法进行评估。但这种评估方法主要依靠评估主体的经验与主观感受，凭借感觉、经验给出评价结果，没有相关数据与严谨的分析支撑；这种方法从整体上掌握与审视政府的绩效水平，缺乏具体、准确的评分依据，从而导致评估结果缺乏客观性与准确性；单凭几个评估主体的主观感受，无法体现政府的真实绩效水平。评估主体在评估绩效方法的认识上存在差异，会直接影响绩效评估效果；若采用定量方法进行评估，就会出现目标错位问题。因此，应将两者相互结合、相互补充，保障评估结果的准确性与科学性。

二、善后过程中缺乏合理的公关措施

规划重建是善后处理的重要组成部分，是影响整个恢复重建工作水平与效果的关键环节。规划重建主要包括房屋重建与经济恢复两项内容，是善后重建的重中之重。具体实践工作中，难免会遇到各种问题。

（一）危机善后缺乏专业性

在危机事件应对上，尚缺乏专业公关机构应对与处置公共危机，通常安排宣传、信访等部门负责公关工作；但各部门之间联系交流较少，职能重叠、职责模糊问题较为严重；致使公关工作开展缺乏统一指导与管理，无法及时、有效地应对危机事件，公关成效较低。政府相关部门没有充分认识到公关活动基于政府形象与管理的重要性，没有对公关活动予以足够重视。公关活动仅限于公关范畴，没有将其纳入政府管理，导致危机善后工作专业性不强。

此外，危机善后工作专业性低还表现在公关人员整体素质不高。公关人员对公关知识掌握不够、知识创新低、社交能力较低、年龄结构不平衡，多为退休人员或是老员工，活力不足。危机事件爆发后，公关人员成为应对危机事件的主体，其专业知识水平与工作能力直接决定公关的成效。但当前相关部门公关人员的水平，显然无法满足实际需求。

（二）危机善后信息共享不到位

就当前危机善后处理工作情况来看，危机公关在信息共享上存在信息共享机制匮乏、信息公开程度不高等问题。危机事件发生后，民众易产生恐惧、害怕、不满和埋怨等消极情绪，有可能引发其他社会问题。在这种情况下，需要政府部门及时对外公布事件的真实情况，使群众了解事件的发展情况。这方面，一些地方政府存在以下问题：

一方面，未在各相关部门之间建立信息共享制度。当前，各地方还没有建立部门信息交流、互通机制。一旦危机事件爆发，各部门很容易由于职能重叠、行政分割、信息受阻而延误信息发布。

另一方面，尚未建立信息公开机制。受传统观念影响，政府部门在没有完全掌握危机事件信息的前提下，一般不会对外公开事件的相关情况。个别部门甚至出于自身利益考虑，下意识向上级、社会民众隐瞒事件真相，试图拖延时间、隐瞒事实。不仅给决策部门制订处置方案带来了难度，也使政府公共形象严重受损。

三、未能充分利用社会力量

（一）社会参与缺乏专业性

地方政府部门应鼓励社会组织、专家学者等第三方参与到应急救援中来，但各地方在这方面还存在很多不足。社会动员能力较低，善后重建中社会公众参与少，公众参与意识也不强。为此，各地方可以以社区为中心，组织相关培训教育，强化公众的公民责任意识，增强其专业救援能力。危机事件发生后，社会公众才会积极响应，踊跃参与。各地方针对社会公众公民责任感、专业技能的培训还处于空白期；纵使有志愿者参与善后处理工作，相关部门对志愿者的管理也缺乏系统性。

（二）政民合作程度较低

地方政府与社会组织之间的合作联系少，在危机善后处理过程中资金匮乏，救援成效不大。重大危机事件爆发会给地区带来严重的经济损失，基础设施、环境、商业、住房等恢复都需要大量资金支撑。在日常行政宣传工作中，政府部门不注重对公民责任意识的培养，与社会公益组织之间交流较少、少有合作，很难调动社会公益组织参与到善后重建工作。

四、未能通过善后工作提升政府形象

（一）缺乏网络环境下的危机公关意识

危机公关意识是政府部门人员必须具备的认知，部门决策者与管理者日常工作要具有应对危机事件的意识，做好预警预防工作。事先对未来可能发生的突发问题进行预判，预测有可能出现的状况，从思想、物资上做好应急准备；提前制订好应对危机事件的实践方案，以免在危机爆发后出现混乱、盲目，造成更大损失。

危机公关意识是开展网络舆论管理的基础。相关部门决策者应具备高度危机公关意识，制订行之有效的处置方案，防止危机事件的发生或恶化。只有具备危机意识，才能促使部门决策者循序渐进地开展危机预防工作。针对网络舆论的防范与管理制订实施计划，以及预防各类型危机事件的方案，加大对部门人员危机防范意识与专业技能的培训与教育。但就当前情况而言，一些部门管理者忽略对部门人员危机知识的培训，部门人员危机意识淡薄，面对危机反应不及时，应对危机能力不足。一些部门管理者忽视对相关机构的改革、完善，网络舆论危机管理机制亟待进一步健全。此外，还没有建立危机预防机制与应对危机的专门组织机构，网络舆论危机的监测与预防技术有限。

政府部门作为执行社会公共事务的主要主体，网络环境下，政府有关部门应充分了解掌握当前的形势，强化危机意识，按照实际情况予以针对性应对。

第一，地方政府要清晰认识到网络舆论危机的客观存在。网络舆论危机是危机事件的组成部分，政府部门务必对网络舆论危机予以高度重视，积极面对网络舆论危机带来的影响。

第二，地方政府部门对网络环境下危机公关的特点有正确认识，是有效开展危机公关的前提与基础。政府不是孤立于社会而存在，而是社会的一个重要组成部分。政府部门不应自我封闭，应与民间有开放性联系。正确认识到这一点，地方政府部门应在行政与管理过程中，自觉适应社会的变化与发展；通过自我发展、自我完善，提升履行社会管理职能的水平，让政府部门处于一种动态发展、服务与管理水平不断提升的状态。

第三，地方政府应将预防、预警作为危机善后工作的开始。虽然危机善后是以事后为重点，但对于危机信息传播速度快的网络环境而言，危机善后工作需要从事前开始、从预防预警开始。只有具备预防预警危机发生、发展、影响的能力，政府部门才能够将有限的资源针对性地配置到最需要的地方；才能够在危机发生后迅速做出应对，为危机善后工作提供更多的便利条件。

但就当前现状而言，一些地方在应对与管理网络舆论危机时存有危机意识薄弱的问题，不注重对危机的预防。究其原因，主要是部门决策与管理者思想认识不到位，政府绩效考核机制有待完善。政府部门的主要职能是提供优质丰富的公共服务，加强完善社会管理。然而在实际工作中，部分地方政府部门为获取更高的经济利益，盲目追求经济的高增长，导致资源浪费严重。由于绩效考核体制的模糊性，相关负责人的责任范围难以界定，很难真正落实。同时因为考核机制的原因，政府部门忽视对网络舆论危机的防治，导致危机事件得不到及时、有效处置，公众意见得不到重视。很多地方政府部门在网络舆论危机管理上，注重对危机事件处置方案的制订，忽视对危机的预防与防治。群众的诉求得不到及时回复，不满情绪日积月累，容易埋下隐患。只有危机爆发之后，才会引起相关部门的重视，采取临时补救措施，难以从根本上解决与杜绝网络舆论危机。

（二）政府部门人员危机善后工作中失范行为

要提升网络舆论危机管理成效，不仅要求政府部门相关人员具备较高的技术与能力，还要求其具有正确的理念、高度的责任心与高尚职业道德。网络舆论危机的有效管理，是物质、技术和精神的有机结合。从社会的角度来看，政府部门人员是政府形象与能力的象征，工作人员的职业道德、能力水平直接反映政府的综合执政能力。公众通常以政府部门人员的道德水平作为评价政府的标准，可见，政府部门人员思想道德培养于政府形象塑造的重要性。政府部门人员思想素质不高，纵使网络舆论危机管理取得显著成效，政府公共形象也会受到一定程度的影响。

行政道德作为政府工作人员的基本职业道德，是其日常工作中必须遵循的重要原则。行政道德是政府部门人员自觉接受管理与约束的思想道德规范，对政府人员具有约束力，一定程度上提高了民众对政府行政管理的信任与肯定，获得社会的广泛支持。但在实际管理工作中，政府部门往往忽视对行政人员道德素质的培养，个别部门人员职业道德水平不高，在危机善后工作中出现失范行为，损害了政府公共形象。

个别政府部门人员以权谋私、贪污受贿等不法行为，根本原因是因为其行政道德不规范、职业道德水平欠缺导致，主要表现为：

第一，价值观导向偏差。受利益驱使，一些政府部门人员滋生享乐主义、拜金主义等不良思想，追求金钱和权力，损害社会公共利益，严重损害广大群众的切身利益。

第二，轻视道德教育。社会道德与行政道德水平低下是促使行政人员不良道德行为产生的根本原因。在现实工作中，个别政府部门往往重视经济发展，忽视精神文明教育，开展道德教育仅是走过场，成效不显著。

第四，他律弱化，自律机制建设滞后。一些地方政府部门行政道德、社会道德等自律机制建设滞后，缺乏统一的道德规范约束，自律意识低。宣扬与倡导良好道德行为的力度不足，对不道德行为的制约不强，很难形成具有道德约束力的自律体系。

网络环境下，民众敏感度上升，政府行政人员的道德缺失行为会迅速成为民众抨击、谴责对象，严重损害了政府公共形象。鉴于此，政府部门人员要加强对自身道德素质的培养，正确看待网络舆论监督，将网络监督看作是自身修养提升的手段。耐心倾听公众心声，主动打消公众疑虑，安抚公众情绪，获得公众支持与肯定，为处置网络舆论危机创造和谐的环境。

第三节 网络环境下地方政府危机善后能力提升对策

一、完善地方危机善后工作体系

重大网络舆论危机事件会造成恶劣的社会影响，破坏社会稳定和谐，群众生产生活受到威胁。为创建安定有序的生活环境，转变应急处置观念，相关部门要在善后重建阶段建立健全补偿机制，完善善后反馈制度，加大对风险的预防力度，在根本上防治危机事件的发生。

（一）以制度保障善后评估工作有效落实

灾害损失补偿的初衷是以经济领域的善后措施来降低或弥补危机造成的损失，安抚社会情绪，恢复日常生活秩序。补偿的方式有直接补偿、来自社保体系的补偿、社区补偿、社会爱心善款和商业保险补偿等，而政府补偿是额度最高，也是最重要的补偿方式。近年来国家财政对政府补偿的拨款力度越来越大，但要实现短时间内恢复社会正常秩序的目标，仍需要来自地方政府的努力。所以，补偿评估制度非常重要。

首先，通过地方性评估制度衡量商业保险的补偿能力。保险补偿既是一种分散风险的重要途径，又是一种重要的危机应对方式，已经成为发达国家主流灾害应对方式。地方政府可以出台政策，鼓励社区居民购买价格不高、赔付简单的普通商业险，缓解地方政府灾后巨大的补偿压力。

其次，通过地方性评估制度，明晰社会公益组织的补偿能力，为社会力量找到聚合点。地方政府应该鼓励公益组织发展壮大，通过降低准入门槛、提高评估标准等方式确保社会公益组织良性发展。当前我国正处于全面深化改革阶段，社会公益组织获得了发展契机，专业水准越来越高，在社会资源配置、协调社会力量上的作用越来越大。地方政府进行危机善后工作时，要大力发展与社会公益组织的合作关系。

最后，建立危机专项补偿基金制度。自然灾害类危机建立的专项补偿基金以地方政府的投入为主，并接纳社会资金。危机善后是一项规模庞大的系统性工作、耗资巨大，需要地方政府通过金融机构管理专项补偿基金，为善后工作提供基本保障。基金的管理与使用基本由金融机构完成，专款专用，能在最大程度上避免组织自利性。地方政府每个财年的预算都应有专项补偿基金，并号召社会踊跃捐款。

（二）丰富善后评估主体

危机事件过后，地方政府应从中吸取经验教训，总结思考存在的各项问题，全面提高应急处置能力。地方政府要在实现信息公开的同时构建畅通有序的交流协调机制，群策群力弥补不足。在对事件、过程、结果、制度、资源、组织与部门人员能力等各方面进行评估的基础上，查找弊端，弥补不足，不断提高应急管理水平。

地方政府应重视信息化建设，为多主体善后评估提供信息保障。尤其需要重视地方政府在危机事态下的信息沟通体系建设。该体系不仅为公众提供最新、最准确的危机信息，还应该通过收集来自公众的信息为危机决策提供支持。为了做好信息化建设，必须做好信息资源的共享与整合工作。危机善后工作涉及的信息大多是公开信息，为了避免个别部门以国家机密为借口拒绝公开相关信息，地方政府要制定危机事态下的信息管理规定。明确各部门共享、公开信息职责，让广大群众能够对危机事态有充分了解，从而理解配合地方政府的善后措施。为此，地方政府要做好信息化建设工作，号召社会各界共同参与。除了不断加强公共安全宣传外，还要提高公众的社会责任意识。政府各部门间也要实现流畅的信息流通，确保政府相关部门做出正确判断。

（三）加强评估科学性

要对各类危机进行深入研究，提高善后评估科学性。地方政府部门是突发危机的第一应对者，需要加强对各类危机的认识。需要通过研究各类危机，了解危机的特点与规律，反思处置过程中的失当与不足，为本地及其他地方政府的危机应对提供支持。为此，地方政府部门必须始终坚持特殊性与普遍性相结合，把握好危机处置的各种规律及原则，科学评价危机处置的各种措施。同时，地方应建立危机研究办公室或危机研究小组。另外，要强调多部门联动，从整体高度把握研究危机的处置与善后，改变当前一些地方应对危机时不同部门各自为政的现状，通过合作与沟通提高危机应对科学性。

二、加强提高善后工作的专业水准

（一）提高危机善后工作的专业性

提高危机善后工作的专业性，要求善后工作主体对突发事件进行分析，获取相关信息，按照专业知识对其进行评估考核，再开展善后工作。提高危机善后工作的专业性，可为地方政府善后重建工作提供参考，推动善后处置工作的有序进行。

首先，评估内容要全面，促进评估工作的有序、规范进行。调查评估的制定要符合规范性要求，评估程序、标准和内容等要合乎相关要求。

其次，按照专业标准，保证善后队伍的专业性。善后队伍的专业性直接影响善后重建工作的成效。地方政府要按照本地区危机事件的实际情况组建专业善后队伍，邀请业界专家探讨结合定性评估与定量评估的最佳评估方法。以专业标准开展善后，重视开展外部评估，引导社会组织、媒体、专家学者参与善后工作。

再次，明确危机善后目标，恢复社会经济秩序，保障民众基本生产生活。

最后，加强危机善后资金管理。危机善后工作尤其是灾害类危机善后工作，必须以大量资金为物质基础。善后资金是否得到了科学运用，关乎相关群体的切身利益，决定了社会各界参与危机善后工作的积极性，影响政府的权威性。作为善后资金的监管者，地方政府对善后资金有筹资、配置、支付、后续管理的责任。

一方面，对资金监管制度进行调整，保障资金的合理配置。救援资金要专项管理、专项专用，严禁占用、挪用，做到统筹协调、灵活调用。对此，有关部门要加强救灾资金的监督管理与分配。此外，要加快制度化建设进程，统筹协调监督，明确界定财政、民政、审计等部门的职能与责任范围。为提升监督水平，应加强各部门之间的交流联系，构建畅通有序的合作平台，建立互通有无的信息共享机制；定期开展交流互动活动，加强各部门人员的沟通，取长补短，共同进步。与此同时，地方政府部门还要构建完善的应急审计监督制度。

另一方面，要进一步健全善后资金社会监督制度，保障资金利用的有效性。对此，各地方政府要对新闻发言人制度进行优化调整，规范发布内容、程序，使其合乎法律法规。政府部门及时向公众公开危机事件的真实情况及救援进展与资金使用方向，设置监督热线，鼓励全社会参与资金监管。地方政府可建立社会监督员制度，设置社会监督人才库，加强监督人员综合素质能力的培养，增强监督人员的监督技能。

（二）加强危机公关的部门联动

当前，一些地方危机善后工作中存在信息共享不到位问题，事实上是权责分配不合理、部门联动性差的表现。所以，地方政府首先要构建清晰、高效的权责分配体系，给予监管部门实际管理权，明确部门的职责与权力边界。

其次，落实问责制，提高问责制的有效性与科学性。责任明确、奖罚分明，是要政府部门充分意识到应肩负的责任，是构建服务型政府、以优质服务降低突发危机风险的关键。要构建合理的问责制，需要做好下列几方面工作：其一，要构建地方性行政问责法律法规。地方政府应在《行政问责暂行办法》的基础上，构建地方性法律法规。其二，树立正确的问责理念。地方政府应强化正确的行政伦理观念，提高公务员的职业操守，避免行政失当甚至是职务犯罪行为。最后，问责必须充分利用好调查评估机制。问责并不仅仅是为了平息愤怒的舆论，更应该通过翔实的数据、信息和调查结果保证问责的公正性。

三、充分利用社会力量

（一）建立社会参与机制

建立社会参与机制，是危机善后工作的关键。《国家突发公共事件总体应急预案》突出强调了社会参与“协调应对”的重要性，在危机善后工作中构建社会参与机制、引入社会力量，为危机善后工作提供更有力的保障。

首先，地方政府部门应关注基层一线自助自救能力，组织基层社会力量做好危机善后工作，提高善后水平。

其次，地方政府部门在建立社会参与机制的同时，应注重以激励手段提高社会的参与意愿。地方政府部门不但要注重提升公众的公民意识与社会责任感，还应该注重通过激励手段提高社会的参与意愿，充分发挥公众在危机善后工作中的主观能动性。

最后，地方政府部门应为社会提供更丰富的参与渠道，使更多社会主体能够参与到危机善后工作当中。地方政府应充分利用网络环境下便利的新媒体工具，在微博、微信平台为公众提供发表意见、捐赠物资、参与民主决策的渠道。

（二）以心理干预为契机，加强政民合作

突发危机不仅让公众物质上遭受损失，在精神方面也会造成损害。发达国家，危机过后的心理干预是一项非常重要的善后工作。心理干预有利于恢复危机后的社会秩序、平抚社会情绪。地方政府部门可学习国内外先进经验，积极开展危机心理善后工作，关注危机相关群体、弱势群体的心理健康。

地方政府应将社区组织作为开展危机心理善后工作的基础，鼓励社会专业人士参与到互助心理善后工作。心理善后工作小组一般需要聘用本地的精神医护工作者、本地及周边高校专业教师及社会心理咨询机构工作者。心理善后工作小组可以面向公众招收具有专业知识或心理咨询能力的志愿者，为心理善后工作小组提供充足人力。同时，心理善后工作小组需要为善后对象建立数据库，建立追踪档案，了解其心理动态，及时开展心理善后工作。

地方政府部门可动员社会心理咨询机构，为相关群体提供帮助。地方政府部门可在税费上对这些机构提供一定的优惠政策，并负责监督这些机构的善后工作，确保其善后工作到位。

另外，要加快危机善后志愿者队伍的建设发展。志愿者不仅可以有效分担地方政府部门在组织善后工作上的任务、为公众提供更优质的心理善后服务，同时可以唤醒公众的公民意识与社会责任感，培养公众互助互利的精神。为了激励志愿者完成好心理善后工作，地方政府部门应对付出劳动的志愿者进行表彰，肯定其在危机善后工作中的贡献。

四、通过善后工作改善政府形象

（一）在善后工作中重视公关

首先，各地方政府应及时、积极地与媒体沟通交流，通过媒体就当下问题做出澄清，并提出整改措施。公开有关信息，保证透明度，切实保障民众的知情权，提升政府公信力。

开设咨询平台，及时回答、回复公众提问；邀请专家学者为公众解答疑问，不仅具有公信力，还能安抚公众焦虑情绪。另外，对政府部门的新闻发言人制度进行规范，对新闻发言人加强专业教育与培训，切实提高其素质，发挥政府公众之间桥梁作用。

（二）改善公务员队伍网络环境下的善后工作能力

公务员作为政府善后工作的具体执行者，其善后工作能力高低，直接关系地方政府危机善后的实际效果。为提高公务员队伍网络环境下善后工作能力，可从

以下几方面着手：

第一，注册新媒体私人账号，利用私人账号开展善后工作。相对于官方的部门认证账号，公务员的私人账号多半为个人生活体验、感悟，更亲切，容易得到用户的关注与喜爱。危机发生后，公务员应主动通过私人账号发布应急信息，提供所在单位的联系方式、介绍所在单位危机事态下的职责、可提供的救助类型等。

第二，学会通过新媒体等网络平台，向公众展现善后工作成果、报告善后进度。危机之后，公众最关注的往往是重建、赔偿等善后事宜的进度与结果。而网络环境下的新媒体，正是地方政府向公众传递这些信息的重要渠道。

第三，公务员在新媒体环境下应谨言慎行。在高关注度之下，公务员在网络中的任何一次表态、任何一个评论都可能被网络用户认为“代表了政府”。正是由于这种“镜子效应”，地方政府公务员更应提高政治敏感度与警觉性，慎重发声、小心评论，有技巧性地开展舆论导向工作。

第十章　网络环境下地方政府危机应对中军民结合能力提升

1998 年我国遭遇“百年一遇”的特大洪涝灾害后，党和国家对危机中军民结合高度重视，通过制定相关法律法规，改善各地危机事态下的军民结合能力。汶川地震、玉树地震等重大自然灾害中，军队参与程度越来越高，有效提高了危机事态下保障人民群众财产安全的能力，军民结合已成为危机事态下一个非常重要的应对。当然，目前军民结合危机公关能力仍有一定的进步空间。在网络环境下，军民结合危机公关迎来了新的发展契机。

第一节　网络环境下地方政府危机应对中军民结合能力现状

2003 年“非典”疫情后，党和国家对公共危机管理与危机公关给予了高度关注，开始着手建立从国家到地方的危机应对管理体系。整个体系的建设，围绕着“一案三制”思路展开，即同时建设应急预案、应急体制及法律制度。目前来看，军民结合处理公共危机，已成为我国公共危机应对的重要方式。通过近年来数次大型自然灾害的考验，军民结合危机应对积累了丰富经验。

在突发公共危机中采用军民结合处置方式，成为当前我国公共危机应对重要方法，为提高军民结合质量、加强地方政府军民结合处置危机能力奠定了良好基础。2008 年南方地区雪灾中，各地方共调动了 126 万名军人与预备役队伍，抗击各地低温雪灾；四川汶川地震，共有 22.1 万名军人与预备役队伍参与救灾；2010 年青海玉树地震灾害中，有 2.1 万军人与预备役队伍参与救灾；同年的甘肃舟曲特大山洪泥石流灾害也有 2.1 万名军人与预备役队伍参与救灾。从 2011 年到 2014 年，全国军队与武警系统共有 37 万名军人与预备役队伍参与救灾，出动军警车辆近 20 万次，出动航空器械 225 次，民兵预备役有近 90 万人参与其中。①

① 孙炜. 国防动员纳入国家危机管理体系是推动军民融合深度发展的重要实践［J］. 国防，2014（1）：28 -29.

（一）相关法律逐步完善

法律是处置突发群体事件的基础方式与有力武器，也是军队与民众参与其中的法理依据。为提高突发性事件应对的及时性与有效性，我国制定发布了《国家突发公共事件总体应急预案》《突发事件应对法》《防洪法》《防震减灾法》《消防法》《军队参加抢险救灾条例》《中国人民武装警察部队处置突发事件规定》等相关法律法规。[①] 上述法律条例的颁布与实施为军队参与处置突发性事件提供了参照，增强了军队应对突发性事件的有序性。此外，军队系统也建立了应急管理小组及相应的管理机构，联合中央机关与地方政府构建了完善、系统的信息制度，主动参与到自然灾害抢险与群体性事件的处置当中。[②]

2005 年 7 月颁布的《军队参加抢险救灾条例》，是我国第一部针对军队参与灾害性公共危机的规范性法规，由中央军委与国务院直属部门制定并出台，是我国军队卫勤机构能够成为危机应对力量的重要法律保障。条例第二条指出："军队是抢险救灾的突击力量，执行国家赋予的抢险救灾任务是军队的重要使命。"[③]明确了军队在这方面的义务，并在第三条明确规定军队的职责范围是："解救、转移或者疏散受困人员；保护重要目标安全；抢救、运送重要物资；参加道路（桥梁、隧道）抢修、海上搜救、核生化救援、疫情控制、医疗救护等专业抢险；排除或者控制其他危重险情、灾情；必要时可以协助地方人民政府开展灾后重建等工作。"[④] 2006 年，为了补全该条例未能覆盖的事项，中央军委又颁布了《军队处置突发事件总体应急预案》，将军队参与政府组织的突发事件处理进行了具体规范，要求军队能够做到"处置军事冲突突发事件，协助地方维护社会稳定，参与处置重大恐怖破坏事件，参加地方抢险救灾，参与处置突发公共安全事件"，是我国公关危机应对体系的重要部分。这一预案集结了多年来军队在各地方参与各类公共危机处置的经验，参考了海外国家及军方的处理方式、制度，实践参考性、指导性强。

而《中国人民解放军军事训练条例》《中国人民武装警察部队处置突发事件规定》《中国人民解放军司令部工作条例》《中国人民武装警察部队司令部条例》，以及《中国人民解放军防暴条令》等法律法规进一步明确应急情况与突发事件类型，完善与优化抢险救灾条例，增加了军队灾害救援的定位等相关内容，增强了立法的严谨性与完善性。同时，我国还对《军队基层建设纲要》《中国人

---

① 杨洋. 军地协同处置突发事件应急管理研究［D］. 云南大学，2013：23.

② 杨博，郑好嘉，王亚强. 浅议省军区系统组织协调部队做好抢险救灾工作［J］. 国防，2012（9）：51－52.

③ 国务院，中央军事委员会. 军队参加抢险救灾条例［Z］. 2005－06－07.

④ 国务院，中央军事委员会. 军队参加抢险救灾条例［Z］. 2005－06－07.

民解放军参加核电厂事故应急救援条例》《中国人民解放军内务条令》《中国人民解放军警备条令》《香港特别行政区驻军法》《澳门特别行政区驻军法》等法律法规进行了相应优化。

（二）专业水平不断提高

2009 年，我国构建了以现役军人为主要力量的应急队伍，其中包括专门应对洪涝灾害、地质灾害、生物化学事故、交通电力事故、气候灾害以及卫生医疗事故的专业性急救队伍，队伍规模达到 5 万人以上，目的是提高军队参加突发性事件的及时性、有效性与专业性。2009 年 7 月，武警水电、交通部队 3 万多人成为国家应急救援队伍的重要组成部分。各省军区联合相关政府机构组建了 5 万人的省级应急专业队伍，在近年来的突发性事件处置与应对工作中发挥了重要作用。应急专业队伍的建立，既很大程度上提高了军地应对突发事件的效率，又从整体上降低了突发事件带来的破坏。

这些专业化应急对伍，从任务性质上来看，主要包括下面几种类型：①专门针对建筑施工与交通事故的应急救援队伍；暴恐事件、危机群众生命财产安全等社会突发事件的抢险救援队伍；②洪涝、旱灾、森林火灾、环境污染和地震灾害等突发性自然灾害的抢险救援队伍；③矿难、化学灾害等特种救援队伍。从隶属关系上看，可分为：①政府建立的专业化应急力量。在县人民政府的统一管理之下，联合县消防大队组织的应急救援队伍，构成人员有消防大队现役官兵、合同制消防队员；②人民武装部与行业部门建立的临时性专业应急队伍。

此外，由各地区警备区、行业自治机构牵头组织的专业应急队伍，人员构成以民兵预备役及行业从业者为主，按照公共危机事件类型编制队伍、配置装备、开展演练，短时间内提升队伍的应对能力。例如，天津市警备区成立了“天津地区非战争军事行动应急救援队”，为河北各地的紧急电力事故提供抢修、抗险应对力量。网络环境下，军队有能力帮助地方政府做好危机公关工作，而地方也能够为涉军互联网舆情引导提供帮助。①

（三）训练有效性提高

为增强突发事件的应急处置能力，中央军委按照我军的具体情况，对军队训练依据《军事训练大纲》进行了适当调整，将突发事件的处置列入军队日常训练项目。开展针对性应急与处置演习，以实际操作强化队伍在险情下的反应速度与抗灾救险水平，真正提升应急队伍在应对危机过程中的能力。

（四）专业危机应对队伍发展遭遇阻碍

以贴近老百姓生活的武警水电部队为例，该部队 2009 年进入了应急救援体

① 吴穹，刘朝．以军民融合方式应对涉军网络突发事件［J］．政工导刊，2014（2）：10－12．

系，是一支专业水平较高的应急救援队伍。然而，武警水电部队的日常开销除部分由地方财政提供外，其余全都来自配合地方政府开展经济建设的工程款。武警部队官兵的生活、设备采购、训练场地的建设与维护绝大部分依靠施工生产获得的利润支付。虽然《中国人民武装警察法》明文规定武警部队在应对公共危机过程中的物质保障应由危机所在地的地方政府负责；但因为地方政府往往没有专项预算，加上军民结合过程中的协同机制建设不完善，很多时候武警部队救援人力、设备与物资都得不到保障。与此同时，市场经济环境下，队伍力量分散到各地，专业水平随之降低，导致武警部队应对突发公共危机响应速度较慢，专业抢险能力下降。①

第二节 网络环境下地方政府危机应对中军民结合能力提升存在的问题

一、法律层面

2007 年，第十届全国人大常委会颁布《中华人民共和国突发公共事件应对法》，并于同年底正式施行。这部法律的面世，意味着中国危机应急与处理进入法治化轨道。全面增强了社会各界处置突发事件的能力，有效预防、治理与控制突发公共事件，降低突发事件对社会破坏力，保障了群众基本利益、维护了社会稳定与国家安全。该法是我国应急管理范畴中的基本法律，通过该法把军队纳入突发事件应急处置中来，为军队与地方政府联合开展工作提供了依据。此外，军队与地方政府联合应对突发性危机事件的法律法规还包括：《中华人民共和国防震减灾法》《中华人民共和国突发事件应对法》《军队处置突发事件总体应急预案》《军队参加抢险救灾条例》等。② 但这些法律法规存在实操性较低等问题，我国突发事件应急管理立法工作较分散。

虽然这些法规的确为抢险救灾中的军民结合提供了指导，但在实践过程中也暴露了缺乏协调机制、实践操作性不高等问题。军队与地方在公共危机处置过程中必然存在协调、权责分配等问题，上述法律法规没有明确。下一阶段立法工作中，如何解决协调与权责分配问题，是一项重要课题。

法律法规内容不够细致、缺乏指导性。相关法律法规许多内容都是“原则性”表述，没有对职能部门的权责范围进行清晰阐述。同时，权责分配与从属关

① 谢红，刘军，胡役兰. 探索军民融合应急救援体系的构建［J］. 中国急救复苏与灾害医学杂志，2014，9（10）：254－255.

② 杨洋. 军地协同处置突发事件应急管理研究［D］. 云南大学，2013：23.

系，仅以政府部门的行政级别决定，没有重视同级别不同职能部门之间的协调与权责分配。

我国突发公共危机相关法律类型虽比较全面，但不同法律法规由不同职能部门出台。各部门根据自身职能与专业出台相应的法律法规，确实合乎专业要求，但法律法规制定过程中，不同职能部门的协调沟通存在问题。突发公共危机领域的相关规定存在差异，甚至彼此矛盾的情况。

二、行政指挥、管理层面

军队与地方政府的协同指挥体系，是军民结合应对公共危机的核心，需要有清晰的指挥层次、明确的权责分配、有效的危机资源配置管理能力，以及对危机处置力量进行协调调动，对危机受害群众救援、安抚、灾后规划的能力。就目前我国公共危机处置中军民结合协调组织机构而言，有国家减灾委员会、国家防汛抗旱总指挥部、国务院抗震救灾指挥部、国家森林防火指挥部、全国抗灾救灾综合协调办公室和国务院应急办公室六个机构，其中国家减灾委员会的主力为解放军与武警部队、防汛抗旱总指挥部的主力为武警部队与其他 17 个部委、国务院抗震救灾指挥部主力为武警部队与 28 个部委等。[①] 就地方政府而言，县级以上的行政单位都设置突发事件应急委员会，对辖区内爆发的突发公共危机进行应对。对军队而言，包括卫戍区、警备区在内的省军区及军分区、当地武装部应该及时了解危机情况，配合地方政府提出的危机应对任务，主动协调与其他单位的工作。

这种分散与集中相结合的管理模式能够充分发挥中央、地方政府、军队优势，但同时存在一些问题，主要表现在：

其一，没有统一协调、专业高效的组织机构进行应急指挥。政府部门之间，地方与军队之间，存在缺乏联动性，信息传播滞后，交流联系不畅通等问题。虽然建立国务院抗震救灾指挥部等相关部门，但存在人员重叠、职能交叉等问题。

各地方虽然建立了相关机构，配备相应人员，但各部门之间存在各为其政、缺乏一个系统、高效的应急协调机构。协调管理能力不强，应急处置工作缺乏及时性与有效性。各机构人员要充分认识到，地方政府是处置应对突发性事件的重要力量，构建系统、高效、专业的突发事件应急处置机构，有利于整合与协调各项资源，提高应急处置工作的效果。

其二，军民结合危机应急指挥权归属不明。当前，我国军民结合的实践都是以地方政府为主、军队力量为辅。譬如，《军队参加抢险救灾条例》就有规定，“军队参加抢险救灾应当在人民政府的统一领导下进行，具体任务由抢险救灾指

---

① 杨洋．军地协同处置突发事件应急管理研究［D］．云南大学，2013：41.

挥机构赋予，部队的抢险救灾行动由军队负责指挥。”① 但相关法律法规并没有对公共危机事态下的军民结合协调机构、指挥机构设置及职能、权力分配进行规定。

其三，危机应急处置工作中军民结合没有设置规范程序。应急机制是应急部门开展应急处置工作的必要环节，完善的应急机制可以从整体上提升应急管理的成效；反之则会阻碍应急管理工作的开展。近年来，我国在构建与完善应急管理机制上取得了一定成效，尤其是对军民联合，国家予以充分重视，先后发布了一系列有关应急机制建设的文件。针对军民联合过程中出现的问题进行了整治，并针对薄弱环节进行了修建，但仍然存在问题需关注。

良好的预案是有效应对紧急事态的前提，实现军民协调的基础，首先双方的信息资源需要高度共享。但军队与地方政府的工作出发点存在差异，在信息采集及后续研究上存在差异。军队的信息工作更重视时效性与准确性，而地方政府的信息工作更注重整体性与细节。在军民结合处置公共危机过程中，往往不能意识到双方信息互通的重要性。信息协同水平不高，军队的内网、地方政府的党政专网、应急指挥网等都没有实现信息联动。信息无法充分共享，延缓了公共危机处置的响应速度。在突发公共危机背景下，地方政府因不了解军队具体情况，提出不合理请求；而军队也不了解当地情况，无法做出针对性部署行动。

第三节　网络环境下地方政府危机应对中军民结合能力提升对策

当前形势下，军民结合、军队配合政府共同处置公共危机，成为及时应对公共危机的重要途径。下一阶段，应根据公共安全与国家安全需求，通过提高军队专业能力多样化，让军队成为政府公共危机应对的重要力量。

（一）进一步推动相关法律发展

随着军队参与突发性事件应急处置越来越普遍，有关危机事件应对的法律法规对军队权责定位不明确、保障不完善、效率不全面等问题逐渐浮现。

2007 年，我国出台《中华人民共和国突发事件应对法》，其中第 14 条指出“中国人民解放军、中国人民武装警察部队和民兵组织依照本法和其他有关法律、行政法规、军事法规的规定以及国务院、中央军事委员会的命令，参加突发事件的应急救援和处置工作。”② 2006 年，出台的《国家突发公共事件总体应急预案》

① 国务院，中央军事委员会. 军队参加抢险救灾条例［Z］. 2005－06－07.

② 第十届全国人民代表大会常务委员. 中华人民共和国突发事件应对法［Z］. 2007－08－30.

明确，“中国人民解放军和中国人民武装警察部队是处置突发公共事件的骨干和突击力量，按照有关规定参加应急处置工作”。[①] 并明确了军队在军民结合处置公共危机中的责任范围，包括处置军事冲突突发事件、协助地方维护社会稳定、参与处置重大恐怖破坏事件、参加地方抢险救灾、参与处置突发公共安全事件等。[②] 这些法律为军队介入公共危机处置、实现军民结合应对突发事件提供了制度保障，但在协调、权责分配等细节上尚待进一步明确细化。

为此，要将军队非战争军事行动能力训练置于法规建设的整体规划，全面增强法律法规的规范性与针对性。加大对有关法规制度的探讨与建设，制定非战争军事行动能力建设的指导思想、任务内容、内容和组织协调等规范；全面细化地方政府在军民结合体系中的职能与责任，以建设国际专业水平的危机救援队伍为目标，不断改善应对各类危机的队伍管理、教育、训练、器材和财政等；制定针对现役部队与民兵预备役部队应急救援队伍的建设标准，健全与优化装备配备保障计划。

随着时代发展，军队的使命已经被拓展，什么情况下才能够使用军事资源？如何使用军事资源？都是需要仔细研究、考量的问题。鉴于目前相关法律法规内容局限性较大，应将其中内容细化、标准化。譬如，在自然灾害应急处置中的军民结合，就应在应急预案中详细描述灾害的风险指数及特点，使军队可以短时间内了解当地的受灾情况与救援环境，准确调动军事力量与军事资源；同时，要提高法律法规中的明确性，譬如，《中华人民共和国突发事件应对法》规定“根据实际需要，设立相关类别突发事件应急指挥机构，组织、协调、指挥突发事件应对工作。”[③] 可出台相关细则对“实际需要”与“相关类别”进行详细定义，从而让军队可以迅速了解其职责。另外，要明确危机应急军民结合指挥协调中心的权责分配，落实到人；有助于提高地方与军队的责任意识，改善军民结合处置公共危机的效率，高效利用现有处置资源。

另外，如果专门性、权威性的危机管理部门缺位，那么力量协调与资源调配的时效性将大打折扣。因此成立独立的危机应对机构，是非常有必要的。

（二）加强军地协同应急指挥体系建设

近年来，军队积极参与各种突发性抢险处置事件，发挥了重要作用，军队应对突发危机事件的能力得到了进一步提升。但同时我们也应看到军队与地方应对突发性事件中存有指挥不当、任务需求不明确、合作协调不够等问题，削弱了军

---

① 第十届全国人民代表大会常务委员．中华人民共和国突发事件应对法［Z］．2007－08－30．

② 国务院．国家突发公共事件总体应急预案［Z］．2006－01－08．

③ 第十届全国人民代表大会常务委员．中华人民共和国突发事件应对法［Z］．2007－08－30．

地合作整合能力。

为此，应首先建立以地方政府为主、军队与地方政府分别指挥管理制度。在军队与地方政府联合处置突发事件时，首要工作就是提高军地联合应急指挥体系的规范性：一方面，要以属地管理为主要工作准则。军队要积极配合当地政府的工作，军队联合指挥部要坚决服从当地政府应急指挥部的管理。另一方面，在多方联合参与处置的情况下，要以合作协调指挥为基本原则。抢险救灾指挥中心的职责，是为军队提供危机事态下的紧急情况，具体到实践指挥上，则由军队一线指挥员负责。此外，联合指挥机构要建立专门的军队行动协调指挥机构，其工作范围是指挥协调参与危机应对的部队、武装部队、民兵预备役部队。另外，要细化军事力量调配的批准要求。

在突发性事件抢险处置工作中，应坚持以地方应急指挥体系为主，担负指挥协调管理职务；军队指挥体系为辅，负责配合地方应急指挥体系的工作安排，指挥领导军队配合完成应急救援任务。国防动员体系则充分发挥保障作用，协作地方应急保障体系与军队完成抢险救援工作。全面挖掘军队与地方联合指挥的内在潜力，做好人员配置、任务安排和落实等方面的工作，构建以政府为主、军队与各层级紧密配合的工作联动体系。加强军队与地方政府之间的联系，保证在突发事件发生的第一时间，迅速反应、开展应急处置工作。

其次，建立畅通、有序和高效的指挥响应体系。军地联合开展抢险救援工作，会涉及军队内部多个部门、多方力量，指挥环节较为复杂。要保障工作正常、有效开展，就要基于现实情况构建畅通有序的指挥体系。对突发性事件具有的突发性、紧急性等特点予以全面了解，并根据突发性事件的特点、规模、破坏力，配合构建畅通高效的协调体系与响应体系。制定科学有效应急程序、方法，健全多种应急方案，明确各部门关系，协调配置各方力量，保障应急预案的及时有效开展，集中所有力量开展抢险处置行动。

综上所述，自然灾害应急分级响应制度应按照以下模式建立：当灾害发生时，市（县、自治州、自治县）级应急管理协调机构对灾害应对负有主要责任，必须整合辖区内的各种资源，迅速投入救灾工作中。① 如灾害超出其应对能力时，方可向上级（省、自治区、直辖市）应急管理协调机构请求援助。省（自治区、直辖市）级应急管理协调机构执行省级应急管理方案。一旦灾情超过市级、省级的应急处理能力时，方可请求中央应急管理协调机构援助。一旦灾情超过地方应急主管部门的能力时，方可请求军队协助。② 军队是灾害救援的“最后

① 杨洋．军地协同处置突发事件应急管理研究［D］．云南大学，2013：53.
② 杨洋．军地协同处置突发事件应急管理研究［D］．云南大学，2013：53.

一道防线”；同时，建立军队分级响应制度。

最后，建立统一高效的联合指挥运行体系。在突发事件的应急抢险上，解放军、武警、民兵预备役部队是抢险处置工作的主要力量，参与军队来自各个系统、战区与单位，由统一的指挥部门管理。尤其在救援工作中，指挥体系如果缺乏强制性约束力，应急处置工作效率就会降低。对此，应加强军队纪律，改善与协调军队内部、上下级之间的关系。各参与到救援抢险工作中的应急队伍，要按照联合指挥机构下发的指示与国家法律条例行动，以保障国家和群众利益为出发点，保障军队与地方之间的紧密协作，全面提高联合抢险救援的成效。

为了让军民结合的协同指挥体制更高效，应遵循部队作战指挥的基本原则，同时构建新的指挥体系。不仅要坚持军事机关与地方政府联合指挥，还应突出地方政府的重要作用。因为地方政府对基层情况更了解，能够充分运用各项资源。

同时还要看到，决策是抢险工作中必不可少的重要环节，还是明确突发事件处置方向、任务与效能的关键。要提高决策的科学性与客观性，就要认真听取各方的看法与观点。根据实际情况完善实施规划，及时下达指示，使军队能够积极、有效、及时地配合应急处置工作。基于突发事件涉及范围广、社会影响大、政治敏感度高、处置时限少的情况，军队指挥机构要严格根据上级命令开展行动，一切行动要符合相关法律法规的要求；建立科学联动、高效统一的决策体系，全面增强决策的科学性、客观性与可行性。

（三）加强军地协同信息共享机制建设

信息的时效性与准确性是确保科学决策、指挥有序、行动统一的基本前提。要获取完整、准确的军地信息，就要建立军民结合、联动畅通的信息共享机制。为充分发挥军地联合处置的作用，就要根据军地结合、优势互补原则，协调双方现有资源，为联合指挥工作的开展提供准确、及时的信息，保障联合指挥的时效性与高效性。此外，还要构建畅通、有序、联动的情报信息共享平台，用于收集管理应急机构掌握的事件信息，并负责对这些信息进行整合、研究，传送到各个部门。军地联合构建信息共享传播平台，促进信息之间的快速流通，为应急决策提供时效信息。并在应急协调联合机制之上构建情报联席会议制度，采取情报会商、情报通报方式来构建军地情报信息共享平台。军地还要充分利用现有资源，建立健全日常化的交流联系机制与协调机制，使情报信息能够得到高效、及时传播，增强军地联合抢险的有效性与及时性。

在构建军地信息共享体系的基础上，要实现军地之间信息的畅通、有序传播，需要做到而点：第一，将军队通信技术融入地方政府通信工作当中。军队通信设备的野战性与配套性较高，而地方通信设备在技术性能与功效上占有一定优势。此外，基于应急需求与保密性考虑，利用海事电话、民用电台等手段改善军队装备问题，建立军地联合、优势互补的通信装备机制，保障信息的畅通有序，指挥联合工作的有效开展。第二，军地指挥平台的相互结合。以军网指挥系统、战备值班系统为首的国防指挥自动化体系，为我军国防任务与救急救险任务的指挥提供了可靠的信息平台。该体系不但能够有效协调同一部队下的各个作战单位，更能够实现多军种、多单位的共同指挥，这一点对危机事态下的各方协调指挥而言非常重要。不仅如此，在军队与地方政府协调指挥过程中，由于军队的指挥自动化体系并不会与地方政府的政务系统、危机事态下的应急指挥系统相统一，所以构建三位一体的军地联合指挥信息网络十分关键。要实现这一点，就要通过卫星数据连通、光缆数据连通与地方无线基站连通等现代化信息技术，实现联合指挥过程中各指挥系统的实时联动。

当然，危机事态下，要同时准备好短波、电台等传统沟通方式，确保所有事态、所有环境下都能够实现指挥中心与一线救灾抢险队伍的有效沟通。

参考文献

［1］王世虎. 政府公共危机应急管理中存在的问题及对策［D］. 郑州大学，2012.

［2］朱虹. 网络媒体环境下的政府危机公关策略研究［D］. 中国地质大学（北京），2013.

［3］林汉鹏. 新媒体环境下地方政府公共危机公关研究［D］. 华侨大学，2014.

［4］赵瑞昕. 新媒体环境下我国地方政府危机公关研究［D］. 陕西师范大学，2014.

［5］李世伟. 网络环境下的政府危机公关研究［D］. 辽宁大学，2012.

［6］李严. 我国政府公共危机管理状况探析［D］. 北京邮电大学，2009.

［7］杜杨芳. 网络环境下公共危机形成机理及防范策略研究［D］. 华中师范大学，2012.

［8］朱陆彬. 媒体在公共危机管理中的角色与作用探析［D］. 南京理工大学，2013.

［9］何艺丹. 网络问政背景下政府危机管理的转变研究［D］. 西南交通大学，2013.

［10］郭毅芳. 我国政府公共危机管理预警机制研究［D］. 郑州大学，2012.

［11］张芳. 基于电子政务平台的我国灾害性公共危机治理探析［D］. 华中科技大学，2011.

［12］王世虎. 政府公共危机应急管理中存在的问题及对策［D］. 郑州大学，2012.

［13］俞雅珣. 我国公共危机善后管理中存在的问题及对策研究［D］. 新疆大学，2012.

［14］高中，唐薇，张雪. 自发性群聚活动安全的法治保障——兼论《大型群众性活动安全管理条例》的完善［J］. 湘潭大学学报（哲学社会科学版），2016.

［15］单德宏，崔耀允. 浅析基层应急管理工作现状及对策［J］. 中国应急管理，2008.

［16］吴中华. 基层应急管理喜与忧［J］. 中国应急管理，2009.

［17］田海林. 法治型公共政府的必然选择——政府公共性与自利性的视角［J］. 社科纵横（新理论版），2010.

［18］汪菲. 危机情境下的企业公共关系研究［J］. 技术经济，2007.

［19］刘冬璐. 自媒体发展现状浅析［J］. 2015.

［20］常洪卫. 政务微博舆论“调节”价值及其规范化研究［J］. 湖南大众传媒职业技术学院学报.

［21］杨梅. 治理理论视角下政府危机沟通问题研究［J］. 吉林省教育学院学报，2012.

［22］董幼鸿. 优化应急管理体制机制　提升政府应急管理能力——《中华人民共和国突发事件应对法》之公共管理学解读［J］. 党政论坛，2008.

［23］关注［J］. 现代电视技术. 2016.

［24］崔志东. 微信谣言的传播与治理分析［J］. 青年记者，2014.

［25］蒋汝忠. 风雨无阻的 130 个小时——浙江省丽水市里东村“11·13”山体滑坡灾害救援纪实［J］. 中国应急管理，2015.

［26］潘跃，罗艾桦，邓圩，贺林平，庞革平. “彩虹”过后 救灾有序进行［N］. 人民日报，2015-10-06.

［27］寇庆男，武忠远. 我国地方政府危机公关的问题与对策研究——以“4·11”兰州水污染事件为例［J］. 辽宁行政学院学报，2015-08-20.

［28］盛兴，江鸿. 新媒体环境下地方政府的危机公关研究［J］. 新闻论坛，2012（4）.

［29］郑万军. 突发危机事件与网络舆情疏导——“6·1”长江沉船事件和“8·12”天津爆炸案的比较［J］. 情报杂志，2016（6）.

［30］陈志环. 网络时代微信传播的危机与治理［J］. 新疆社科论坛，2016（1）.

［31］胡百精. 新媒体与危机传播管理［J］. 中国广播，2015（12）.

［32］陶建钟. 地方政府危机公关的局限、困境及其化解［J］. 岭南学刊，2011（4）.

［33］杨军. 网络环境下地方政府公共危机公关研究［J］. 学术论坛，2015（1）.

［34］杨军. 服务型政府绩效评估的问题及其对策［J］. 四川理工学院学报（社会科学版），2005（1）.

[35] 杨军. 新媒体环境下地方政府公共危机公关对策 [J]. 青年记者, 2015 (3月中).

[36] 杨军. 网络环境下的地方政府危机公关能力 [J]. 中共山西省委党校学报, 2015 (2).

[37] 杨军. 我国政府风险治理对策探究 [J]. 领导科学, 2015 (3月中).

[38] 杨军. 创新地方政府电子政务建设提升行政效率的对策探究 [J]. 社科纵横, 2015 (5).

[39] 杨军. 政府信息公开与政府公信力提升探究 [J]. 渭南师范学院学报, 2015 (9).

[40] 杨军. 政府公信力提升视角下的新媒体角色探究 [J]. 电子政务, 2015 (7).

[41] 杨军. 微博在政府危机公关中的运用 [J]. 青年记者, 2016 (4月中).

[42] 杨军. 中国传统的国家治理思想及其现代意义研究 [J]. 领导科学 (7月中).

[43] 上海市人大常委会法制工作委员会. 《上海市实施〈中华人民共和国突发事件应对法〉办法》释义 [M]. 上海: 上海人民出版社, 2013.

[44] 唐钧. 应急管理与危机公关 [M]. 北京: 中国人民大学出版社, 2012.

[45] 郑保卫. 信息化社会与公共传播 [M]. 北京: 电子科技大学出版社, 2014.

[46] 夏琼, 周榕. 大众媒介与政府危机公关 [M]. 北京: 人民出版社, 2014.

[47] 梅文慧. 信息发布与危机公关 [M]. 北京: 清华大学出版社, 2013.

[48] 赵麟斌. 危机公关 (上) [M]. 北京: 北京大学出版社, 2010.

[49] 赵麟斌. 危机公关 (下) [M]. 北京: 北京大学出版社, 2010.

[50] 吴曼芳. 大众传媒的危机公关策略 [M]. 北京: 中国电影出版社, 2013.

重要术语索引表